"十三五"全国高等院校民航服务专业规划教材

空乘服务质量管理

主　编◎易　瑜　何蔓莉
副主编◎王　璐　兰　琳　白稚萍　解　为
参　编◎张铭秀　李达闻　胡晨璐　柴紫薇

Keeping Watch on Quality of Flight Service

清华大学出版社
北京

内 容 简 介

本书共分九章,每章由"教学目标"和"引例"开篇,以"本章小结"和"思考与练习"结束。包括空乘服务质量管理概述、全面质量管理的基本原理、空乘优质服务经济学、空乘服务质量管理的方法、空乘服务质量管理思想、空乘服务质量管理环节、空乘服务补救、空乘服务质量改进和空乘服务管理与创新。本书在内容编写上,结合高等院校教学的特点,力求将理论框架设计得简单明了,将内容安排得新颖有趣,并穿插富有启发性或操作性的补充阅读材料和案例,使学生对学习空乘服务知识充满兴趣,可以由浅入深地学习和思考空乘服务质量管理的相关知识。

本书既可以作为高等院校民航服务专业的教材,也可以供相关从业人员学习参考。

本书封面贴有清华大学出版社防伪标签,无标签者不得销售。
版权所有,侵权必究。举报:010-62782989,beiqinquan@tup.tsinghua.edu.cn。

图书在版编目(CIP)数据

空乘服务质量管理 / 易瑜,何蔓莉主编. —北京:清华大学出版社,2019.11(2023.8重印)
"十三五"全国高等院校民航服务专业规划教材
ISBN 978-7-302-54103-5

Ⅰ. ①空… Ⅱ. ①易… ②何… Ⅲ. ①民用航空-旅客运输-商业服务-服务质量-质量管理-高等学校-教材 Ⅳ. ①F560.9

中国版本图书馆 CIP 数据核字(2019)第 242068 号

责任编辑:杜春杰
封面设计:刘　超
版式设计:文森时代
责任校对:马军令
责任印制:丛怀宇

出版发行:清华大学出版社
　　　　网　　址:http://www.tup.com.cn,http://www.wqbook.com
　　　　地　　址:北京清华大学学研大厦A座　　邮　编:100084
　　　　社 总 机:010-83470000　　邮　购:010-62786544
　　　　投稿与读者服务:010-62776969,c-service@tup.tsinghua.edu.cn
　　　　质量反馈:010-62772015,zhiliang@tup.tsinghua.edu.cn
印 装 者:天津鑫丰华印务有限公司
经　　销:全国新华书店
开　　本:185mm×260mm　　印　张:14.75　　字　数:340 千字
版　　次:2019 年 11 月第 1 版　　印　次:2023 年 8 月第 3 次印刷
定　　价:59.80 元

产品编号:083825-01

"十三五"全国高等院校民航服务专业规划教材
丛书主编及专家指导委员会

丛 书 总 主 编　　刘　永（北京中航未来科技集团有限公司董事长兼总裁）
丛 书 副 总 主 编　　马晓伟（北京中航未来科技集团有限公司常务副总裁）
丛 书 副 总 主 编　　郑大地（北京中航未来科技集团有限公司教学副总裁）
丛 书 总 主 审　　朱益民（原海南航空公司总裁、原中国货运航空公司总裁、原上海航空公司总裁）
丛 书 英 语 总 主 审　　王　朔（美国雪城大学、纽约市立大学巴鲁克学院双硕士）
丛 书 总 顾 问　　沈泽江（原中国民用航空华东管理局局长）
丛 书 总 执 行 主 编　　王益友［江苏民航职业技术学院（筹）院长、教授］
丛 书 艺 术 总 顾 问　　万峻池（美术评论家、著名美术品收藏家）
丛 书 总 航 空 法 律 顾 问　　程　颖（荷兰莱顿大学国际法研究生、全国高职高专"十二五"规划教材《航空法规》主审、中国东方航空股份有限公司法律顾问）

丛书专家指导委员会主任

关云飞（长沙航空职业技术学院教授）

张树生（国务院津贴获得者，山东交通学院教授）

刘岩松（沈阳航空航天大学教授）

宋兆宽（河北传媒学院教授）

姚　宝（上海外国语大学教授）

李剑峰（山东大学教授）

孙福万（国家开放大学教授）

张　威（沈阳师范大学教授）

成积春（曲阜师范大学教授）

"十三五"全国高等院校民航服务专业规划教材编委会

主 任 高 宏（沈阳航空航天大学教授） 杨 静（中原工学院教授）
　　　　 李 勤（南昌航空大学教授） 李广春（郑州航空工业管理学院教授）
　　　　 安 萍（沈阳师范大学） 彭圣文（长沙航空职业技术学院）
　　　　 陈文华（上海民航职业技术学院）

副主任 兰 琳（长沙航空职业技术学院） 郑 越（长沙航空职业技术学院）
　　　　 郑大莉（中原工学院信息商务学院） 徐爱梅（山东大学）
　　　　 黄 敏（南昌航空大学） 韩 黎［江苏民航职业技术学院（筹）］
　　　　 曹娅丽（南京旅游职业学院） 胡明良（江南影视艺术职业学院）
　　　　 李楠楠（江南影视艺术职业学院） 王昌沛（曲阜师范大学）
　　　　 何蔓莉（湖南艺术职业学院） 孙东海（江苏新东方艺先锋传媒学校）
　　　　 戴春华（原同济大学） 施 进（盐城航空服务职业学校）
　　　　 孙 梅（上海建桥学院）

委 员（排名不分先后）
　　　　 于海亮（沈阳师范大学） 于晓风（山东大学）
　　　　 王丽蓉（南昌航空大学） 王玉娟（南昌航空大学）
　　　　 王 莹（沈阳师范大学） 王建惠（陕西职业技术学院）
　　　　 王 姝（北京外航服务公司） 王 晶（沈阳航空航天大学）
　　　　 邓丽君（西安航空职业技术学院） 车树国（沈阳师范大学）
　　　　 龙美华（岳阳市湘北女子职业学校） 石 慧（南昌航空大学）
　　　　 付砚然（湖北襄阳汽车职业技术学院，原海南航空公司乘务员）
　　　　 朱茫茫（潍坊职业学院） 田 宇（沈阳航空航天大学）
　　　　 刘 洋（濮阳工学院） 刘 超（华侨大学）
　　　　 许 赟（南京旅游职业学院） 刘 舒（江西青年职业学院）
　　　　 杨志慧（长沙航空职业技术学院） 吴立杰（沈阳航空航天大学）
　　　　 李长亮（张家界航空工业职业技术学院） 杨 莲（马鞍山职业技术学院）
　　　　 李雯艳（沈阳师范大学） 李芙蓉（长沙航空职业技术学院）
　　　　 李 仟（天津中德应用技术大学，原中国南方航空公司乘务员）
　　　　 李霏雨（原中国国际航空公司乘务员） 李 姝（沈阳师范大学）
　　　　 邹 昊（南昌航空大学） 狄 娟（上海民航职业技术学院）
　　　　 宋晓宇（湖南艺术职业学院） 邹 莎（湖南信息学院）
　　　　 张 进（三峡旅游职业技术学院） 张 驰（沈阳航空航天大学）
　　　　 张 琳（北京中航未来科技集团有限公司） 张 利（北京中航未来科技集团有限公司）
　　　　 张媛媛（山东信息职业技术学院） 张程垚（湖南民族职业学院）
　　　　 陈烜华（上海民航职业技术学院） 陈 卓（长沙航空职业技术学院）
　　　　 周佳楠（上海应用技术大学） 金 恒（西安航空职业技术学院）
　　　　 郑菲菲（南京旅游职业学院） 周茗慧（山东外事翻译职业学院）
　　　　 胥佳明（大连海事大学） 赵红倩（上饶职业技术学院）
　　　　 柳 武（湖南流通创软科技有限公司） 胡 妮（南昌航空大学）
　　　　 柴 郁（江西航空职业技术学院） 钟 科（长沙航空职业技术学院）
　　　　 唐 珉（桂林航天工业学院） 倪欣雨（斯里兰卡航空公司空中翻译，原印度尼西亚鹰航乘务员）
　　　　 高 青（山西旅游职业学院） 高 熔（原沈阳航空航天大学继续教育学院）
　　　　 郭雅萌（江西青年职业学院） 高 琳（济宁职业技术学院）
　　　　 黄 晨（天津交通职业学院） 黄春新（沈阳航空航天大学）
　　　　 黄紫葳（抚州职业技术学院） 黄婵芸（原中国东方航空公司乘务员）
　　　　 崔祥建（沈阳航空航天大学） 曹璐璐（中原工学院）
　　　　 梁向兵（上海民航职业技术学院） 崔 媛（张家界航空工业职业技术学院）
　　　　 彭志雄（湖南艺术职业学院） 梁 燕（郴州技师学院）
　　　　 操小霞（重庆财经职业学院） 蒋焕新（长沙航空职业技术学院）
　　　　 庞 敏（上海民航职业技术学院） 李艳伟（沈阳航空航天大学）

出 版 说 明

随着经济的稳步发展，我国已经进入经济新常态的阶段，特别是十九大指出：当前中国社会的主要矛盾已经转化为人民日益增长的美好生活需要和不平衡不充分的发展之间的矛盾，这客观上要求社会服务系统要完善升级。作为公共交通运输的主要组成部分，民航运输在满足人们对美好生活的追求和促进国民经济发展中扮演着重要的角色，具有广阔的发展空间。特别是"十三五"期间，国家高度重视民航业的发展，将民航业作为推动我国经济社会发展的重要战略产业，预示着我国民航业将会有更好、更快的发展。从国产化飞机 C919 的试飞，到宽体飞机规划的出台，以及民航发展战略的实施，标志着我国民航业已经步入崭新的发展阶段，这一阶段的特点是以人才为核心，而这一发展模式必将进一步对民航人才质量提出更高的要求。面对民航业发展对人才培养提出的挑战，培养服务于民航业发展的高质量人才，不仅需要转变人才培养观念，创新教育模式，更需要加强人才培养过程中基本环节的建设，而教材建设就是其首要的任务。

我国民航服务专业的学历教育，经过 18 年的探索与发展，其在办学水平、办学结构、办学规模、办学条件和师资队伍等方面都发生了巨大的变化，专业建设水平稳步提高，适应民航发展的人才培养体系初步形成。但我们应该清醒地看到，目前我国民航服务类专业的人才培养仍存在着诸多问题，特别是专业人才培养质量仍不能适应民航发展对人才的需求，人才培养的规模与高质量人才短缺的矛盾仍很突出。而目前相关专业教材的开发还处于探索阶段，缺乏系统性与规范性。已出版的民航服务类专业教材，在吸收民航服务类专业研究成果方面做出了有益的尝试，涌现出不同层次的系列教材，推动了民航服务的专业建设与人才培养，但从总体来看，民航服务类教材的建设仍落后于民航业对专业人才培养的实践要求，教材建设已成为相关人才培养的瓶颈。这就需要我们以引领和服务专业发展为宗旨，系统总结民航服务实践经验与教学研究成果，开发全面反映民航服务职业特点、符合人才培养规律和满足教学需要的系统性专业教材，积极有效地推进民航服务专业人才的培养工作。

基于上述思考，编委会经过两年多的实际调研与反复论证，在广泛征询民航业内专家的意见与建议、总结我国民航服务类专业教育的研究成果后，结合我国民航服务业的发展趋势，致力于编写出一套系统的、具有一定权威性和实用性的民航服务类系列教材，为推进我国民航服务人才的培养尽微薄之力。

本系列教材由沈阳航空航天大学、南昌航空大学、郑州航空工业管理学院、上海民航职业技术学院、长沙航空职业技术学院、西安航空职业技术学院、中原工学院、上海外国语大学、山东大学、大连外国语大学、沈阳师范大学、曲阜师范大学、湖南艺术职业学院、陕西师范大学、兰州大学、云南大学、四川大学、湖南民族职业学院、江西青年职业学院、天津交通职业学院、潍坊职业学院、南京旅游职业学院等多所高校的众多资深专家和学者共同打造，还邀请了多名原中国东方航空公司、原中国南方航空公司、原中国国际航空公司和原海南航空公司中从事多年乘务工作的乘务长和乘务员参与教材的编写。

目前，我国民航服务类的专业教育呈现着多元化、多层次的办学格局，各类学校的办学模式也呈现出个性化的特点，在人才培养体系、课程设置以及课程内容等方面，各学校之间存在着一定的差异，对教材也有不同的需求。为了能够更好地满足不同办学层次、教学模式对教材的需要，本套教材主要突出以下特点。

第一，兼顾本、专科不同培养层次的教学需要。鉴于近些年我国本科层次民航服务专业办学规模的不断扩大，在教材需求方面显得十分迫切，同时，专科层面的办学已经到了规模化的阶段，完善与更新教材体系和内容迫在眉睫，本套教材充分考虑了各类办学层次的需要，本着"求同存异、个性单列、内容升级"的原则，通过教材体系的科学架构和教材内容的层次化，达到兼顾民航服务类本、专科不同层次教学之需要。

第二，将最新实践经验和专业研究成果融入教材。服务类人才培养是系统性问题，具有很强的内在规定性，民航服务的实践经验和专业建设成果是教材的基础，本套教材以丰富理论、培养技能为主，力求夯实服务基础，培养服务职业素质，将实践层面行之有效的经验与民航服务类人才培养规律的研究成果有效融合，以提高教材对人才培养的有效性。

第三，落实素质教育理念，注重服务人才培养。习近平总书记在党的十九大报告中强调，"要全面贯彻党的教育方针，落实立德树人根本任务，发展素质教育，推进教育公平，培养德智体美全面发展的社会主义建设者和接班人"，人才以德为先，以社会主义价值观铸就人的灵魂，才能使人才担当重任，这也是高校人才培养的基本任务。教育实践表明，素质是人才培养的基础，也是人才职业发展的基石，人才的能力与技能附着在精神与灵魂，但在传统的民航服务教材体系中，包含素质教育板块的教材较为少见。根据党的教育方针，本套教材的编写考虑到素质教育与专业能力培养的关系，以及素质对职业生涯的潜在影响，首次在我国民航服务专业教学中提出专业教育与人文素质并重、素质决定能力的培养理念，以独特的视野，精心打造素质教育教材板块，使教材体系更加系统，强化了教材特色。

第四，必要的服务理论与专业能力培养并重。调研分析表明，忽视服务理论与人文素质所培养出的人才很难有宽阔的职业胸怀与职业精神，其未来的职业生涯发展就会乏力。因此，教材不应仅是对单纯技能的阐述与训练指导，更应该在不淡化专业能力培养的同时，强化行业知识、职业情感、服务机理、职业道德等关系到职业发展潜力的要素的培养，以期培养出高层次和高质量的民航服务人才。

第五，架构适合未来发展需要的课程体系与内容。民航服务具有很强的国际化特点，而我国民航服务的思想、模式与方法也正处于不断创新的阶段，紧紧把握未来民航服务的发展趋势，提出面向未来的解决问题的方案，是本套教材的基本出发点和应该承担的责任。我们力图将未来民航服务的发展趋势、服务思想、服务模式创新、服务理论体系以及服务管理等内容重新进行架构，以期能对我国民航服务人才培养，乃至整个民航服务业的发展起到引领作用。

第六，扩大教材的种类，使教材的选择更加宽泛。鉴于我国目前尚缺乏民航服务专业更高层次办学模式的规范，各学校的人才培养方案各具特点，差异明显，为了使教材更适用于办学的需要，本套教材打破了传统教材的格局，通过课程分割、内容优化和课外外延化等方式，增加了教材体系的课程覆盖面，使不同办学层次、关联专业可以通过教材合理组合，以获得完整的专业教材选择机会。

本套教材规划出版品种大约为四十种，分为：① 人文素养类教材，包括《大学语文》《应用文写作》《艺术素养》《跨文化沟通》《民航职业修养》《中国传统文化》等。② 语言类教材，包括《民航客舱服务英语教程》《民航客舱实用英语口语教程》《民航实用英语听力教程》《民航播音训练》《机上广播英语》《民航服务沟通技巧》等。③ 专业类教材，包括《民航概论》《民航服务概论》《中国民航常飞客源国概况》《民航危险品运输》《客舱安全管理与应急处置》《民航安全检查技术》《民航服务心理学》《航空运输地理》《民航服务法律实务与案例教程》等。④ 职业形象类教材，包括《空乘人员形体与仪态》《空乘人员职业形象设计与化妆》《民航体能训练》等。⑤ 专业特色类教材，包括《民航服务手语训练》《空乘服务专业导论》《空乘人员求职应聘面试指南》《民航面试英语教程》等。

为了开发职业能力，编者联合有关 VR 开发公司开发了一些与教材配套的手机移动端 VR 互动资源，学生可以利用这些资源体验真实场景。

本套教材是迄今为止民航服务类专业较为完整的教材系列之一，希望能借此为我国民航服务人才的培养，乃至我国民航服务水平的提高贡献力量。民航发展方兴未艾，民航教育任重道远，为民航服务事业发展培养高质量的人才是各类人才培养部门的共同责任，相信集民航教育的业内学者、专家之共同智慧，凝聚有识之士心血的这套教材的出版，对加速我国民航服务专业建设、完善人才培养模式、优化课程体系、丰富教学内容，以及加强师资队伍建设能起到一定的推动作用。在教材使用的过程中，我们真诚地希望听到业内专家、学者批评的声音，收到广大师生的反馈意见，以利于进一步提高教材的水平。

丛 书 序

《礼记·学记》曰："古之王者，建国君民，教学为先。"教育是兴国安邦之本，决定着人类的今天，也决定着人类的未来。企业发展也大同小异，重视人才是企业的成功之道，别无二选。航空经济是现代经济发展的新趋势，是当今世界经济发展的新引擎。民航是经济全球化的主流形态和主导模式，是区域经济发展和产业升级的驱动力。发展中的中国民航业有巨大的发展潜力，其发展战略的实施必将成为我国未来经济发展的增长点。

"十三五"正值实现我国民航强国战略构想的关键时期，"一带一路"倡议方兴未艾，"空中丝路"越来越宽阔。高速发展的民航运输业需要持续的创新与变革，同时，基于民航运输对安全性和规范性要求比较高的特点，其对人才有着近乎苛刻的要求，只有人才培养先行，夯实人才基础，才能抓住国家战略转型与产业升级的巨大机遇，实现民航运输发展的战略目标。我国民航服务人才发展经历多年的积累，建立了较为完善的民航服务人才培养体系，培养了大量服务民航发展的各类人才，保证了我国民航运输业的高速持续发展。与此同时，我国民航人才培养正面临新的挑战，既要通过教育创新提升人才品质，又需要人才培养过程精细化，把人才培养目标落实到人才培养的过程中，而教材作为专业人才培养的基础，需要先行，以发挥引领作用。教材建设发挥的作用并不局限于专业教育本身，其对行业发展的引领。专业人才培养方向的把握，人才素质、知识、能力结构的塑造以及职业发展潜力的培养具有不可替代的作用。

我国民航运输发展的实践表明，人才培养决定着民航发展的水平，而民航人才的培养需要社会各方面的共同努力。我们惊喜地看到，清华大学出版社秉承"自强不息，厚德载物"的人文精神，发挥品牌优势，投身于民航服务专业系列教材的开发，改变了民航服务教材研发的格局，体现了其对社会责任的担当。

本套教材组织严谨，精心策划，高屋建瓴，深入浅出，具有突出的特色。第一，从民航服务人才培养的全局出发，关注了民航服务产业的未来发展趋势，架构了以培养目标为导向的教材体系与内容结构，比较全面地反映了服务人才培养趋势，起到了良好的统领作用；第二，使教材的本质——适用性得到了回归，体现在每本教材均有独特的视角和编写立意，既有高度的提升、理论的升华，也注重教育要素在课程体系中的细化，具有较强的可用性；第三，引入了职业素质教育的理念，补齐了服务人才素质教育缺少教材的短板，可谓对传统服务人才培养理念的一次冲击；第四，教材编写人员参与面非常广泛，这反映出本套教材充分体现了当今民航服务专业教育的教学成果和编写者的思考，形成了相互交流的良性机制，势必会对全国民航服务类专业的发展起到推动作用。

教材建设是专业人才培养的基础，其与教材服务的行业的发展交互作用，共同实现人才培养—社会检验的良性循环，是助推民航服务人才培养的动力。希望这套教材能够在民航服务类专业人才培养的实践中，发挥更积极的作用。相信通过不断总结与完善，这套教材一定会成为具有自身特色的、适应我国民航业发展要求并深受读者喜欢的规范教材。

原海南航空公司总裁、原中国货运航空公司总裁、原上海航空公司总裁

朱益民

2017年9月

前　言

进入21世纪，中国的航空业环境已经发生了重大变化，随着三大航空集团组织的成立，中国民用航空企业开启了一个新的时代。在国内市场中，公路、铁路快速发展，不断推出新的服务，在短途市场对民用航空构成威胁；加入WTO后，国外民航公司也对中国市场虎视眈眈，越来越多的外国航空公司经营至中国的航线，市场竞争相当激烈，国内航空公司面临着前所未有的挑战与压力。

根据党的十九大关于"中国特色社会主义进入了新时代……我国经济已由高速增长阶段转向高质量发展阶段"的论断，中国民航总局做出了新时代民航强国建设的战略谋划。民航强国建设的本质是推动民航高质量发展，服务质量是民航高质量发展的集中体现，提升服务质量是民航高质量发展的必然要求。2018年1月，中国民用航空局《关于进一步提升民航服务质量的指导意见》明确指出，民航系统要从健全法规标准体系、加强航班正常管理、规范基础服务工作、推进服务创新、完善企业内控机制、强化服务监督管理等方面发力提升服务质量，满足人民日益增长的航空运输需求，增强人民群众对民航服务的满意度。

随着生活水平的提高，人们对空乘服务的要求越来越高。航空公司要想在激烈的市场竞争中取胜，不仅要满足顾客当前的需要，还要激发顾客的潜在需求，超越顾客的期望，这就要求航空公司必须不断地努力，创新质量管理体系。

本教材从质量管理的一般原理入手，结合民航服务的特点，试图从民航服务最直观感受的空乘服务角度，阐述民航服务质量管理的方法与途径。全书从空乘服务质量管理基础知识、空乘服务质量管理的理念、空乘服务质量管理方法、空乘服务质量管理实施四大模块构建空乘服务质量管理体系，分为九个章节进行介绍。本教材根据教育部空中乘务专业和中国民用航空局对空乘人员素质、能力的要求为指导思想，引入了民航服务的最新知识成果，构建起完善的理论知识体系和实际操作体系，具有系统性、专业性、实用性和创新性等特点。

本教材由湖南涉外经济学院易瑜担任第一主编，湖南艺术学院何蔓莉担任第二主编，湖南外国语职业学院王璐、湖南航空职业学院兰琳、湖南民族职业学院白稚萍、湖南外国语职业学院解为担任副主编，湖南外国语职业学院张铭秀、湖南外国语职业学院李达闻、湖南外国语职业学院胡晨璐、湖南民族职业学院柴紫薇参编。编写成员具体分工如下：易瑜负责拟订本书的编写方案并编写了第一章至第三章的内容，何蔓莉负责编写了第四章的内容，王璐、胡晨璐负责编写了第五章、第六章的内容，白稚萍负责编写了第七章的内容，兰琳、解为、柴紫薇负责编写了第八章、第九章的内容，李达闻、张铭秀负责了本书的校对工作，易瑜做了全书的统稿工作。

  本教材的建设还处于探索阶段，不足之处在所难免，恳请相关院校和读者提出宝贵意见，以便我们补充、完善和修订。

编　者

2019 年 11 月

CONTENTS 目录

第一篇　空乘服务质量管理基础知识

第一章　空乘服务质量管理概述 ………………………………………… 2

第一节　服务的概念与延伸 ……………………………………………… 3
　　一、服务概念的解析 …………………………………………………… 3
　　二、服务概念的延伸 …………………………………………………… 8
　　三、服务的基本特征 ………………………………………………… 14

第二节　空乘服务概念的解析 ………………………………………… 15
　　一、空乘服务的概念 ………………………………………………… 15
　　二、空乘服务概念的延伸 …………………………………………… 16
　　三、空乘服务的核心问题、本质及特点 …………………………… 21

第三节　空乘服务质量 ………………………………………………… 24
　　一、质量的概念及其特性 …………………………………………… 24
　　二、空乘服务质量的内涵 …………………………………………… 26
　　三、空乘服务质量的构成要素 ……………………………………… 28
　　四、空乘服务质量的特点 …………………………………………… 30
　　五、空乘服务的交互管理和动态管理 ……………………………… 31

第四节　民航事业发展对空乘服务的基本要求 ……………………… 35
　　一、影响民航服务发展的主要因素 ………………………………… 35
　　二、民航事业发展对空乘服务的基本要求 ………………………… 36
　　三、民航事业发展对当代空乘人员的基本要求 …………………… 39

第二篇 空乘服务质量管理的理念

第二章 全面质量管理的基本原理 …………………………… 44

第一节 质量管理理论的演变 ………………………………… 44
一、工业时代以前的质量管理 ………………………… 45
二、工业化时代的质量管理 …………………………… 45

第二节 全面质量管理哲学 …………………………………… 50
一、戴明的"十四点质量方法" ……………………… 50
二、朱兰的质量管理理念 ……………………………… 53
三、克劳士比的质量管理 ……………………………… 55
四、全面质量管理的核心理念 ………………………… 56

第三节 建立高效组织 ………………………………………… 57
一、技能培训和信息共享 ……………………………… 58
二、组织结构和伙伴关系 ……………………………… 58
三、效能激励和工作环境 ……………………………… 59

第三章 空乘优质服务经济学 ………………………………… 62

第一节 顾客满意度与忠诚度的关系 ………………………… 62
一、顾客对服务的感知 ………………………………… 62
二、忠诚客人的价值 …………………………………… 63
三、提供可靠服务 ……………………………………… 65

第二节 超越顾客的期望 ……………………………………… 66
一、顾客的服务期望 …………………………………… 66
二、管理顾客的期望 …………………………………… 67
三、超出顾客的期望 …………………………………… 68

第三节 员工满意度与忠诚度的关系 ………………………… 70
一、员工的个人资源 …………………………………… 70
二、员工不满意的代价 ………………………………… 70
三、员工对工作价值和内部服务的感知 ……………… 71

第四节 优质服务经济效益分析 ·· 74
　一、优质服务的必要性 ·· 74
　二、优质服务的投资回报分析 ·· 74

第三篇　空乘服务质量管理方法

第四章　空乘服务质量管理的方法 ·· 78

第一节 民航服务系统的控制 ·· 79
　一、民航服务系统运行的关键点 ·· 79
　二、民航服务系统运行的控制过程 ·· 81
　三、服务过程控制的常用方法 ·· 84
第二节 空乘服务质量分析方法 ·· 87
　一、PDCA 循环法 ·· 87
　二、ABC 分析法 ·· 88
　三、因果分析图法 ·· 89
第三节 空乘服务全面质量管理案例 ·· 90
　一、波多里奇国家质量奖 ·· 90
　二、ISO 9000 国际质量认证 ·· 95
　三、美国西南航空公司全面质量管理案例 ································ 98

第四篇　空乘服务质量管理实施

第五章　空乘服务质量管理思想 ·· 102

第一节 空乘服务目标 ·· 103
　一、空乘服务的目标解读 ·· 103

二、空乘服务目标的作用 ……………………………………………… 105
三、空乘服务目标的特点 ……………………………………………… 105
四、空乘服务的目标体系 ……………………………………………… 108
五、实现服务目标途径的解析 ………………………………………… 110
第二节 空乘服务思想 …………………………………………………… 115
一、空乘服务思想的内涵 ……………………………………………… 115
二、空乘服务思想的作用 ……………………………………………… 116
三、空乘服务思想体系 ………………………………………………… 118
四、空乘服务思想的塑造 ……………………………………………… 124
第三节 空乘服务文化 …………………………………………………… 126
一、空乘服务文化的内涵 ……………………………………………… 126
二、空乘服务文化的作用 ……………………………………………… 126
三、空乘服务文化的构建 ……………………………………………… 128

第六章 空乘服务质量管理环节 …………………………… 132

第一节 空乘服务质量设计 ……………………………………………… 134
一、空乘服务质量方针 ………………………………………………… 134
二、空乘服务的基本程序 ……………………………………………… 135
三、航空安全员的工作程序 …………………………………………… 139
四、空乘服务规范 ……………………………………………………… 141
第二节 空乘服务质量保证体系 ………………………………………… 147
一、服务质量检查的组织形式 ………………………………………… 147
二、服务质量检查的实施 ……………………………………………… 148
三、检查结果的处理与整改 …………………………………………… 149
四、检查中注意的问题 ………………………………………………… 149
第三节 空乘服务质量现场管理 ………………………………………… 150
一、服务现场管理要点 ………………………………………………… 150
二、服务运作过程质量控制 …………………………………………… 151
三、服务投诉处理机制与整改机制 …………………………………… 153
第四节 空乘服务质量评估 ……………………………………………… 154

一、空乘服务质量调查 …………………………………………………… 154
二、空乘服务质量评估 …………………………………………………… 157

第七章　空乘服务补救 ………………………………… 159

第一节　空乘服务失误原因 …………………………………………… 160
一、服务失败 ……………………………………………………………… 160
二、空乘服务失败的原因 ………………………………………………… 160

第二节　空乘服务失误补救及其必要性 ……………………………… 163
一、空乘服务补救 ………………………………………………………… 163
二、服务补救的必要性 …………………………………………………… 163

第三节　空乘服务补救的原则与策略 ………………………………… 167
一、空乘服务补救的原则 ………………………………………………… 167
二、空乘服务补救的策略 ………………………………………………… 169

第四节　关于服务补救的几个问题 …………………………………… 171
一、如何平息乘客愤怒 …………………………………………………… 171
二、内部服务补救问题 …………………………………………………… 172
三、服务补救中的乘客细分 ……………………………………………… 172
四、投诉处理与服务补救的异同 ………………………………………… 172

第八章　空乘服务质量改进 ……………………………… 175

第一节　服务管理的基石——服务金三角 …………………………… 175
一、"服务金三角"的含义 ………………………………………………… 175
二、顾客是"服务金三角"的核心 ………………………………………… 176
三、"服务金三角"的关键要素 …………………………………………… 178

第二节　空乘服务质量改进体系 ……………………………………… 182
一、空乘服务质量改进的原则 …………………………………………… 182
二、空乘服务质量改进模式的支持体系 ………………………………… 183

第三节　服务质量差距模型 …………………………………………… 186
一、服务质量差距模型简介 ……………………………………………… 186

二、空乘服务质量差距产生的原因 …………………………………… 188

三、服务质量差距解决对策 …………………………………………… 190

第九章 空乘服务管理与创新 …………………………………… 194

第一节 空乘服务管理 …………………………………………… 195
一、空乘服务管理概念 …………………………………………… 195
二、服务质量标准与服务规范化 ………………………………… 196

第二节 空乘服务管理的基本内容 ……………………………… 198
一、空乘服务的组织 ……………………………………………… 198
二、服务工作流程设计与顾客价值 ……………………………… 199
三、航空服务中的人力资源管理 ………………………………… 200
四、服务文化及其管理 …………………………………………… 200
五、航空服务的控制 ……………………………………………… 201

第三节 空乘服务创新 …………………………………………… 201
一、创新及服务创新 ……………………………………………… 201
二、服务创新的作用 ……………………………………………… 202
三、服务创新的特征 ……………………………………………… 203
四、空乘服务创新的途径 ………………………………………… 203
五、服务创新的形式——常旅客计划 …………………………… 209
六、服务创新的典型案例 ………………………………………… 210

参考文献 ………………………………………………………………… 213

第一篇 空乘服务质量管理基础知识

第一章　空乘服务质量管理概述

 教学目标

1. 明确空乘服务的概念与内涵，加深对空乘服务的理解，强化对现代空乘服务的全面认识。
2. 理解空乘服务的核心与本质，建立对空乘服务认知的完整体系。
3. 掌握空乘服务的特点，了解空乘服务的基本要求，明确职业养成的基本问题，建立职业发展的基本思路。

 引例

空乘服务强化公司形象，创造永久的乘客群

资料显示，人们乘坐航班时，社会公众对航空公司的评价成为选择航空公司航班的重要依据。我们同样坐航班前往目的地，但在不同的航班上所得到的服务截然不同：一路喜悦，一路欢快，自然期待着下次愉快的旅程；相反，冷漠的面孔，漫不经心的服务，心中油然而生的是漫长的旅途何时结束，希望这样的经历不会再发生。这里，我们可以看到，愉快与否体现着人们接受服务的心理感受。良好的服务可以强化心理感受，接受服务就是一种享受；反之，则形成不良的心理反应。

服务，作为一种体验式产品，可以说是社会进步的标志之一。而作为航空服务工作内容之一的"空中乘务"，其独特的服务环境、服务程序、服务内容以及服务提供者在服务过程中所展现的魅力，使其成为高品质、高层次服务的典范。为旅客提供安全愉悦的旅行体验，这一目标不仅融入了空乘服务的每个细节，更凝聚了空乘服务者无私奉献的航空精神。

就空中乘务人员所展现的内在与外在的和谐之美，其高雅气质所渗透的精致之美，其温馨细致的服务中所体现的人文关怀，以及其面对复杂飞行环境的淡定从容而言，空中乘务所展现的职业之美已经远远超越了服务表象所展现的形式之美，渗透着丰富而深刻的职业内涵。

也正是在把服务的普遍公理应用于空乘服务职业中，并在面对看似平凡甚至微不足道的点点滴滴细节中，空乘服务才得以升华，空乘这样一个在 10 000 米高空的职业才成为其他服务行业及从业人员的一面镜子。同时，也在一定程度上带动了整个社会服务水平的提升。

当我们享受空乘服务时，当我们向往从事空乘服务工作时，当航空公司把对乘客关怀的理念通过空姐的服务得以传达时，人们会对空乘服务的内涵进行思考与分析，并对空乘服务获得深刻认识与高层次的理解。

资料来源：高宏，安玉新，王化峰，等. 空乘服务概论[M]. 4版. 北京：旅游教育出版社，2017.

第一节　服务的概念与延伸

一、服务概念的解析

服务作为一种社会现象，是社会运行的基本条件，存在于社会生活的方方面面，渗透在人们生活的每一个角落，体现在人与人之间相互依赖的关系之中。在复杂的社会运行系统中，每个人都是非独立存在的个体，如果没有他人的帮助，其生活和各项活动就不会完美顺畅；同样，别人也需要你的帮助。这种人与人之间相互帮助、相互依存、互为存在条件与存在目的的关系，已经成为现代社会的本质。

同时，在社会经济运行中，服务也是一个庞大的产业，或者是一个产业链中不可或缺的组成部分。随着社会与经济的进步，社会分工更加明晰，服务成为一个产业或产业的有机组成部分，正满足着人们生活的方方面面，推动着社会有效地运行。可以说，服务无处不在，无时不在，没有有效的服务体系与服务实施，整个社会就会停止运转。

然而，尽管现代社会中的每一个人都无时不在享受着服务，期待着服务所带来的便利与愉悦，但人们对服务仍然缺乏全面而深刻的认识，甚至存在很大的偏见与误解，这也是制约行业服务水平整体提高的首要因素。

（一）关于服务的若干观点

1. 朴素的服务观

服务的微观基础是朴素的服务观，即在人与人交往接触中为他人提供便利或帮助的行为，其具有很强的自然与情境性，表现在"需要—帮助"的完美结合。

朴素的服务观的价值在于它是不同层次服务的基石与土壤，也是一种服务的环境与氛围。无论多么高大精深的服务，当我们进行解析的时候，都会挖掘出三大要素：第一，主动意识，也就是"我愿意"，人性和善良自然流露的时候，会让人感动；第二，细节至上，即"服务愈精细，服务者愈方便"，细节是展现服务品质的重要因素；第三，服务者的内心体验，这是服务品质的保障，服务者只有展现出对服务的良好内心体验，服务才会温暖，服务者的行为才能持续与再现。

所以，无论多么博大精深的服务理论，多么完美的服务体系，都离不开朴素服务观的基础；再高超的服务技能，都离不开服务细节的磨炼与细小行为的积累。当朴素的服务观不能植入人们内心的时候，服务就会令人望而却步或者被围观。当审视社会进步层面的时候，当朴素的服务观扎根于每个人的内心的时候，当服务的热情油然而生的时候，我们再谈服务品质，再谈行业的服务，才有了真正的基础。

2. 服务的交换观

服务是买卖双方交易的行为与结果，是基于服务契约的企业行为的总和，是购买服务与提供服务的均衡。契约是约定与约束，也是一种以诚信为基础的规范行为。服务的市场需求性是推动服务向规范化、职业化、行业化发展的根本动力。需求会推动服务的发展，服务需求满足方式的不断创新又会拉动需求层次的不断攀升。服务的需求与服务的提供两者是孪生的关系，服务契约的深刻内涵如果能够得以兑现的话，服务的交换观可以表现为服务的自律、道德及规范。但如果将服务关系禁锢在形式化的交换关系中，服务的契约关系就很难将完美服务呈现出来，条条框框的服务契约背后，容易缺失人性化的关怀。其中最根本的问题就在于：服务是基于关怀与方便的自觉性行为，契约可以约束服务的内容，但无法约束服务者的心理状态。

可见，服务的交换观是服务的框架结构，展现的是一种基本形态，将良好的服务心态与服务意识融合于内，才是服务的真谛所在。

3. 服务的目的观

服务的目的观认为：服务作为组织（企业）的有目的的行为，以寻求组织的发展为基本目的，通过服务活动获得最大的经济效益。因此，服务是在满足服务对象需求的前提下，以最低的成本获得最大的收益。

固然，企业作为经济组织，持续地保持均衡的投入与产出关系是企业维持再生产的前提，在满足服务对象需求的前提下，取得最大效益是企业发展的基本模式。这种对目的的追求，一方面可使企业不断地寻求满足服务对象需求的有效途径与对策，使企业的服务活动更能切入服务对象的需求点；另一方面，服务作为无形产品，对产品的体验更多集中在内心的感受与体验方面，离开了服务对象心理体验的满足，而且目的性占首位的时候，企业的服务理念就容易出现偏差，特别是在服务中出现利益冲突的时候，满足服务对象的需要就容易出现形态上的变化，进而破坏服务的完整性。

4. 服务的品质观

品质观是指服务所体现出来的完美性、赏心悦目的境界以及服务对象所获得的愉悦的内心体验，表现在服务的细致、精致、贴心及便捷方面。就服务的深层次探讨而言，高品质服务需要具备如下几个要素：第一，服务环境优雅，是一个令人享受的空间与场所；第二，服务设计完美，每一项服务都能切入服务对象的内心需求；第三，服务者对服务过程的完美驾驭，通过其服务过程和行为，将服务内容与服务对象的需要完美结合，充分传递服务的精神与内涵；第四，服务规范的无缝隙性，能以"不变"的服务规范去应对所有的服务状况，做到服务内容全方位覆盖，服务过程自然顺畅，服务活动无瑕疵。服务品质观强调服务是一个完美的境界，除了其服务的系统性、完美性外，还有由内而外的在服务点滴中所展现的与众不同。

5. 服务的过程观

这种观点强调，服务经由服务过程完成，优质服务需要完善的服务过程，没有服务过程即无服务结果。从服务分析来看，服务在表现形式上是把粗糙事件做得精致，这就需要将服务进行"过程化"的分解，将服务通过服务要素与服务细节的动态结合，即通过服务的系统设计，使服务预期通过程序得以实现。

作为无形产品，服务过程化是服务的特征之一。服务的过程即服务产品的产生过程，也是服务对象享受服务的过程。完美的服务过程是服务品质的重要基础，服务过程越精致，服务所表现的服务意境越能深入人心，而且在服务的过程中可以让服务对象全方位地感受服务的魅力。但过程毕竟是一种表现形式，如果能赋予其丰富的内涵，服务的生命力就有了生存的沃土，这是人们对服务过程的期待与追求。

6．服务的规范观

服务的对象千差万别，服务者对服务的践行也各有差异，如何使服务面对任何情况都能保持高品质？这需要规范服务行为，使其在不同的服务细节中体现出服务的一致性。

服务的规范观认为，服务行为均建立在对服务行为事先设定的服务模式中，使任何服务状况均有一致性的服务准则与行为要求。当面对不同服务状况、服务内容、服务过程时，要知道服务细节的行为规范，不仅要知道该做什么，更要知道该如何做、做到什么程度。

服务的灵魂在于服务对象与服务者的内心交互作用，是基于情感与尊重基础上的行为。当以服务品质为前提时，服务的规范给出了让服务更丰满、内容更完备的方法，但不能保证服务的喜悦与自然流露情感的交融。所以，服务规范观是服务的基础，更需要将服务内涵与服务精神渗透在服务的规范中，只有这样才能彰显服务的美好预期。

从上述分析中我们可以看到，服务是一个经由服务灵魂感染的行为，契约是约束，目的是动力，品质是享受，过程是体验，规范是标准，如何将服务的不同要素有机结合在一起，是我们研究与认识服务的核心问题。

（二）服务的概念

如何定义服务？服务是现代生活中最受依赖而又最平凡的词汇，从不同的层面，我们可以给予不同的解读，赋予不同的个性，但都会把服务简单地归为"从交心开始，发展到知心，最后是开心"，也可以升华到"服务是一种内心对话，是一种互动境界"。

厄尔·萨瑟（W. Earl Sasser）从服务主客体关系来看，把服务定义为："服务是顾客通过相关设施和服务载体所得到的显性与隐性收益的完整组合。"ISO 9004-2 中，把服务定义为："服务是为满足顾客的需要，供方与顾客接触的活动和供方内部活动所产生的结果。"

从另一个角度讲，服务作为企业的有目的的行为，是一种积极而周密的互动性活动，其责任、规则、规范尚不能说明所有的内涵。尽管不同的服务行业所涉及的服务内容各有差异，但其共性中，至少包括以下基本要素。

第一，服务一定是围绕着消费者的需求展开的，满足服务对象的需求是服务的基本特征。

第二，服务过程是完成服务诉求的基本途径，服务过程展现的服务精神与服务的精致是服务品质的最好体现。

第三，服务是以服务者为主体的积极行为，离不开服务者、服务组织的态度与意识，离不开对服务的良好设计、有效组织与监控。

第四，在服务规范框架下，服务者需要提供由心而至的服务，服务者的服务职业素质决定着服务是否能给服务对象愉快而深刻的心理体验。

第五，服务创造信誉，积累企业的美誉度，是企业发展的无形资产，所以服务必须为企业的发展提供正面的支撑，与企业宗旨相违背的态度、想法与行为必须得到根除。

第六，服务必须展现完美的境界，自始至终关注服务对象的需求，关心其冷暖，对服务对象的必要需求负责，而不是空中楼阁。

我们讨论服务，从多个层面认识服务的内涵与外延，就是为了在认识服务的过程中，获知服务的特征，挖掘提高服务质量的基本思路与实现服务宗旨的基本途径。

通过上述分析，我们可以对服务进行这样的定义：服务就是以目的为前提，按照一定的契约关系，以承担、承认、服从为行为要素，致力于为服务对象提供完美结果的综合性活动。

这样定义服务，基于以下几方面考虑。

第一，服务具有社会层面与企业层面的双重作用。从社会层面看，服务状态是社会进步的重要标志，服务从微观与个体之间的关系上映射着社会成员之间的依存关系。好的服务状态能拉近人与人之间的心理距离，使社会运行得更加顺畅；同时，社会文明也会反作用于服务的含金量，文明水平促进了人与人之间的相互情感交流。当人们面对事情的自我责任比较明确时，相互帮助就会成为一种常态，相互帮助就会成为人们的生活方式，服务的要素就有了扎实的基础。从企业层面看，服务首先是企业生存与发展的需要，是一种有目的的企业行为，是企业提供的一种满足社会需要的产品。在契约精神下，规范的行为必不可少，但服务的本质是服务的便利性与感受，是服务体验后的企业形象与人脉的积累，所以企业发展离不开优质的服务。

第二，服务者是服务的实施者。服务行为需具备两个基本条件，即服务者的主观能动性及服务的能力。服务者是社会人，社会的价值取向作为一种环境因素会影响其服务心态与价值取向，服务者的素质决定着其是否会尽心尽力把服务做好并做得完美。其中，"承担、承认、服从与致力"成为决定服务状态的核心要素。

（1）承担。从职业角度看，服务者应该承担职业责任。从事服务活动即从事一种职业，承担的责任不容推卸，这既是从业者对服务对象的承诺，也是一种行为约束，履行责任是对服务者的基本要求。

（2）承认。从行为过程看，服务行为应该基于主动的心态。服务者能从内心欣然接受服务的责任，其行为就会更加主动；当服务成为一种主动行为时，服务者内心的体验就会比较愉悦，服务行为才能持续，才能坦然面对服务中的困难，服务过程才能自然。

（3）服从。从服务的主客体关系看，在服务过程中，服务者与服务对象之间的内心与行为是一种交互活动。服务者的服务过程必须服从需求者的愿望与要求，将自己定位为他人意志的实现者的角色，在平等的人格关系基础上，发现并满足服务对象的需要是服务行为的基本职责。服务不是主导服务对象的意志，而是顺应服务对象的需要，以满足服务对象需要为行为准则。

（4）致力。从行为结果看，不同的行为方式所产生的结果差异甚大，而完美体现服务无形性和内心体验性的特征，就要求服务必须由心而发，在主动意识引导下，将服务做得尽善尽美。

第三，服务的行为具有隐形性，具有明显的心理活动的特征，且不局限于利益关系，因为利益关系无法包含服务的真正内涵。

第四，服务是一种综合性活动，各服务要素相互配合才能使服务呈现完美的境界。服务者的诉求（服务文化）、服务者的素质、服务设计、服务规范、服务环境以及服务过程的驾驭等，都会从不同角度作用于服务对象，每个因素的缺陷都会产生对服务质量的否定效应。因此需要从系统的角度看服务，调动一切积极因素，全方位地为服务对象提供良好的内心体验，这样才能展示出服务的品质。

通过上述分析，我们可以看到：服务活动包含在有形与无形之间，无法完全用契约加以约束，更不是能用规范和内容来进行诠释的，服务是一项以满足他人利益诉求为目标的心理与行为相互统一的工作。

案例 1-1

第二次世界大战结束后，一个知名的生产燃煤取暖炉的企业的产品在市场上销售得非常好，但是其燃煤排渣系统和排烟系统存在质量问题。一对老夫妇购买该产品后，由于产品严重的质量缺陷，致使老夫妇经常处于"烟雾缭绕"的空间中——雪白的墙壁全部变黑，而且燃烧的排渣将全新的地毯烧出两个大洞。老夫妇按照产品说明对生产厂家针对产品质量问题进行投诉。按照公司产品质量保障协议计算，这将是一个不小的赔偿数字，厂家领导不敢去面对损失的处理和客户愤怒的责难。万般无奈之下，一个年轻的销售员主动承担了这个责任。他在去之前已经做好了接受指责的准备，心里装满了歉意和赔偿全部损失的诚意。他来到老夫妇家中，看到自己公司的产品造成的"黑色世界"，他一再向客户表示道歉和处理的诚意，提出不仅要赔偿老夫妇的全部直接经济损失，而且为了公司的社会形象，再额外给予客户一些经济补偿。没想到，老夫妇听到年轻人的道歉、看到他的诚意后，主动提出：他们已经退休，房子可以自己粉刷，公司只需提供涂料即可；地毯上的洞也不需要补上，只要求公司按照两个洞位置的大小提供一块地毯垫上掩盖即可；至于炉子问题，他们只要求公司给修理一下即可。复杂的问题在服务中得到了解决。

案例分析：

服务的复杂性不在于服务技术本身的复杂性，而在于如何妥善处理服务细节与服务对象内心感受的接近度。本案例中，面对服务缺陷，逃避是一种侥幸心理，问题终究还是要解决的。服务者之所以有回避心理，根本在于其不了解服务对象的真实心理，而先在自己内心筑起了一道防护墙，与消费者隔离。其实，很多时候服务对象需要的不是物质方面的满足，而是内心的平衡，也是对服务者态度的一种考验。当服务者放低姿态，主动面对问题的时候，所有的问题也许就会迎刃而解了，面对问题也会赢得服务对象的尊重。

资料来源：高宏，安玉新，王化峰，等. 空乘服务概论[M]. 4版. 北京：旅游教育出版社，2017.

信息卡

"服务"的英文 service 带给我们的启示

service 中的每个字母都表达着服务的基本要求和丰富的内涵，对理解服务有很多有益的启示，具体如下：

S——Smile（微笑）：服务人员应该对每一位旅客提供微笑服务，所以微笑服务是服务的第一要素，也是最基本的服务要求。

E——Excellent（出色）：服务人员应将每一个服务程序、每一个微小的细节做得更加完美，只有这样服务工作才能做得更出色。

R——Ready（准备）：服务人员应该随时准备好为旅客服务，需要具有主动的、超前的服务意识。

V——Viewing（看待）：服务人员应该将每一位旅客看作需要提供优质服务的贵宾，尊重旅客。

I——Invitation（邀请）：服务人员在每一次服务结束时，都应该显示出诚意和敬意，主动邀请旅客再次光临。

C——Creating（创造）：每一位服务人员都应该想方设法精心创造出使旅客能享受其热情服务的氛围。

E——Eye（眼光）：每一位服务人员都应该始终以热情友好的眼光关注旅客，适应旅客心理，预测旅客要求，及时提供有效的服务，通过与服务对象的互动过程，使旅客时刻感受到服务人员的关心与爱心。

上述对服务综合性、系统性的描述，充分反映出了服务工作所承担的责任和完成服务过程应该具备的基本要素。

资料来源：高宏，安玉新，王化峰，等. 空乘服务概论[M]. 4版. 北京：旅游教育出版社，2017.

二、服务概念的延伸

（一）上升到企业层面的服务

上述对服务的认识是基于服务主体、客体、服务内容的联系展开的，是对服务的基本认识。从企业的层面看，企业的发展建立在消费者利益满足的前提下，离开了顾客利益的满足，企业长远目标的实现就成为无源之水、无本之木。对于现代企业组织来说，利益最大化是其经营行为的基本动力和追求的目标，但实现利益最大化不是企业单方面行为所能决定的，特别是面对市场竞争时，让消费者满意才是企业生存与发展的根本所在，这在本质上决定了消费者的需求导向在企业行为中的核心作用。服务作为企业与消费者直接接触的阵地，所引发的思考必然超越服务本身。

1. 企业服务的宗旨、观念来源于对顾客在企业经营中角色的认知程度

我们不妨从一个极端的实例说起。在某机场的某航空公司的值机柜台前，曾出现过这样一幕：由于天气原因，某航空公司的班机改变航班着陆机场，临时在某机场降落，等待天气允许时继续飞往目的地。乘客等待了近四个小时。这期间，该机场和该航空公司的工作人员没有采取任何措施来安抚等待的乘客，甚至在乘客为了维护自己的利益与该公司值机人员交涉时，工作人员态度傲慢，出言不逊，致使乘客与航空公司的值机人员发生了严

重的冲突，机场一度秩序混乱，最后在保安人员的干预下事态才得以平息。问题暂时解决了，但带来的影响却远远没有完结。

我们无法评估这一事件对航空公司的影响有多大，但有一点是肯定的：怠慢消费者，就意味着失去信誉，损害自己的形象。其实，引申出来的问题是：消费者价值问题以及企业对消费者价值的认知，是企业决定消费者的行为，还是消费者决定企业的命运？如果从交换的角度看，企业提供的服务应等价于消费者的付费，兑现了基本服务内容，服务就完结了，不必考虑消费者如何思考，企业自主决定为消费者提供什么样的服务，也就决定了消费者的满意程度。而换位到消费者的角度，当消费者面临多种选择时，消费者不是"任人宰割"的对象，而是主宰消费行为的"上帝"，只有在接受服务消费的过程中留下深刻的心理体验，企业的形象才能驻留在消费者的心里，也才能唤起消费者的重复消费行为，使信誉得到传播。因此，企业必须以消费者为导向，充分认知"上帝"的决定地位，全面树立为消费者服务的理念，重视消费者的价值，把"全心全意为顾客服务"落实到服务过程的每一个细节中。

 案例 1-2

只有一个旅客的航班——服务无代价

一架从日本飞往英国伦敦的航班，因故不能起飞，航空公司决定说服乘客改签其他航班前往伦敦。除一位日本乘客外，其余乘客顺利改签，搭乘其他航班前往伦敦。只有这位日本乘客，坚持一定要乘坐英国航空公司（以下简称"英航"）的班机飞往伦敦。机组人员将情况向公司总部做了汇报，公司很快做出决定：从公司总部调飞机前往日本，接这位日本乘客前往伦敦！几个小时后，只有一名乘客的航班从日本起飞，飞往英国伦敦。第二天，在伦敦的报纸上刊登了"只有一名乘客的航班"的消息。大家都为英航不惜成本为乘客服务的举动所感动，也有很多人百思不解。其实，道理很简单，失去的可以计算的经济损失换来了无价的信誉，传播了英航的服务理念。"服务无代价"感染了无数乘客，也赢得了市场。

资料来源：高宏，安玉新，王化峰，等. 空乘服务概论[M]. 4版. 北京：旅游教育出版社，2017.

2. 服务精神是服务的灵魂，贯穿服务的全过程，决定着服务质量

服务过程是由人来完成的，而人的行为源自于人的精神支撑。服务精神基于人类的道德和良知，以及企业的社会责任与宗旨，是全身心地为他人和社会服务的一种奉献精神。企业有了服务精神，服务就会系统全面，就会认知顾客的价值，将顾客奉为上帝；服务人员领悟了服务精神，服务就会主动认真，就会体现出关怀与喜悦，就会坚持不懈。否则，表情木讷，机械呆板，何谈高雅服务呢？服务精神从根本上决定着服务过程与服务质量，有什么样的服务精神，就有什么样的服务质量。

在比较空乘服务人员服务差异的时候，我们会发现，有的空乘服务是基于心的服务，感觉亲切贴心，服务热情，发自内心，服务传递的是一种亲情；而有些空乘服务是基于服务规范的机械式服务，缺乏感情的自然流露，只是形式上的工作表现。服务人员作为企业服务精神的传递者，其服务行为的方方面面、各个细节都无时无刻不体现着企业的精神；同时，从企业发展的利益出发，企业的精神本身又要求服务人员必须以企业精神为行为的导向与制约，要求每一个服务人员将自己的思想行为统一到企业的精神上。

3．服务是职业强制要求与个性理解一体化的行为

服务者对服务的理解与在服务过程中的态度决定着服务质量。尽管职业要求与服务规范是一个基本准则，但服务者的个体差异是客观存在的。从企业的行为来看，遵守基本的规范与制度是对每个服务人员的基本要求；而从事服务的人员也是普通的人，每个人都有自己的兴趣爱好、个性和价值。如果每一个服务人员仅仅按照服务的规范与要求完成服务过程，那么服务就失去了个性的魅力，也就失去了生命力。恰恰是服务者的个性魅力和服务艺术的差异，才使服务充满了活力与激情。通常情况下，服务过程必然显现出个性化痕迹，服务个体的人格魅力决定了服务的风格。服务是个体服务的集合，个体服务决定着服务的整体水平。另外，服务的目的性决定着服务者必须拥有"服务型"的个性，特殊个体与职业个性的融合决定着服务满意度。减少心理、情绪、个性在服务过程中的随机影响，需要服务者用正确的基本理念、坚定不移的信念支配自己的行动。

需要强调的是，服务是细致入微的工作，是一种付出。服务人员不是要张扬自己的个性，而是要通过个性来展示服务的魅力。所以，服务对服务者的性格、心理、意志品质等综合素质有着很高的要求。

4．服务是一个无限追求的过程，优质的服务是无止境的

服务作为一种过程产品，给顾客带来的是一种心理体验，这种体验的心理强度无法用定量的方式衡量。不同的服务过程给顾客带来的体验是不同的，即使是同样的服务，不同顾客的心理体验也不尽相同，这是由人（包括服务主体与服务对象）的复杂心理过程所决定的。服务所追求的境界是让消费者满意，而服务是否能得到满意的评价，取决于服务者服务心理与服务技能、服务对象、服务环境等多种因素。满意的服务是在特定环境下，针对特定的服务主体、客体与对象而言的，是一个动态的过程，没有绝对的标准可言；消费者需求的无限性、可变性和延伸性特征，消费者的期望值、消费时的心理状态必然影响其对服务满意度的评价；同时，时代赋予服务的含义也在不断地变化，特别是对精神文化方面的要求愈来愈高。因此，优质服务是人们追求与渴望的一种境界，是一个不断攀升的追求目标，是在服务质量时空上的延伸，也是服务主体永恒的主题和不断进步的永恒动力。只有不断追求与探索，才能达到服务的更高境界。

5．服务是有生命的，传递着爱心、真诚与喜悦

服务出发于人而且受益于人，必然承载着生命的主体对其他生命的尊重和重视。在新加坡航空公司（以下简称"新航"）的航班上，面对一个蹲式服务的空姐，乘客问道："你不觉得累吗？"她的回答很让人感动："我在为我的亲人服务，不会觉得累呀！"其实，在新航夜航的航班上，时刻可以见到空姐的身影，她们不停地工作着，能不累吗？她们把服务与传递亲情联系在一起，通过服务方式来表达对乘客的尊敬，服务成为传递生命

信息的纽带，服务成为高尚的心灵的互动行为，这样的服务才是有生命力的。同样的一件事，用不同的心态去对待，同样的问题，用不同的心理去理解，其结果必然不同，带给人们的内心体验也有很大差异。

其实，服务过程仅仅是一种形式表达，它所传递的是企业的服务宗旨、企业的信誉、企业的产品质量、企业的品质以及企业的文化与信念。企业的精神铸造了服务者的灵魂，在服务者为服务对象付出的时候，每一个细节中，服务者内心的感受无时无刻不体现在服务之中，闪现着生命的热情，传递着心灵的互动。此时，服务就升华为一种心理体验，就是一种享受。

6. 良好的服务需要良好的服务系统支持

服务是企业的行为，而不是简单的个体行为。企业提供给消费者的不仅是孤立的服务过程，还是一个服务的整体，与服务相关的任何因素都会影响消费者对服务的体验，消费者会从企业的整体来全面地评价企业的服务。例如，消费者经常会对某服务人员说："你的服务无可挑剔，但我们对你们的单位不满意！"这就是说，消费者对企业的整体评价远远超过服务者的服务本身，这也就说明，服务者试图为消费者提供的各项优质服务活动，需要与服务过程相关因素密切配合。在现实服务中，这样的情境使人遗憾：愉快的服务过程因一句话、一个细节或者一个细微的动作而遭到破坏。因此，服务是一个整体，是一个系统，不仅需要系统性设计，更需要全部员工的真心投入。

（二）服务的层次

随着社会的不断进步，服务的层次也在不断提高，将服务定位在不同的层次上，服务所达到的水平必然不同。只有高层次的服务定位，才能使服务建立在高标准之上，才能使服务达到更高的境界。服务的层次理论，描述了服务的层次体系，它是一个不断攀升的过程。

1. 用利服务（底层）

用利服务就是将服务作为取得利益的一种工具，表现为利益追求的明确性。例如，有些企业十分浮躁，急功近利，目光短浅，甚至见利忘义，对企业行为的不良影响视而不见。搞"一锤子买卖"、利润至上，是企业不能做大、行业不能做强的主要原因。这种服务是在眼前利益驱使下的"低劣服务"。

2. 用力服务（次底层）

用力服务就是在服务过程中着力于企业自身的主导作用，表现为强调自己的独立行为，服务过程过于生硬，缺乏柔性，缺乏对服务对象的考虑。例如，在服务业普遍存在的现象就是把服务当成一种简单的、程序化的过程，而不顾及消费者的需求心理，过分依赖制度的作用，忽略消费者的价值。经常听到的一句话就是："对不起，这是我们的规定，我无法满足你的要求！"制度是必要的，但任何制度都必须有利于服务，使服务尽展其内在的魅力。目前，相当多的服务企业仍停留在这个层面，这种服务属于"消极的服务"。

3. 用心服务（优质服务）

用心服务就是把细微、细致、细心服务作为服务理念，把服务看作心爱的高尚事业，把消费者当成心爱的值得付出的"人"，与消费者贴心，让消费者舒心，最后达到价值双赢。这种服务属于"优质服务"。

4. 用情服务（卓越的服务）

用情服务就是用情感打开消费者的心灵之门，服务者情有所动，服务过程以情动人，服务细节与情感相呼应。只有真情投入，为旅客提供体贴入微的服务，才能以真诚赢得旅客的信任，树立企业良好的形象。这种服务属于"卓越的服务"。

5. 用智服务（至高无上的服务）

用智服务就是集智慧之力于服务过程，将服务置于思考之后，是主动的、超前的、有预见性的服务。智慧是企业经营的灵魂，也是服务的灵魂，它体现着服务文化与艺术，标志着企业对服务问题的驾驭达到了一定的境界。这种服务叫"至高无上的服务"，是最高层次的服务。

 信息卡

对至高无上服务的追求

原始社会，人们无服务而言，只是在偶尔的交流中闪现出服务的火花，但那不是主动的意识，也就无所谓对服务境界的追求；商品交换产生后，服务更多地体现出利益的驱动；进入工业化社会，服务成为一种发展的手段；进入现代社会，服务成为竞争与实现企业价值的不可替代的有力武器，对服务境界的追求，体现着不同企业的不同发展思路，而对不同服务境界的追求，从根本上决定着企业在行业中的地位。空中服务是服务发展轨迹忠实的记录者，也是服务本身最好的见证。从国外知名的航空公司（如德国汉莎航空公司、新加坡航空公司），到国内的品牌服务小组（如厦门航空），都体现着航空服务对至高无上的服务境界的无限探索。随着社会的进步、行业的发展和乘客需求的变化，可以预见，对至高无上服务的追求，将是航空服务发展的根本选择。

资料来源：高宏，安玉新，王化峰，等．空乘服务概论[M]．北京：旅游教育出版社，2015．

 案例 1-3

民航创新服务案例：国航"海派特色风情下午茶"

一、背景及起因

17世纪时，英国上流社会的早餐都很丰盛，午餐较为简便，而社交晚餐则一直到晚上八时左右才开始，人们便习惯在下午四时左右吃些点心，喝杯茶，在增加能量的同时也帮助缓解一天的疲劳，久而久之这就流行于上流社会，并被称为"下午茶"。直至今日，下午茶仍然流行，随着社会发展也变得更为普遍。中国国际航空股份有限公司（以下简称"国航"）希望将这一份惬意带上万米高空，为乘坐国航头等舱和公务舱的旅客在国际远程航班的漫漫旅途中带来同样的尊贵享受。

二、举措和亮点

东方人素爱饮茶，品茶、以茶待客皆是中国高雅的社交活动。除此之外，茶本身既有健身、治疾之药物疗效，又富有欣赏情趣，可陶冶情操。为进一步提升国航上海分公司国际远程航线高端旅客个性化服务品质，打造上海浦东出港的国际远程航班的精细化服务品牌，充分展现具有海派区域文化特色的餐饮服务产品，上海分公司客舱服务部在上海浦东进出港的国际远程航线公务舱中推出了"午后阳光"（橙皮普洱）、"一抹清香"（菊花普洱）以及"一帘幽梦"（普洱奶茶）三款花式下午茶。

三、案例详情

众所周知，机上配备的茶分为很多种类，究竟如何选择更适合旅客个性化需求品味的茶饮，创新下午茶产品，是需要精心思考的。红茶、绿茶、花茶机上均有配备，经常飞行、热爱茶饮的乘客已经习以为常，不觉新意，通过认真讨论，国航将目光转向了普洱茶。普洱茶主要产于云南省的西双版纳、临沧、普洱等地区，历史非常悠久，早在三千多年前就已作为献礼敬献王侯。普洱茶讲究冲泡技巧和品饮艺术，其饮用方法丰富，既可清饮，也可混饮。同时也有着清热除烦、清利头目、消食化积等功效。

为此，结合东方养生之道与西方饮茶之习惯，国航上海分公司客舱服务部以普洱茶为基茶，推出了优雅别致、具有海派特色的"午后阳光"（橙皮普洱）、"一抹清香"（菊花普洱）以及"一帘幽梦"（普洱奶茶）三款花式下午茶。养生普洱茶配搭不同的食材，从而达到别具一格的养生功效和口味创新。

这三款饮品率先在国航上海分公司客舱服务部品牌服务组"玉兰乘务组"执飞的航班中试行。到了日航飞行的下午茶时间，很多乘坐公务舱的外国旅客还是习惯点一杯黑咖啡或是一杯英式红茶来提一提神，中国旅客则更喜欢龙井茶这类传统的茶品，新品推广遭遇瓶颈。

为此，"玉兰乘务组"开始推广公关研发。在提供下午茶时，乘务组会将茶品及配料呈现在服务板车上，同时配以品种丰富的途中小吃，由乘务员现场做茶水沏泡展示，这一崭新的服务举措吸引了许多旅客的眼球。清香的茶饮遇到精致的甜品，取得了意想不到的服务效果。乘务员会将这三款茶品的口感、功能，恰到好处地向旅客介绍，并在饮用后，与旅客充分沟通，了解旅客的想法和产品提升的空间。旅客会根据喜好选择不同口味的产品，消除长时间飞行带来的旅途劳顿，让一段单调的旅程因此项服务产品的推荐更加精彩别致。产品推出三个月后，经过方案的修改，对配置流程的完善，花式下午茶在上海分公司全客舱范围内进行了推广。

四、效果或收益

"海派特色风情下午茶"的设计和现场沏泡的呈现方式，在充分利用机上现有资源的情况下，对服务元素进行创新重组，突破了旅客对机上餐饮呈现品质的期望值，为旅客制造了别具一格的旅途惊喜。

此款下午茶产品推广于国航由上海浦东飞往法兰克福、巴黎飞往上海浦东、米兰飞往上海浦东、巴塞罗那飞往上海浦东等国际远程航线公务舱的日航中，让旅客在白天飞行的漫漫旅途中能尝到海派特色的优雅韵味。此举令国航服务品牌口碑显著提升，客户关注度不断增加。

资料来源：民航创新服务案例：国航"海派特色风情"下午茶[EB/OL]．（2018-03-28）http://news.carnoc.com/list/441/44/187.html.

三、服务的基本特征

为了将服务同有形商品区分开来，研究者从产品特征的角度探讨服务的本质。服务的基本特征包括无形性、不可分离性、不可储存性、差异性和缺乏所有权。

（一）无形性

无形性是服务最主要的特征，包括两层含义：一是与有形的消费品或产业用品相比，服务的特质及组成服务的元素很多时候都是无形的，不能触摸或凭肉眼看不见；二是不仅无形无质，甚至使用服务后的利益也很难被觉察，或要等一段时间后，享用服务的人才能感觉其"利益"的存在。医疗服务就是如此。因此，购买服务必须参考许多意见与态度等方面的信息，再次购买则依赖先前的经验。但服务的无形性并不"完全"，很多服务需要有关人员利用实物。随着企业服务水平的日益提高，很多消费品和产业用品是与附加的顾客服务一起出售的。

（二）不可分离性

不可分离性是指服务的生产过程和消费过程同时进行，也就是说，服务人员提供服务给顾客时，也正是顾客消费服务的时刻。二者在时间上不可分离，这是由于服务本来不是一个具体的物品，而是一系列的活动或过程，所以在服务的过程中消费者和生产者必须直接发生联系，生产的过程也就是消费的过程。服务的这种特性表明，顾客只有并且必须进入服务过程中才能最终消费到服务，也就是说，顾客在某种程度上参与了服务的生产过程。这在餐饮业中特别明显。

（三）不可储存性

服务的无形性以及服务中生产与消费的同时进行，使得服务不可能像有形的消费品和产业用品一样被储存起来，以备未来出售，而且消费者在大多数情况下，也不能将服务携带回家安放。当然，提供服务的各种设备可能会提前准备好，但生产出来的服务如果不消费掉，就会造成损失（如空乘内的空房）。不过这种损失不像有形产品损失那样明显，仅表现为机会的丧失和折旧的发生。因此，不可储存性要求服务企业必须解决由于缺乏库存所引起的产品供求不平衡，制订分销战略，选择渠道和分销商，以及项目生产过程，以便有效地弹性处理被动服务需求等问题。

（四）差异性

差异性是指服务的构成成分及其质量水平经常变化，很难统一界定。一方面，由于服务人员自身因素（如心理状态）的影响，即使由同一服务人员所提供的服务也可能会有不同的水准；另一方面，由于顾客参与服务的生产和消费过程，顾客本身的因素（如知识水平、兴趣和爱好等）也会直接影响服务的质量和效果。

（五）缺乏所有权

缺乏所有权是指在服务的生产和消费过程中不涉及任何东西所有权的转移。既然服务是无形而又不可储存的，服务在交易完成后便消失，因此消费者就没有"实质性"地拥有任何实物。

从上面五种特征分析中可以看出，无形性大体上可以被认为是服务的最基本特征，其他特征都是从这一特征中派生出来的。事实上，正是因为服务的无形性，才不可分离，而不可储存性、差异性和缺乏所有权在很大程度上是由无形性和不可分离性两大特征决定的。

第二节 空乘服务概念的解析

对空乘服务最朴素的理解是基于对服务基本概念的理解而言的：空乘服务也是一种服务，不过它是一种特殊的服务，或者说是一种特殊行业的服务。空乘服务作为服务行业的标志，与其他服务行业相比，其服务环境（服务场所）、服务内容与服务对象都具有特殊性。

一、空乘服务的概念

从狭义角度看，空乘服务属于企业经济行为的范畴，但对服务品质的体现已经无法限定范围。就空乘服务的具体行为而言，空乘服务是按照民航服务的内容、规范要求，以满足乘客需求为目标，为航班乘客提供服务的过程。对空乘服务的这种理解，强调空中乘务是一个规范性的服务职业，体现了空乘服务作为服务行业的基本特征。但很明显，狭义的理解无法涵盖空乘服务的全貌与本质，更无法体现空乘服务至高无上的境界。

从广义角度看，空乘服务是以客舱为服务场所，以个人的影响力与展示性为特征，将有形的技术服务与无形的情感传递融为一体的综合性活动。这种理解，既强调了空乘服务的技术性，又强调了空乘服务过程中所不可缺少的情感表达及内心的沟通与互动；而对空乘服务人员的个人素质与外在形象的特殊要求，以及在服务过程中所表现的亲和力与个人魅力，也包含在服务的内容之中。

广义的空乘服务强调：第一，品质特征，即服务过程的完美性。完美即无缺陷、无可挑剔、无懈可击的境界。完美必然包括服务与环境的和谐、服务与内容的和谐、服务与人的和谐。在空乘服务发展过程中，航空公司不断地追求着文化理念、服务细节、亲情传递的完美结合，创造着崭新的服务境界。第二，人性化特征，即服务过程的温馨感。温馨即轻松、自然、亲切、温暖与快乐，核心是服务人员将自己完全融入服务过程中，融入乘客的情绪之中，心随乘客的心而动，以暂时的自我"丢失"换来乘客的喜悦，以充分的个人展示换取乘客"忘我"的体验。第三，个性化感染，即服务个人魅力的必要性。温馨的服务氛围是通过服务者的个人魅力与高超的服务艺术创造出来的。人是服务过程的核心因素，空乘服务人员的个性影响力与展示性成为空乘服务不可或缺的重要因素。尽管我们不能过多强调空乘服务人员外在特征的重要性，但离开了空乘服务人员良好的外在条件，至少可以说缺乏了空乘服务的"灵气"。我们赞誉航空公司的服务，空姐的良好形象是不可缺少的要素之一，空姐的美丽与高雅，在一定程度上代表着航空公司的形象，也是树立公司品牌的有力武器。

心理学的研究结果显示：人的心理活动首先来自于外部环境信息对视觉的影响，外部环境的第一信息尤为重要，当人展示出自己身上的魅力后，其以后的活动就都具有魅力，即"首因效应"，其决定着人的心理活动与情绪变化。魅力与人的外貌、气质息息相关。从心理学角度来说，魅力具有感染性，它对服务质量与服务境界具有一种潜移默化的作用，将个性魅力、服务环境与服务内容完美地结合起来，便形成了服务的个性。所以塑造个性魅力，应该是一个优秀空中乘务人员不懈的追求。

 信息卡

"空姐"的来历

"空姐"是"空中小姐"的简称，而"空中小姐"这一说法最早出现于1930年5月。早在1914年2月，世界上就有了首次航班。1919年6月12日至15日，出现了第一次国际飞行。自1919年8月25日起，定期国际航班开始通航。但在长达2年的时间里，飞机上的乘客一直是副驾驶员负责照顾的。

1930年5月，美国波音公司驻旧金山董事史蒂夫·斯迁柏森有一天去一家医院看朋友，随后同该医院护士埃伦·丘奇聊起天来。埃伦好奇地向他询问飞机上的有关情况，他却遗憾地表示：由于乘客对飞机的性能不了解，为安全起见，他们喜欢坐火车而不愿意坐飞机，即使飞机上的乘客不多，也是什么样的人都有，需要各种服务，副驾驶员一个人实在忙不过来。埃伦不由得想起她所照料的那些病人，便脱口而出："你们怎么不用一些女乘务员来提供这些服务呢？根据姑娘们的天性，是可以改变这一现状的。""对！"史蒂夫恍然大悟，惊喜地叫了一声，连连拍手称妙。随后，史蒂夫给波音公司主席的年轻助手帕特发了一封电报。提议招一些聪明漂亮的姑娘充当机上服务员，还给她们起了个美名——"空中小姐"。

公司主席很快便采纳了史蒂夫的意见，还授权他先招8位姑娘，建立一个服务机组。史蒂夫高兴地将这一消息告诉了埃伦，埃伦又高兴地将这一消息转告给了其他护士。于是，不到十天，埃伦和另外7位护士就登上了民航飞机，并于5月15日在旧金山至芝加哥的航线上飞行，从而成为全世界第一批"空中小姐"。

其他航空公司见波音公司"新招见奇效"，无不竞相效仿，也开始大选"空中小姐"。这一做法很快风行世界各地，"空姐"也便迅速发展为全球性的新兴职业。

资料来源：高宏，安玉新，王化峰，等. 空乘服务概论[M]. 北京：旅游教育出版社，2015.

二、空乘服务概念的延伸

空乘服务的过程除了提供必要的规范服务之外，还传递着一种精神，传承着一种文化，代表着一个民族的基本特征，因此对从业者有很高的要求，包括文化素质、修养程度、意志品质、技艺水平、机智灵敏和持之以恒的精神。

当然，我们在认识空乘服务的时候不能脱离服务的本质，因此，我们也要了解空乘服务是一种平凡的工作，空乘人员是普通的人。

说空乘服务是一种普通而平凡的工作，是因为空乘服务尽显服务的本质；说空乘服务特殊，是因为空乘服务恰恰是服务本质与服务外延的完美结合。空乘服务的外延既源自内涵，又超越内涵；既体现着内涵，又扩展了其意境。空乘服务的神秘、高雅、清新的光环，也恰恰体现在空乘服务的特质以及服务本身外延性所体现的意境中，决定着空乘的职业定位与职业发展的趋势。

（一）空乘服务是传播理念、传递爱心、表现耐心、奉献真心的过程

第一，空乘服务过程是航空公司服务于乘客的重要组成部分，它代表着航空公司对乘客的态度及公司的服务理念，实施着公司为乘客服务的整体设计方案。从空乘服务的过程与空乘服务人员的表现，可以窥见航空公司对乘客的态度与服务宗旨。

第二，传递爱心是空乘服务的一种境界，是空乘服务活的灵魂。爱就是对对方的敬仰之情，对对方无微不至的关怀，愿意为对方付出。空乘服务中，空乘服务人员与乘客的接触具有持续性，直面个别交流多，没有爱心就无法体现出关怀。空乘服务需要爱心，这一点也是由飞行中乘客所处的状态所决定的。服务人员需要通过舒展的动作、深情的眼神、友善的面孔、亲切的微笑、细微的服务来体现爱心。

第三，表现耐心体现出空乘服务的另一方面，即空乘服务是项艰苦的工作，需要面对复杂的乘客群体，需要具有耐心和坚定的意志。很多业内人士认为，对于一个成熟的服务人员来说，耐心与坚定的意志是决定其职业生涯的关键因素。美丽的光环背后，其实是踏踏实实、普普通通的工作，无论在何种不利的环境下，都必须无条件地坚持，必须有足够的耐心。

第四，奉献真心就是"以心换心"。真心才能带来真实、热情，真心才能让乘客体验到"宾至如归"的感觉，真心才会引发心灵的交流，一切可能的障碍与误解才会随之消失。

（二）空乘服务必须协调各种有利因素，确保航班安全

安全是民航的生命线，飞机安全的重要程度远远超过其他运输工具，没有安全就没有飞行。空乘服务的各项活动都是在动态的服务时空环境下展开的，飞行状态（包括飞行前的准备状态与着陆）、飞行技术、飞行环境的复杂性（空域条件和客舱环境）决定了飞机在执行航班任务时一直处于非确定状态，而作为航班任务的执行者，机组人员无论在什么情况下，都必须把飞行安全放在首位。空乘人员必须具备强烈的安全意识和献身精神，并具备熟练处置各种危机情况的技巧，确保飞行安全。

（三）空乘服务具有明显的国际化特征

民航是国际化程度较高的行业，国际民航组织与国际联盟在民航的技术、服务规范等

方面均具有国际化的标准与基本准则；同时，随着各国领空的开放，航班的国际交叉越来越多，交流的机会更加频繁，各国的空乘服务均渗透着文化的痕迹，反映着不同航空公司的服务理念，也就形成了不同的服务风格与服务模式。同时，国际化推动了各国空乘服务水平的提高，在空乘服务的共同目标和服务规范下，各国民航不断吸收他国空乘服务的优点，推出个性化服务，建立了适合本民族特点的服务模式。如国内航空公司与国外航空公司空乘服务人员的交流制度就体现了国际化的趋势。

（四）空乘服务展示着一个民族的品质

一个民族在长期的发展中，沉淀了自己的文化与传统——民族的特征，这些正是其屹立于世界民族之林的宝贵财富。空乘服务作为重要的展示窗口，一方面，通过具有民族特色的服务向各国人民展现其民族特征，不同的国家人文环境与服务理念的差异，使其服务更具民族性；另一方面，各国人民也通过空乘这一窗口，来了解一个民族的文化与传统，认识一个民族的素质、修养、文化与观念，形成对一个民族特质、素质等整体形象的认识。因此，民族性是每个航空公司空乘服务的最大特点。大韩航空公司的空中乘务反映了大韩民族的细腻、温馨、内敛、含蓄，新加坡航空公司空中乘务反映了新加坡严谨科学的服务追求，德国汉莎航空公司的空中乘务具有浪漫轻松的服务氛围，等等，均具有鲜明的民族个性。

民族性是空乘服务的外延特征，既超出于服务范围之外，又体现在空乘服务之中，是其职业特点所赋予的基本属性。与其说空乘服务是个服务性工作，倒不如说它是一项展示性工作，是各个国家展示民族魅力的舞台。空乘服务不仅代表着航空公司的形象，更代表着一个民族的整体形象，在小小的客舱内，在有限的服务时间内，一个民族的素质尽显无遗。因此，对空乘服务提出更高的要求，对空乘人员寄予更多的期望，甚至过于挑剔，都是情理之中的事情。作为空乘服务人员，必须具有民族的使命感与责任感，在展现个人魅力的同时，从大局着想，不断完善自己，在自己的行为中凝聚民族的优点。

（五）空乘服务是美丽的化身

这里的美包括服务者心灵之美、形象之美、语言之美、举止之美、过程之美，是"天地合一"同"内外合一"的境界。人们之所以把空姐比喻成美丽的化身，把空乘服务当作服务行业的标志，就在于空乘服务渗透出来的和谐与美丽，勾起了人们对享受空乘服务的美好愿望。

 信息卡

日本航空公司空姐的魅力

1954 年 2 月，日本航空公司（以下简称"日航"）开辟了它的第一条国际航线——从东京至美国旧金山的航线。当时的日航是一家小型航空公司，和美国的泛美航空公司、西北航空公司等大型航空公司相比，日航很难在这条航线上与它们竞争，因为当时国际民航协会规定，各家航空公司的国际航线的票价必须一律按接近统一的价格收费，绝不能公开以低廉的票价作为推销手段，那么日航成本较低的优势无法得以发挥。这样，规模较大的航空公司，就有能力竞相采用最新的机种，并在航线和班次方面以多取胜。

鉴于这种情况，日航觉得在广告宣传方面必须体现出日航独有的特色，才能在与各大航空公司的竞争中立于不败之地。于是他们把目光放在了航班的服务上面。当时，各家航空公司的广告几乎都宣传自己"有珍馐美酒款待，有精致点心供应，有腿部可伸屈自如的宽敞座位，有殷勤周到的空中小姐"。日航的广告代理商——日本 BKI 公司的策划人员经过周密的调查和分析后发现了一个看似不相关的问题：世界各国的人士都普遍认为日本的女性最具有柔顺和体贴的美德。BKI 公司的策划人员立即想到这是一个可以利用的宣传资本。因为无论是美酒还是点心或者机舱设备，都是很容易模仿的，但是日本小姐在人们心目中的这种独特魅力却是谁也学不会、拿不走的。

因此，BKI 公司形成了一个构想：将日本女性的这些独特优点与日航空中小姐的服务联系起来，让空中小姐体现出人们心目中完美的日本女性形象，一定能形成日航的独特之处，使得日航的服务具有与众不同的竞争力。这个构想很快得到了日航的认同和采纳。身穿和服的日本空中小姐在机舱内为乘客提供服务的优雅形象，立即在世界各大都市的各大传播媒体上出现。BKI 公司更趁势宣扬广告里的空姐中藏有所谓"由美的秘密"及"道子的魅力"等传奇式的故事。结果这些广告手法吸引了许多外国乘客，想看看"由美"和"道子"这两位身穿和服的空中小姐的真面目，享受一下日本女性优雅柔顺的款待。

紧接着，日航的广告又对身穿和服的空中小姐的形象不断加以完善。他们描绘道："她们深谙待客艺术——相信比任何人更精于此道——因为她们曾受到日本传统的熏陶。"广告中还说："她们所表现的，是日本的特殊礼仪教育，亦是 1 200 余年来，殷勤待客的一种生活习惯。"

时隔不久，日航决定将这一取得初步成功的形象再进一步完善，并打算将其设计制作成为一个有连贯性和系统性的可爱又动人的服务形象。经过改进后的日航空中小姐形象仍是一位身穿和服的日本女性，模样甜美可爱，笑容温馨动人，待客的姿态仪表十分优雅别致。日航公司随后将这个形象在世界各地的各种传媒中不断加以强化和宣传，后来人们常常见到的便是这么一组画面：在提供饮料时，这位日本空中小姐笑意盈盈，双手托盘奉茶；在指导乘客使用筷子时，她的动作和表情温柔可亲；在回答乘客询问时，她注目微笑，纤手半掩樱唇，低声答问；在斟酒分菜时，她十分细心。这些宣传手法都充分展现了日本女性的柔美温情，从而深深地打动了消费者。

自 1955 年日航和它的广告代理商 BKI 采用这种服务形象以来，其广告始终只在这一重点内寻求变化。在世界各地报纸、电视、杂志、海报、路牌等任何一种媒体的画面上，都一律采用这样的服务形象。这种有计划、有系统的广告宣传手法，使这个形象深深地印入各国消费者的脑海中，造成了很广的知名度和良好的市场效果。由于日航的业务很快扩大，不断增辟新航线，换用最新机种，再配合上这么可爱又动人的服务形象，日航在国际民航协会104家会员公司中的地位直线上升。

点评：

（1）每次遇到乘坐过日航班机的朋友，谈到对日航的感受时，一般都能听到这样的赞叹："哇！日航的服务真好！"看来，日航的服务已经成了优质民航服务的代名词。这就给了我们一个启示，一般的商品需要创品牌，服务业更要创品牌。因为服务是一种"软"商品，具有模糊和不可比的性质，消费者一旦接受了这种品牌，会比对"硬"商品的品牌更加忠诚。

（2）看了这个案例的读者请不要产生误会，认为日航的成功是靠广告宣传出来的，如果这样想就有些本末倒置了。因为一个企业的成功绝对是靠过硬的管理、正确的经营理念和优质的服务达到的。可以想象，如果日航的服务非常一般，空中小姐也没有体现出广告中宣扬的那种魅力，旅客们在大呼上当之余，一定不会再来追寻什么"由美"和"道子"的魅力了。

资料来源：高宏，安玉新，王化峰，等. 空乘服务概论[M]. 北京：旅游教育出版社，2015.

（六）空乘服务强调服务人员的综合素质

空乘服务是个既简单又复杂的工作。说其简单，是因为服务过程有明确的规范；说其复杂，是因为服务过程存在着诸多变数，而且这些变数会导致无法预知的结果。例如，多种因素可能导致一名乘客出现不满情绪。这种不满情绪，在地面的各种服务中不至于产生多么严重的后果，但在空中这样特殊的环境下，可能导致始料不及的后果，这就需要空中乘务人员去有效地控制。因此，要保证航班正常、顺利进行，需要空乘人员具备良好的综合素质以及灵活机警的应变能力，能对客舱状况有良好的把握。

因此，在选择空乘服务人员时，要注重外在条件与内在的结合。美丽的外貌是展现人的第一要素，是首因，是必要的，对人的心理活动有着深刻的影响，但不是决定性的。如果仅有漂亮的外表，而缺乏内在修养，漂亮就没有了生命力，会因为视觉疲劳和内在修养的欠缺而很快消失在人们的注意力之中。因此，空乘人员要内外兼修，实现内在美与外在美的和谐统一，保持长久的魅力，充分体现空乘服务的价值。

 信息卡

新中国空姐诞生

新中国首批"空姐"是 1955 年年底，中国民航局在全北京市各个中学里秘密精挑细选招收的，共计 16 名。加上原来从军队复员到民航的两名女战士张素梅和寇秀蓉，共计 18 人，后被戏称为新中国第一代空中十八姐妹。当时，"空姐"是神秘、庄严的象征。由于飞机性能落后，空姐的工作十分艰苦，做好服务是一种政治任务。从一种可望而不可即的威严职业，到今天空乘服务人员的大众化，人们对空乘服务人员职业形象的定位发生了深刻变化。

资料来源：高宏，安玉新，王化峰，等. 空乘服务概论[M]. 北京：旅游教育出版社，2015.

（七）空乘服务是简单服务细节在高品位目标下的升华

无论服务的目标如何定位，实现服务目标都离不开服务的细微工作，因为最让乘客心动的是服务细节中体现的无微不至的关怀。如果说空乘服务与普通服务存在差异的话，那么就是在空乘服务高品位目标下，空乘服务的每一细节，如体贴入微的关怀、亲切的笑容、优雅的动作等，都传递着服务人员对乘客的体贴，传递着一种精神，体现着空乘服务的品位。

（八）空乘服务是一种职业

职业性是从技术层面上对空乘服务属性的确认。任何职业都具有职业要求、职业规范、职业生涯设计、职业道德的明确界定，客观上存在着不同职业之间的差异。我们说空乘服务是一种职业，恰恰说明空乘服务有明确的职业特性。首先，空乘服务的技术性明确，在服务过程中有严格的技术要求，如客舱内应急设备的使用、突发事件的处理、服务的技术程序；其次，服务过程具有明确的要求与规范，强调保障安全的核心任务；再次，对职业道德、从业资格有明确的要求；同时，职业生涯设计也有明确的预期。这里需要特别强调的是，在国际上，空乘服务业普遍都被认定为特殊职业，认为它是在特殊的工作环境中付出特殊劳动的职业，也恰因如此，空乘服务人员得到了较高的工作报酬，得到了社会的尊重。

总之，空乘服务是一个崇高的职业，它不仅代表了一个航空公司的形象，更代表了一个民族的风范，体现着一个国家的文明程度，承传着文明与精神。

三、空乘服务的核心问题、本质及特点

（一）空乘服务的核心问题

让乘客满意是空乘服务的永恒追求。那么究竟依靠什么来让乘客满意呢？

乘客的满意源自于优质的服务，这取决于两方面：一是基于公司服务理念与服务体系、服务内容以及服务方式。服务体系、服务内容以及服务方式是服务质量的基本保证，只有将企业的宗旨、理念等服务文化要素渗透到服务过程中，服务才具有活的灵魂；同时，通过潜移默化的影响，激发责任感，将行为统一到全心全意为乘客服务的轨道上。二是空乘服务人员个体对空乘服务工作的内心感知与责任感，即发自内心地为乘客服务的主动意识与自觉行动，以及对自己行为的良好调节。决定服务质量的因素包括两个方面：公司的服务文化与人的因素。航空公司作为提供服务的主体，以提供满意的服务赢得永久顾客为其基本目标。为此，航空公司通过一系列逻辑设计来体现公司的意图，并通过具体的服务规范形成让消费者满意的方案，进而通过服务过程实现公司的宗旨。

可见，空乘服务的核心问题就是通过员工的自觉行动，完美地实现服务设计方案，让乘客感到满意，即通过服务过程将公司为乘客设计的服务系统转变为乘客所接受的期望收益。

这里有以下几个问题需要加深认识。

第一，满意的服务首先源自于建立在充分认识乘客需求基础上的服务方案的设计。这就是人们所说的"航空公司业务做得越复杂，对乘客来说就越简单"。

第二，空乘人员的主动意识决定着服务状态，也决定着服务质量，好的方案需要人去执行，而主动意识是执行力的关键。

第三，乘客的个性差异决定了个性化服务的存在价值，需要乘务人员主动观察、细心体验。

第四，完美的空乘服务通过有意识的服务艺术将服务条件、服务内容、服务对象完美地结合起来，这也是空乘服务的生命线。

（二）空乘服务的本质

上述分析表明，空乘服务的本质就是理解并尊重乘客的心理与意识，通过服务行为来满足乘客的需求，体现自己的价值，感受服务的快乐。

第一，高层次的空乘服务必须是发自内心的，从内心的情感出发，视乘客为自己的亲人，给乘客以无微不至的体贴、关怀、爱护、呵护。

第二，空乘服务过程是爱的传递过程，服务内容只是传递爱心与真诚的媒介，心灵的互动才是服务的真谛，需要空乘人员以航空公司主人的身份去传递公司的责任与使命。

第三，要把空乘服务作为一种主动行为，淡化个性，服从乘客的价值评价，创造性地改进服务。

案例 1-4

"我愿意为你服务"

某航班就要起飞了，乘务员发现一名心神不宁的乘客左顾右盼，似乎在期盼着什么。经验丰富的乘务员看出他是个需要特殊服务的乘客，需要特别的关心。乘务员走到这位乘客面前，投以关切的目光，询问情况。原来，这名乘客是第一次乘飞机旅行。平时有晕车的现象，另外对飞机的安全情况也不是很有信心，因此，飞机起飞后，他神色紧张，心里充满恐慌。为了消除这名乘客的恐慌心理，乘务员向他简单介绍了飞机飞行的情况、安全须知，并亲自为他检查了安全带，对乘客说："您放心吧！飞机是最安全的交通工具，我会多来陪着您的"乘务员还为这名乘客送来了饮料、面巾和机上读物。在飞机遇到气流、颠簸的时候，乘务员走到这名乘客面前，向他解释颠簸的原因，并询问他的情况。乘客的紧张情绪渐渐消除，脸上露出了平静的微笑。在整个航程中，乘务员十几次来到这位乘客面前，每一次微笑都给乘客传递安慰与信心，无微不至的关怀与帮助使这名乘客战胜了恐惧的心理。

资料来源：高宏，安玉新，王化峰，等. 空乘服务概论[M]. 北京：旅游教育出版社，2015.

信息卡

空乘服务强化公司形象，创造永久的乘客群

资料显示，人们乘坐航班时，社会公众对航空公司的评价成为选择航空公司航班的重要依据。我们同样坐航班前往目的地，但在不同的航班上所得到的服务截然不同，一路喜悦，一路欢快，自然期待着下次愉快的旅程；相反，冷漠的面孔，漫不经心的服务，心中油然而生的是漫长的旅途何时结束，希望这样的经历不再发生。这里，我们可以看到，愉快与否体现着人们接受服务的心理感受，良好的服务可以强化心理感受，接受服务就是一种享受，反之，则形成不良的心理反应。

在《商旅（中国版）》杂志（Business Traveller China）推出的 2005 年度旅游大奖评选中，新加坡航空公司被评为"世界最佳航空公司"和"最佳服务亚洲航空公司"。《商旅（中国版）》杂志颁发的奖项只是新航获得的众荣誉中的一部分。新航凭借其在准时、高效、服务儿童设施等项目上获得的高分，被著名旅游杂志 Conde Nast Traveller 评选为 2005 年度"最佳远程休闲航空公司"。2005 年 8 月，新航还在知名的德国商业杂志 Capital 备受瞩目的年度调查中，被选为"2005 年度最佳洲际航空公司"。

资料来源：高宏，安玉新，王化峰，等. 空乘服务概论. 北京：旅游教育出版社，2015.

（三）空乘服务的特点

空乘服务是在特殊的环境下对特殊群体进行的服务，由于环境等因素的限制，空乘服务具有自身的特殊性，主要体现在以下几个方面。

1. 安全责任重大

乘客安全抵达目的地，是机组成员的基本任务。飞行安全涉及机组与乘客全体人员的切身利益，而飞行安全本身涉及人（机组成员、乘客）、机（飞行器）、环境（飞行气象环境）诸多因素。其中，人为因素是飞行安全的核心。空乘服务人员既是服务员，又是安全员。在繁杂的服务过程中，还担负着观察、发现、处理各种安全隐患及维持客舱秩序、消除各种危机事件对飞行与客舱安全影响的任务；特别是在紧急状态下，空乘人员作为机组的重要组成部分，担负着面对乘客、面对危机的责任。因此，参与飞行安全管理是空乘服务人员的基本任务，安全责任重大，远远超过其他服务行业。

2. 服务环境特殊

客舱是一个特殊的场所，面积狭小，设施功能特殊，人员密集，而且客舱环境既受飞行状态的影响，又受乘客心理状态的影响，绝大部分服务工作是在飞行中开展的，服务过程要受飞行状态、各种规范的制约。因此，服务行为既有机动性，又必须符合规范的要求，在服务过程中机组人员要密切配合，发挥团队精神。

3. 技术性强，服务内容繁杂

首先，体现在服务过程的技术性。因为飞行器在飞行中，不同阶段有着不同的特性，要求服务过程必须符合技术规范要求，不允许有随意性，如涉及操作规程、各种设备的使用、服务的技术程序以及与驾驶员的密切配合等方面。其次，体现在服务内容的复杂性。服务的内容事无巨细，无所不包，服务的层次至高无上，服务的技术精益求精，服务的环境千变万化，面临的情况无法预料。因此，需要乘务人员具备丰富的经验与灵活果断的处理突发事件的能力，以应付各种复杂的问题。

4. 顾客的期待值高，个性呵护需求明显

乘机的高费用、对空乘服务的高定位和在乘机过程中出现非常情况时所需要的心理支持，决定了乘客对空乘服务有高的期望值。机票价格是所有交通工具中最昂贵的，目前对绝大部分消费者来说，乘飞机旅行仍是一种奢侈的消费，"物有所值"是消费者的基本观点，具有高期望值是情理之中的。且空乘服务"至高无上"的心理定位根深蒂固，存在着永无上限的心理期待。

另外，在飞行过程中，乘客需要心理支持，尽管需求通常呈隐性状态，但却构成了消费期望中不可缺少的因素。在飞行过程中的不同阶段、不同气象条件下，乘客可能会有不同的心理感受和身体反应，很多乘客甚至处于紧张状态，存在着恐惧心理。因此，需要服务人员采取积极措施，进行个性化服务，消除乘客的紧张心理，稳定乘客的情绪，并协助乘客缓解和消除飞行反应。

5. 对服务人员的综合素质要求高

由于飞行环境、服务对象以及服务过程的特殊性，服务过程中会出现复杂多变的各种情况和突发事件，这就要求乘务人员具有稳定的心理素质，临危不惧，果敢坚定；善于发现问题，果断处理问题；具有灵活的沟通能力和应变能力，能有效地与不同乘客进行沟通；具有很强的亲和力和超越自我情感的职业情感、充满爱心的服务；等等。这些能力超过了通常的服务范畴，需要空乘人员具备良好的综合素质。

案例 1-5

登机牌里蕴藏的服务机会

那是由新加坡飞往马尔代夫的航班上，乘务员带着极具亲和力的灿烂笑容，站在机门前主动问候每一位旅客，并快速为他们指引座位。一对夫妇来到登机口，当他们将登机牌递给一位乘务员后，她没有马上将登机牌交还，而是看了他们一眼。原来，乘务员发现这对夫妇的座位是分开的！随后，乘务员做了一件让人惊讶的事情——她飞快地奔下飞机，与地面工作人员确认当天航班的空座情况：后舱中间有四个连续的空座。不一会儿，乘务员就气喘吁吁地带着好消息回到了机上，将这对夫妇的座位调在了一起。乘务员担心这对夫妇找不到座位的准确位置，热情地把他们带到了座位处，协助安放了行李，最后还不忘祝他们旅途舒心。

资料来源：孙岚. 民航客舱服务案例精选[M]. 北京：化学工业出版社. 2015.

第三节 空乘服务质量

质量的内容十分丰富，随着社会经济和科学技术的发展，质量的内容也在不断地充实、完善和深化，同样，人们对质量概念的认识也经历了一个不断发展和深化的历史过程。

民航企业之间的竞争，其实质是服务质量的竞争，谁的服务质量好，谁就能在竞争中取胜。服务质量管理，是关系到民航企业生存与发展的重要问题。服务由硬件和软件组成，由无数个服务细节和无数个服务人员的服务行为构成，只有环环扣紧，步步到位，才能保证民航服务质量。

一、质量的概念及其特性

（一）质量的概念

有关质量的概念在其理论发展过程中，不同行业、不同组织、不同时期对其界定都有所不同。例如，国际标准化组织所制定的 ISO 9000《质量术语》标准中，对质量做了如下的定义："质量是反映实体满足明确或隐含需要能力的特征和特征的总和。"在工程技术标准中把质量界定为："质量是产品或服务的总体特征和特性,基于此能力来满足明确或隐含的需要。"在 ISO 质量体系中对质量的界定是："质量是一组固有特性满足要求的程度。"也可以看作是产品和服务满足顾客需求的能力。质量就是产品或工作的优劣程度。

随着科学技术和经济的发展,人们对质量的需求不断提高,质量的概念也随之不断发生变化。具有代表性的质量概念主要有以下几种。

(1)符合性质量。即认为质量只是符合标准的要求,也被称为技术性质量。这是长期以来人们对质量的理解,但是标准不先进,即使是百分之百符合,也不能认为是质量好的产品,质量的概念在满足符合性的基础上又产生了"适用性"的概念。

(2)适用性质量。它是以适合顾客需要的程度作为衡量的依据,即从使用者的角度来定义质量,认为产品质量是产品在使用时能成功满足顾客需要的程度,也被称为功能性质量。适用性质量概念的发展,说明了人们在质量概念的认识上逐渐把顾客的需求放在首位,但是满足顾客使用需要的产品质量还不一定使顾客满意,于是质量的概念向顾客满意质量演变。

(3)顾客满意质量。由于顾客(和相关方)满意的"要求"是广义的,它除了适用性外,还可能是隐含的要求,如对民航业来说,旅客除了要求基本的旅行服务安全便捷之外,还可能要求客舱环境舒适温馨、旅行愉悦等。

针对以上有关质量的各种定义,本书根据现代空乘服务业的服务质量特点及其管理要求,采用"质量是一组固有特性满足要求的程度"这一定义。

(二)质量的特性

(1)质量的社会性。质量的好坏不仅仅来自于产品生产和服务提供者的精心设计,也不仅仅是反映产品与服务的消费者的直接反馈,而应是从整个社会的角度来予以评价。尤其是民航服务性产品,虽然以无形为主但却具有以满足消费者精神消费为核心的功能,服务产品的质量便不仅仅是由民航企业和消费者予以评价,而应该是从社会道德、文明进步、相关法律、员工的职业安全与健康等社会性角度进行评价。

(2)质量的经济性。质量不仅要考虑某些技术指标,而且还要从制造成本、价格、使用价值和消耗等几方面来综合评价。在确定质量水平或目标时,不能脱离社会的条件和需要,不能单纯追求技术上的先进性,还应考虑使用上的经济合理性,使质量和价格达到合理的平衡。

(3)质量的系统性。质量是一个受设计、制造、使用等因素影响的复杂系统。例如,汽车是一个复杂的机械系统,同时又是涉及道路、司机、乘客、货物、交通制度等特点的使用系统。产品的质量应该达到多维评价的目标。费根堡姆认为,质量系统是指具有确定质量标准的产品和为交付使用所必需的管理上和技术上的步骤的网络。

二、空乘服务质量的内涵

（一）服务质量

服务质量不同于实物产品的质量，有其特殊性。一方面，由于服务的不可感知性，企业无法制订明确的质量标准来衡量服务的质量；另一方面，由于服务生产与消费过程同时进行，企业也不可能通过控制生产过程、减少操作上的失误来保证产品的质量符合既定的质量标准。但这并不是说服务质量是一个虚无缥缈的概念。

质量是指产品或服务满足规定或潜在需要的特征和特性的总和。它既包括有形产品，也包括无形产品；既包括产品内在的特性，也包括产品外在的特性。也就是说，质量包括了产品的适用性和符合性的全部内涵。

优质服务质量的定义主要有常见的两种：一是生产导向的定义，优质是指服务符合规格，即从服务提供者角度定义服务质量，要求服务满足一定的规格和规范。二是市场导向的定义，优质是指服务符合客人的需要，即从服务接受者的角度定义服务质量，认为优质服务要求符合客人的需要，适合客人使用，强调服务的使用价值和客人的满意程度，要求服务提供商根据客人的需要确定服务质量标准，提供客人满意的服务。

一般来讲，现在的服务质量要求将这两部分合而为一。服务质量是服务的客观现实和客人的主观感觉融为一体的产物。服务提供商为客人提供正确的服务，并做好所有服务工作，才能提高客人感觉中的服务质量。

（二）服务质量的内涵

鉴于服务交易过程的顾客参与性和生产与消费的不可分离性，服务质量必须经顾客认可，并被顾客所识别。

1. 服务质量由服务的技术质量、职能质量、形象质量和真实瞬间构成

服务质量既是服务本身的特性与特征的总和，也是消费者感知的反应，因而服务质量由服务的技术质量、职能质量、形象质量和真实瞬间构成，并通过感知质量与预期质量的差距来体现。

（1）技术质量。技术质量是指服务过程的产出，即顾客从服务过程中所得到的东西。例如，空乘为顾客提供的菜肴和饮料、航空公司为旅客提供的飞机及舱位等。对于技术质量，顾客容易感知，也便于评价。

（2）职能质量。职能质量是指服务推广过程中顾客所感受到的服务人员在履行职责时的行为、态度、穿着、仪表等带来的利益和享受。职能质量完全取决于顾客的主观感受，难以进行客观的评价。技术质量与职能质量构成了感知服务质量的基本内容。

（3）形象质量。形象质量是指企业在社会公众心目中形成的总体印象，包括企业的整体形象和企业在所在地区的形象。企业形象通过视觉识别系统、理念识别系统和行为识别系统多层次地体现。顾客可从企业的资源、组织结构、市场运作、企业行为方式等多个侧面认识企业形象。企业形象质量是顾客感知服务质量的过滤器。如果企业拥有良好的服务质量，少许的失误会得到顾客的谅解；如果失误频繁发生，必然会破坏企业形象。倘若企业形象不佳，则企业任何细微的失误都会给顾客留下很坏的印象。

（4）真实瞬间。真实瞬间指的是服务过程中顾客与企业进行服务接触的过程。这个过程是一个特定的时间和地点，是企业向顾客展示自己服务质量的时机。真实瞬间是服务质量展示的有限时机。一旦时机过去，服务交易结束，企业也就无法改变顾客对服务质量的感知。如果在这一瞬间服务质量出了问题，也无法补救。真实瞬间是服务质量构成的特殊因素，是有形产品质量所不包含的因素。服务生产和传送过程应计划周密，执行有序，防止棘手的"真实瞬间"出现。如果出现失控状况并任其发展，那么出现质量问题的危险性就会大大增加。

2. **服务质量有预期服务质量与感知服务质量之别**

预期服务质量即顾客对服务企业所提供服务预期的满意度。感知服务质量则是顾客对服务企业提供的服务实际感知的水平。如果顾客对服务的感知水平符合或高于其预期水平，则顾客获得较高的满意度，从而认为企业具有较高的服务质量；反之，则会认为企业的服务质量较低。从这个角度看，服务质量是顾客的预期服务质量同其感知服务质量的比较。

预期服务质量影响顾客对整体服务质量的感知。如果预期质量过高，不切实际，则从某种客观意义上说，即使所接受的服务水平很高，顾客也会认为企业的服务质量较低。预期服务质量受四个因素的影响：市场沟通、企业形象、顾客口碑和顾客需求。

市场沟通包括广告、直接邮寄、公共关系、促销活动等，直接为企业所控制。这些方面对预期服务质量的影响是显而易见的。例如，在广告活动中，一些企业过分夸大自己的产品及所提供的服务，导致顾客心存很高的质量预期，然而顾客一旦接触企业，则发现其服务质量并不像宣传的那样，这会使顾客对其感知服务质量大打折扣。

企业形象和顾客口碑只能间接地被企业控制，这些因素虽受许多外部条件的影响，但基本上还是企业绩效的函数。顾客需求则是企业的不可控因素。顾客需求的千变万化及消费习惯、消费偏好的不同，决定了这一因素对预期服务质量的巨大影响。

3. **服务质量的评判具有很强的主观性**

服务质量是顾客感知的对象，因此在一定的环境和道德前提下，消费者会根据自身的需要和期望，对服务质量进行评判。消费者对服务质量的评判受自身知识、消费经历、兴趣爱好、消费环境的影响，具有很强的主观性。

4. **服务质量具有关联性和过程性**

服务是一系列的活动或过程。服务质量是服务过程质量的综合，具有关联性和过程性。服务的提供需要服务企业各部门、各环节的相互配合和协调，某个部门或环节的差错都可能影响所提供服务的质量。因此，服务质量控制必须重视服务过程的控制，特别是对服务过程中的关键环节、关键服务点和关键岗位的控制。

(三)空乘服务质量

对空乘服务质量的概念界定,学术界及业界尚未统一,目前存在几种不同的观点:一是认为空乘服务质量只局限于空乘软体服务的质量,由服务项目、服务效率、服务态度、礼仪礼貌、操作技能、清洁卫生、环境气氛等构成。这一观点缩小了空乘服务质量涵盖的内容,实际上只是空乘服务质量的一部分。二是认为空乘服务质量由有形产品质量和无形产品质量构成。这一观点得到比较普遍的接受。三是认为空乘服务质量由空乘服务技术质量、功能质量、旅客的期望质量和经验质量决定,这种观点把旅客纳入空乘服务质量的构成要素之中,拓宽了空乘服务质量的内涵。四是认为空乘服务质量是指旅客在登机至飞机降落的过程中享受到的服务的使用价值,是旅客得到的某种物质和精神的感受。这一观点因将质量完全定义为旅客的感受而过于片面。

对空乘服务质量界定的不规范是导致当前空乘服务质量评价不系统的原因之一。根据国际标准化组织颁布的 ISO 9004-2《质量管理和质量体系要素——服务指南》,"服务"是指"为满足顾客的需要,供方和顾客之间接触的活动以及供方内部活动所产生的结果","质量"是指"反映实体满足明确或隐含需要的能力和特性的总和"。因此,空乘服务质量可以定义为:以空乘设备、设施等有形产品为基础和依托,以空乘人员所提供的劳动而形成的无形产品所带来的,让客人在空乘中获得物质和精神需要的满足程度。

三、空乘服务质量的构成要素

根据国际标准化组织颁布的 ISO 9004-2《质量管理和质量体系要素——服务指南》,服务质量主要由硬件质量和软件质量构成(见图 1-1)。硬件质量是指与设施设备等实物有关的并可用客观的指标度量的质量,软件质量则是指提供的各种劳务活动的质量。

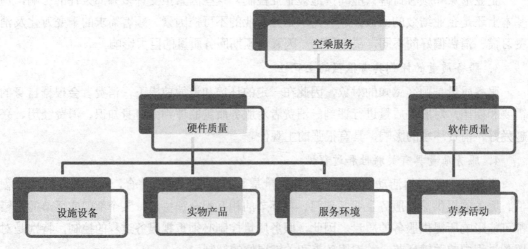

图1-1 空乘服务质量的构成

1. 硬件质量

空乘服务的硬件质量主要是指设施设备和实物产品以及服务环境的质量，主要满足旅客物质上的需求。

（1）设施设备的质量。设施设备是空乘服务的基础，也是服务质量的基础和重要组成部分。空乘设施设备包括安全设施设备和供应设施设备，设施设备的安全性能是一切服务的前提和基础。

（2）实物产品质量。实物产品可直接满足旅客的物质消费需要，其质量高低也是影响旅客满意程度的一个重要因素。空乘的实物产品通常包括飞行过程中提供的餐食和饮料等。

（3）服务环境质量。服务环境质量是指空乘服务氛围带给旅客感觉上的美感和心理上的满足感。空乘的服务环境以客舱的环境气氛最为重要，应当安全、舒适、温馨。

客舱的环境既与硬件有关，也离不开空乘管理，同时还与乘客的素养有关。由于首轮效应，第一印象的好坏很大程度上由客舱环境气氛决定，为了使空乘服务能够产生这种先声夺人的效果，空乘服务应格外重视客舱环境的管理。

2. 软件质量

空乘服务的软件质量指的是无形的服务，通常包括以下几个方面的内容。

（1）服务项目。服务项目是指为满足旅客的需要而规定的服务范围和数目。

（2）服务效率。服务效率是指空乘人员在其服务过程中对时间概念和工作节奏的把握，应根据旅客的实际需要灵活掌握，在旅客最需要某项服务之前及时提供。因此，服务效率并非仅指快速，而是强调适时服务。

（3）服务态度。服务态度是指空乘服务人员在对客服务中所体现出来的主观意向和心理状态，其好坏是由员工的主动性、创造性、积极性、责任感和素质高低决定的。空乘人员服务态度的好坏是很多旅客关注的焦点，尤其当出现问题时，服务态度常常成为解决问题的关键，旅客可以原谅许多过失，但往往不能忍受空乘服务人员恶劣的服务态度。因此，服务态度是无形产品质量的关键所在，直接影响空乘服务质量。

（4）礼仪礼貌。礼仪礼貌包括服饰、服装、仪表、仪容、语言、习俗、礼节等方面。空乘人员在上班时应穿规定的岗位服装，且须保持清洁挺括，不破损，不掉扣子。男空乘服务员不留长发、怪发，勤剃胡须；女空乘服务员适度化妆，不浓妆艳抹或珠光宝气。说话时音量适中，语调平顺，用词恰当，讲究礼貌用语，给旅客以亲切、友好、热情、真挚、富有人情味的感觉。空乘服务员的站、行、坐等姿态需体现出自身的教养和对客人的尊重，不可漫不经心、随随便便，更不可趾高气扬、盛气凌人，对各国、各民族的风俗人情知识应有一定了解，不要在无意间做出伤害旅客感情的事。

（5）职业道德。职业道德是指人们在一定的职业活动范围内所遵守的行为规范的总和。民航秉承"真情服务"理念，不断提升服务水平。作为空乘服务员，应遵循"热情友好，真诚公道；信誉第一，文明礼貌；不卑不亢，一视同仁；团结协作，顾全大局；遵纪守法，廉洁奉公；钻研业务，提高技能"的旅游职业道德规范，真正做到敬业、乐业和勤业。

（6）操作技能。操作技能是提高空乘服务质量的技术保证。操作技能取决于空乘服务人员的专业知识和操作技术，要求其掌握丰富的专业知识，具备娴熟的操作技术，并能根据具体情况灵活多变地运用，从而达到具有艺术性，给客人以美感的服务效果。

上述硬件质量和软件质量的最终结果是旅客满意程度，是旅客享受空乘服务后得到的感受、印象和评价。它们是空乘服务质量的最终体现，也是空乘服务质量管理努力的目标。

案例 1-6

一名乘务员的真实经历

2018 年 6 月 16 日，我执行 CZ 3589 深圳至上海航班的飞行任务，航班因天气原因延误了 4 个多小时，部分乘客对天气原因造成的延误不理解，登机后，在客舱里故意找"碴"，吵闹不休，我与同伴不停地在客舱内解释、送饮料，并将机组自备的快餐面发给部分需要的乘客，但情绪激动的乘客却听不进任何解释，发下去的意见卡被撕毁，送上的饮料、杯子被摔在过道上。这时，我无意中听到坐在 11 排的中年男子轻轻地感叹了一声："我也是搞服务的，干这一行真不容易。"我马上意识到这是实行"开口"服务的好机会，我从询问他的职业、虚心向他求教服务技巧入手，与这位从事酒店服务业的吕姓乘客攀谈起来，他除了对我们的工作给予理解之外，还主动担当了调解员，与我们一道向周围的乘客解释。真没想到，在酒店当老总的他说服能力很强，不一会儿工夫，乘客的情绪就平静下来了。在航班结束的时候，我们互留了电话号码，打这以后，他就成了中国南方航空股份有限公司的常旅客了。

资料来源：高宏，安玉新，王化峰，等. 空乘服务概论[M]. 4 版. 北京：旅游教育出版社，2017.

四、空乘服务质量的特点

空乘服务所提供的人与人、面对面服务的特点以及空乘服务特殊环境使其质量内涵与其他行业服务有极大的差异性。为了更好地实施对空乘服务质量的管理，必须正确认识与掌握空乘服务质量的特点。

1. 质量构成的综合性

空乘服务质量构成复杂，从提供给旅客服务的角度，可分为设施设备质量、环境质量、用品质量、实物产品质量和劳务活动质量等。空乘服务的每一过程、每一环节都有若干内容和影响因素，各种内容和因素又互相联系、互相制约。因此，要提高服务质量，必须实行全员控制、全过程控制和全方位控制。

空乘服务质量构成的综合性特点要求空乘管理者树立系统的观念，把空乘服务质量管理作为一项系统工程来抓，多方收集空乘服务质量信息，分析影响质量的各种因素，特别是可控因素，还要顾及其他部门或其他服务环节，更好地督导员工严格遵守各种服务或操作规程，从而提高空乘的整体服务质量。正如人们平时所说的"木桶理论"，一只由长短不一的木条拼装而成的木桶，其盛水量取决于最短的那根木条的高度。因此，空乘服务质量应该有自己的强项和特色，但不能有明显的弱项和不足，否则就会影响服务质量的整体水平。

2. 质量呈现的一次性

空乘服务质量构成是综合性的，但就提供过程而言，是由一次次的具体服务来完成的。每一次劳动所提供的使用价值，如微笑问好、安全设备使用介绍、饮料餐食推介等，都有具体的服务质量。由于服务的无形性和生产与消费的同步性，服务质量高低，往往一锤定音，事后难以修补，无法回炉。也就是说，旅客对某一次服务感到非常满意，评价较高，并不能保证下一次服务也能获得好评。这就要求空乘服务员做好每一次服务工作，争取每一次服务都能让旅客感到非常满意，从而提高空乘整体服务质量。

3. 质量评价的主观性

服务质量的最终检验者是旅客，尽管空乘服务质量有一定的客观标准，但旅客对服务的评价往往是主观的。服务消费从一定意义上说是一种精神消费，其满意程度往往与客人的爱好、情绪等有关。旅客评价空乘服务质量时，一般是凭借其主观感受做出最后评价。所谓"100-1=0"，就是这个道理。要提高服务质量，就必须注意旅客的需要，掌握旅客的心理，理解旅客的心态，以便提供让旅客动心的服务。

4. 对人员素质的依赖性

空乘服务质量的高低，既取决于设施设备、环境、用品等物质因素，也取决于服务态度、服务技巧、服务方式、服务效率等精神因素，这两种因素均离不开人的因素。不仅如此，空乘人员的精神面貌、劳动纪律、心理状态、身体状况、服务技能等都会直接影响服务质量。由此可见，要提高空乘服务质量，空乘管理者应合理配备、培训、激励员工，努力提高他们的素质，发挥其服务的主动性、积极性和创造性，同时提高自身素质及管理能力，从而培养出满意的员工。满意的员工是满意客人的基础，是不断提高空乘服务质量的前提。

五、空乘服务的交互管理和动态管理

空乘服务的提供和消费往往是同时进行的，旅客在服务消费过程中参与服务生产，并与服务提供者发生多层次和多方面的交互作用。服务交互过程的好坏直接影响旅客对服务的评价，决定着服务质量的高低。

（一）空乘服务交互质量管理的内涵

1. 服务交互过程

过程性是服务最为核心和基本的特性之一。服务是一种过程，服务的生产与消费的同时性，决定了服务的完成需要顾客的共同参与。萧斯克（Shostack，1985）使用了"服务交互"（Service Interaction）概念，用来指更广泛的"顾客与服务企业的直接交互"，既包括顾客与服务人员的交互,也包括顾客与设备和其他有形物的交互。旅客是空乘服务的消费者,也是生产合作者。

对于一线服务人员而言,与旅客的交互是他们工作的重要组成部分。对于旅客来说,交互过程是满足其服务需求的必要过程,服务交互质量影响他们对服务质量的体验,并影响未来的购买决策。对于服务企业来说,服务交互过程具有重要的战略意义,"与顾客简短的交互过程是决定顾客对服务总体评价最重要的因素",是企业吸引顾客、展示服务能力和获得竞争优势的时机。瑞典学者诺曼(R.Normann,1984)将决定企业成败的短暂的交互过程称为"真实瞬间(Moment of Truth)"。"真实瞬间"让顾客便于判别服务是好的还是差的,"真实瞬间"会印在顾客的大脑中,会被他记住,并会被他传播。

2. 服务交互质量

旅客在航空旅行过程中得到的服务由两个部分组成:一是作为过程的服务;二是作为过程结果或产出的服务。作为产出的服务是指服务的最终结果,是顾客购买服务的基本目的,例如,安全到达旅行目的地。芬兰学者格朗鲁斯(Christian Gronroos)将服务质量划分为两个方面:一是与服务产出有关的技术质量(Technical Quality);二是与服务过程有关的功能质量(Functional Quality)。前者说明是什么(What),后者反映如何(How)。因此,服务质量是由产出质量和交互质量综合作用的结果,由于航空公司所提供的产品存在着较大的同质性,而且可模仿性较强,为了在竞争中取胜,航空公司必须以提高服务过程的质量来获得差异性,让旅客有不一样的正向感知。因此,提高服务交互质量,对于航空公司提高市场竞争力具有十分重要的作用。

3. 空乘服务交互质量管理

空乘服务交互质量管理是指为提高空乘交互服务质量而采取的加强交互过程的控制,实施交互服务的培训,并创造顾客参与服务过程的互动环境的管理活动。

(二)空乘服务交互管理的基本内容

空乘服务在本质上是一种过程活动。服务质量的高低取决于旅客的感知,服务质量的最终评价者是旅客。

从旅客感知角度看,直接影响旅客感知的主要是服务过程中直接与旅客交互的部分。旅客感知的满意程度主要以个体的兴趣、偏好为决定因素,服务效果往往随旅客的主观期望而存在较大差异性。这就使交互质量的改善既承受着极大的挑战,又富有无限的契机。空乘服务的交互质量管理不仅限于民航内部服务行为的管理,还包括对内外环境的了解,其具体的管理内容包括以下七个方面。

1. 对市场需求的了解

由于服务不能储存,航空公司难以采用库存的方法调节服务的供求,航空服务需求表现出明显的周期性。旺季,旅客蜂拥而至,令航空公司应接不暇,此时大大增加了服务人员的劳动负荷和压力,使他们容易在心理上产生厌烦情绪。同时,旅客也会对人满为患的服务环境产生不满,导致交互质量低下。航空公司应深入了解市场需求,把握需求变化规律,通过合理配置空乘服务人员、价格变动和其他促销手段来调整需求。

2．现场服务的引导和监督

由于旅客直接参与空乘服务过程,服务过程的好坏直接暴露在旅客面前,做得好,旅客下次还会选择此航空公司且会带更多的消费者来;做得不好,他们不但会离去而且会带来负效应的口碑宣传。一个忠诚的旅客对航空公司的价值是巨大的,特别是当忠诚的旅客通过口碑为航空公司带来更多的新旅客时,他为航空公司带来的价值就像一座"金字塔"。

3．服务补救

美国哈佛大学教授哈特在一篇文章中指出,"无论多么努力,即使是最出色的服务企业也不能避免偶然的航班晚点、烤老的牛排和遗失的邮件"。可见,在空乘服务过程中,失误是难免的。导致服务失误的原因很多,如空乘服务人员行为不当、旅客不够配合、服务设计不尽如人意或一些不可控因素的发生等,但是无论空乘服务员有什么为自己开脱的理由,服务的失误都会带来旅客满意度的下降和消极的口碑宣传,影响空乘形象。因此,空乘人员应首先耐心听取旅客的抱怨而不是极力寻找为自己开脱的理由。其次,应诚恳地承认问题所在,向旅客表示歉意。最后,应以最快的速度做出反应。这一点很关键,说明空乘服务人员真正关心旅客的利益,想旅客之所想,急旅客之所急。有研究表明,如果顾客抱怨能够及时得到解决,则企业可以留住95%的不满意顾客。如果企业办事拖拉,则虽然问题最终解决,但只能留住64%的不满意顾客。

4．调动激励因素

由于交互过程的主角是一线空乘服务人员和旅客,空乘服务人员的情绪会带到交互过程中,进而影响交互质量。因此,内部员工满意度与旅客满意度具有相互影响的作用。行之有效的激励做法是拓展一线人员的工作空间,增加其决策权力,提供更高层次培训的机会,等等。

5．听取旅客反馈意见,完善服务后续工作

旅客接受航空公司的服务后,即使不满意,向航空公司提出抱怨的人也很少,大多数旅客对不满意的服务保持了沉默。因此,航空公司应采取有的放矢的反馈措施。例如,设置热线电话,及时对旅客的抱怨进行处理;定期进行旅客感知质量调查。为提高调查问卷回收率,可以采取奖励的办法,同时辅之以与旅客联谊、座谈、现场采访等方式,并对收集的信息分门别类地进行综合分析。这样不仅有利于客观了解旅客对空乘服务质量的评价,而且有利于服务质量的及时改进。

6．竞争管理

服务质量低下往往因为员工缺少紧迫感和危机感。有这样一则案例:挪威一家远洋捕捞公司由于一直无法将活的沙丁鱼带到岸上,所以生产出的鱼罐头毫无鲜味。一位管理学教授解决了这个问题,办法很简单。他建议在每个水槽里放进一条小鲶鱼,原来懒洋洋的沙丁鱼一见有鲶鱼的威胁立即迅速游动起来,整个鱼槽被激"活"了。这就是"鲶鱼效应"。我们可以将"鲶鱼"引入空乘质量管理中来，空乘应在内部员工缺乏积极性时，从先进空乘引入服务高手作为"鲶鱼"，对自己的员工产生无形的影响力和压力，带动全员积极进取，不断提高服务质量。

7. 服务质量责任管理

有研究表明，顾客把消极经验传播出去的速度要比积极经验快12倍。为避免或减少旅客的消极经验传播，航空公司应建立质量责任中心，将服务质量作为考核每一责任主体业绩的重要依据。一方面，让每一名员工明确自己的授权范围，积极提高服务质量以创造更好的业绩。另一方面，发生服务失误能够明确责任，避免相互推诿，并以此为鉴。

（三）空乘服务的动态管理

空乘服务的动态管理是由服务本身内在的动态性所决定和控制的。只有动态的管理体系才能适应服务的动态发展，才能最终满足消费者的动态需求。空乘服务的动态管理包括以下四个层面的具体内容。

1. 服务项目的动态管理

服务项目需要根据市场的变化不断进行调整和更新，既包括对部分已有项目的淘汰，也包括新服务项目的产生。民航企业要以新技术、新理念、新业态带动各种创新要素向服务提供端聚集。例如，航空公司在确保飞行安全的情况下，增设无线 WiFi 服务，满足许多商务旅客的需求。航空公司只有通过动态管理才能保持其核心竞争力。

2. 服务标准的动态管理

服务标准的动态管理是指根据行业的服务规划对既有标准的调整和改造。空乘服务标准是民航业在长期的实践经营中，根据旅客的需求和服务的成本等因素综合确定的。大部分服务标准是民航服务的行业规范，具有较强的稳定性。但是随着技术水平的提高和服务需求的改变，某些既有的服务标准也可能需要进行调整和变革，这就要求航空公司具有动态管理思想，对既有服务标准进行优化调整，以适应市场需求。

3. 空乘服务员的动态管理

空乘服务是一项较为特殊的服务，空乘服务员队伍应保持相对稳定。但为了提高空乘服务员的服务积极性，增强激励作用，也有必要对空乘服务员进行动态管理。空乘服务员的动态管理可从动态考核入手，考核的指标既要包括服务投诉率、出勤率、安全率等量化指标，也要包括思想品德、遵纪守法、团队协作、奉献精神等难以量化的因素，其薪酬分配也应根据综合考核结果来进行确定。在这种动态管理中，同样的岗位可能因为考核结果的差异而导致员工不同的收入，对员工形成强效激励，从而有助于空乘服务质量的稳定和提高。

4. 空乘管理人员的动态管理

对空乘管理人员实施动态管理是提高空乘服务管理绩效的重要手段。空乘管理人员的动态管理应该形成较为稳定的管理制度，使各层级的管理人员对自己的工作有一个较为稳定的预期,并能根据这一预期来选择自己的工作行为,从而达到持续激励、动态激励的效果。

 案例 1-7

细心观察解难题

在一次航班中,乘务员正在为旅客加饮料,13 排 A 座的女士要了一杯饮用。途中,飞机遇到轻度颠簸,乘务员提醒旅客系好安全带。待飞机停止颠簸后,乘务长巡视客舱时发现 13 排 A 座女士在用小毛巾擦拭泼在衣服上的咖啡,而且其胸口的皮肤已被烫红。乘务长马上意识到这位女士肯定是被热咖啡烫伤了。因为天气暖和,这位女士穿的是件领口比较大的套衫,飞机颠簸时咖啡泼到了领口里。乘务长还发现她在套衫里穿了一件紧身小衣服,那么烫的咖啡和衣服粘在一起,肯定很难受。但是周围坐的都是男士,这位女士也没好意思开口和乘务长说,乘务长却将这一切看在眼里。她马上带这位女士来到前舱洗手间,用冷毛巾敷在烫伤的皮肤上,又为其涂上烫伤药膏。这位女士十分感动:"你们真的很细心!"下机时,女士再次致谢:"今天真的谢谢你们的细心照顾,我好多了。"

资料来源:孙岚. 民航客舱服务案例精选[M]. 北京:化学工业出版社. 2015.

第四节 民航事业发展对空乘服务的基本要求

随着航空事业的发展和人们需求的多样化,人们对空乘服务的要求越来越高,个性化服务的推广,使得空姐素质与服务质量对航空公司的影响越来越大。因此,审视当代民航事业的发展对空乘服务的要求是十分必要的。

一、影响民航服务发展的主要因素

(一)社会进步对航空公司的服务要求越来越高

随着社会的不断进步与文化生活的不断丰富,消费需求向更高层次、多元化以及更细致全面的方向发展,客观上对民航服务的要求越来越高,而民航服务作为社会服务的标志,必将面临更严峻的考验。

(二)民航国际化的冲击

随着领空的逐渐开放,国际航空公司之间的交流与合作日益增加,现代航空服务的理念、先进的管理模式与服务模式,将对我国传统的空乘服务模式带来很大的冲击,这种冲击是不以人的意志为转移的。如何在我国传统文化的基础上,融入先进的服务理念,将决定我国空乘服务未来的发展走势。

（三）运输行业的全面竞争

民航是现代交通工具的代表之一，其发展会受其他交通工具的影响。其他交通工具的迅速发展以及服务水平的提高，必将对民航运输市场构成更大的威胁。在众多交通运输方式的竞争中，除了交通工具自身的特点外，竞争的就是服务。在火车、快客、轮船推行"星级"服务，空乘服务基本模式逐渐成为其他交通运输服务的基本模式的今天，空乘服务模式优势逐渐弱化，必须不断创新与完善，才能承担起服务标志的责任。

另外，航空公司之间的竞争，将打破垄断的限制，不同所有制的航空公司将在公平的市场竞争的环境下，施展其经营手段，争夺同一个市场。而服务竞争将是提升其竞争能力的主要手段之一。通过优质的服务，满足空乘的要求，通过个性化的全过程延伸服务，创造永恒的服务，这将是未来航空运输服务的基本发展趋势。

（四）乘客对民航服务的期望值

尽管乘坐飞机旅行越来越普遍，但消费者对民航服务的期望值不会降低。一是乘飞机较高的成本，使乘客必然产生"物有所值"的心理，追求较高的服务回报；二是乘客需求的多样化所带来的期望值的多元化，每个乘客都有自己的期望值，满足乘客的个性心理是市场对民航服务提出的更高的要求。

（五）民航运输技术的进步

未来的民航运输将会向便捷、快速、大机型方向发展，服务过程更加复杂，服务的技术性更高，这就要求民航服务要与之相适应，不断地提高民航服务的水平，为民航事业的稳步发展提供保证。

（六）社会监督机制的不断完善

民航运输具有公共事业的属性，关系人们的生活质量，随着社会监督机制的不断完善，对每个航空公司服务水平的评价将更公正，公众的整体利益将得到进一步保障。

二、民航事业发展对空乘服务的基本要求

（一）由"表"及"里"的服务转变

空乘服务的根本目的是通过让乘客满意，树立与维护公司的良好形象，提高企业的竞争能力，吸引更多消费者，使航空公司取得最大的经济效益。航空公司能够吸引消费者的不外乎四个基本要素——硬件、价格、安全与服务，而空乘服务最能直接传达航空公司对乘客的态度，乘客也是通过接受空乘服务来理解与评价航空公司对他的态度的。因此，空乘服务的过程必须让乘客从内心体会到他们在航空公司眼中的重要地位。只有做到服务形式与服务内容的统一、服务人员的内在修养与外在条件的统一，才能不辜负人们对空乘服务的美誉。

其实，消费者内心是最清楚不过的了，他们不会浪费机票所赋予他们的权利，也不会放弃这些权利所给予的评价权。他们要的是航空公司以他们的价值为核心的服务体系与服务过程，他们所在乎的是航空公司究竟把他们放在什么位置上。乘客有能力辨别什么是发自内心的服务，什么是敷衍了事，什么是借口推脱，服务过程的点点滴滴都反映出自身的价值。面对这些情况，敷衍的、表面化的服务均不能从根本上解决问题，必须提高内在的服务质量。

由表及里的服务转变就是要求将乘客作为"亲人"对待，将服务作为呵护亲人的基本行为，让每一个服务细节都能体现出真诚、爱心、奉献，体现出乘客的支持对企业发展的决定性作用；通过细微周到的服务，让乘客开心、轻松、自然地到达目的地。由表及里的服务转变本质上就是提升乘客的地位，将为乘客服务落实在实际行动中，体现于服务过程的分分秒秒。而始终如一的服务作风，更是服务理念的根本转变。

（二）由模式化向个性化转变

共性需求满足是服务规范制定的基本出发点，也是空乘服务的基本准则。但在文化、个性差异日益彰显的今天，消费者需求呈现的个性差异从根本上决定了服务艺术的真谛，因为共性需求相对个性需求来讲，更容易发现，更容易满足。个性需求在实际服务过程中经常出现，如有些乘客登机后就以休息的方式完成行程，期间不喜欢他人打扰；有些乘客却很张扬，不断地提出各种怪异的需求。

纵观优秀的民航服务团队的风格与个性，不难发现他们的服务模式更着眼于个性化的服务。他们十分重视发现不同消费者需求的差异，提倡"超前"服务的理念，即在消费者的个性需求提出之前，主动地服务到位，使消费者倍感亲切，满意之情油然而生。可见，在大众化服务趋同的今天，个性化服务必将成为未来空乘服务竞争的有力手段，谁能更好地把握消费者的个性需求，并很好地满足他们，谁就会得到乘客的信任，拥有更多的"永久乘客"。

（三）从重视自身价值向呵护乘客价值转变

目前，航空公司所设计的服务程序与内容大多体现着作为特殊的运输工具、特殊的服务群体所具有的独一无二的个性。也就是说，民航服务更多是从"我能为你提供什么服务"的角度体现自身的优越性。事实上，乘客是一个近乎"挑剔"的群体，与航空公司、空乘服务人员常处于对立状态，很多矛盾与不满恰恰就是在对立情绪下产生的。因此，拉近与乘客的心理距离是服务工作的基本思路，航空公司应该以乘客的价值为导向，站在乘客的角度设计公司的服务内容与服务方式，做到你需要什么我就提供给你什么，与乘客建立起亲人式的呵护关系。

（四）由单一的服务向综合性整体的服务转变

高层次的需求往往表现在需求的复杂性上，高水平的服务体现在服务的综合性上。从消费需求的角度讲，消费者的需求是个整体，是多种需求心理的综合，只有多种需求得到基本满足，整个需求心理才能得到平衡，而单一地满足乘客某一方面的需求很难让乘客从内心感到满意和喜悦。正是由于需求的这一特点，未来的民航服务将由单一的简单服务向综合性复杂服务方向发展，建立服务整体概念，树立1%等于100%的服务质量意识。

由单一的服务向综合性整体服务转变的另一个方面就是服务过程的连续性。服务是个连续的过程，而不是以完成指定的服务内容为标志。在有些航班上，只有在特定时段才能见到服务人员，他们所提供的是特定的服务内容，而优秀的乘务团队无时无刻不在提供服务，他们在细心的巡视与观察中，不断地发现服务的机会，在最合适的时机及时地出现在需要者的面前，及时、恰当的主动服务所产生的效果远远超过被动服务所产生的效果。

（五）由"硬"服务向"软"服务转变

乘客利益的满足不仅是需求具体指向上的满足，更重要的是服务氛围、服务环境、服务文化所带来的心理感受提升后所达到的满足程度，也就是说，服务的具体标准是满足乘客需求的必要条件，而不是充分条件。只有通过服务氛围去调动乘客的心理感受，升华乘客的心理感知，才能最大限度地满足乘客的需求，使乘客的心理满意达到心理喜悦的程度。如果我们将服务的具体内容比喻成"硬"服务的话，服务过程中的氛围、环境感染力、传递的感情就是"软"服务。只有"软"服务到位，"硬"服务才能具有生命力。例如，向乘客递上一杯茶，这是"硬"服务，而如果服务人员表情冷淡、眼神游离，那么乘客的心理感受是不言而喻的；如果服务人员带着微笑，用热情的眼神传达出无微不至的关怀，那么，乘客感受到的就不仅是一杯茶，而是品味着一种文化，体验着一种温情，唤起的是舒心的感受。

由"硬"服务向"软"服务转变就需要不断地增加服务的内涵，并通过服务过程将这些内容传递给乘客。这就要求空乘服务人员不断地提高自己的内在素质，提升自己的职业素质与修养，做到心与服务同在，热情与动作相配合。

（六）由制度化服务向灵活化服务转变

服务规范是空乘服务的基本要求，是规范乘务服务的基本法规，但这些机械性的条款面对个性化乘客的时候往往显得单调，甚至显得有些笨拙。有效的服务方式就是灵活性与服务规范的完美结合。各个著名的优秀服务团队都有一个共同特点——以服务的个性化为基础的灵活性，即面对多变的服务环境与服务个体时的应变能力（灵活性）。经验丰富的乘务人员可以很完美地处理各种复杂的服务问题，正是他们的经验积累增加了服务过程的灵活性，使他们善于驾驭各种服务环境与服务对象。

灵活性是服务过程的"灵魂"，它驾驭着整个服务过程，体现着服务者的整体水平，这就要求服务人员具备灵敏、机智、果断、驾驭力强等优秀的品质与良好的综合素质，这也是今后空乘人员选拔、培养的基本要求。

三、民航事业发展对当代空乘人员的基本要求

空乘人员是航空公司服务理念的传递者,是服务过程的完成者,也是情感的交流者。因此,空乘服务人员不仅要有美丽的外表,更要具备良好的内在修养、良好的心理素质、高尚的情操以及熟练的服务技能。概括起来,当代空乘人员的基本要求有以下几个方面。

(一)外在条件

良好的外在条件可以在乘客的心理上建立良好的第一印象和亲切感,增加感染力与亲和力。研究表明,美丽的外表可以增加人的魅力,而魅力使人感到安全、信任、可亲、可敬,也可以缓解心理压力;从更高层次上说,美是一种力量,美是一种环境要素,从美丽的整体来说,美就是生产力。而且,空乘服务人员展示着航空公司的形象,体现着航空公司的个性。因此,对空乘服务人员外在条件的基本要求是必需的。

需要指出的是,我们对外在条件的要求,目的是为了以外在条件为基础折射出内在气质中的整体美和亲和力,而不是简单的漂亮外表。

对于外在条件问题,很难用统一的标准来衡量,但其基本点是一致的。一是亲和力,即微笑中表现出的真诚,眼神中流露出的善良,表情中传达出的积极向上的情绪;二是协调,即身体结构的协调以及动作的协调,前者是医学上的定义(体形美),后者是动作上的协调(体态美)。

(二)意志品质

"性格即命运。"一个人的性格如何,与他一生的发展、生活、工作和身体都有直接的关系。通常,人的性格主要由四方面内容构成——态度、意志、情绪与理智,它们形成一个统一的整体,构成每个人的性格。性格有优劣之分,好的性格,这四个方面的表现应该都是上乘的,缺一不可的。其中意志起着特别重要的作用,它既能调控态度,又能调控情绪,并且可以促进和保证理智的充分发挥。空乘服务人员要面临复杂的服务环境与服务对象,因此对空乘人员的意志品质要求是必需的。

自觉、坚持、果断、自制是构成一个人意志品质的四个基本因素。主动自觉,持之以恒、坚强、坚持到底,做事果断、当机立断是意志品质的三个重要特征;自控能力是意志品质的重要体现,是意志品质的第四个重要特征。

鉴于意志品质在工作生活中的特殊作用,对空乘人员的意志品质的考查与培养将成为今后招聘和培养空乘人员的重要方面。

(三)心理素质

在空乘服务中经常遇到突发事件、复杂问题,需要冷静果断地处理。这就需要乘务人员具备良好的心理素质。经验表明,各种突发事件处置得成功与否,取决于机组人员在整个特殊情况处置过程中是否具备良好的心理状态,是否采取了正确的决策、正确的处置程

序和方法。因此，作为一名成熟的机组人员，其技术素质能够得到充分发挥与其具有良好的心理素质是分不开的。健康稳定的心理素质使空乘人员面对各种突发情况时都具有稳定的、自控的情绪，做到处变不惊、沉稳果断、游刃有余。如果没有稳定的心理素质，机组人员很难镇定自若、迅速有效地处置复杂问题。同样，面对挫折、打击，甚至受到乘客不公平的对待时，良好的心理素质决定了其行为趋势，也就决定了行为后果。

（四）文化修养

文化是一个人思想意识、行为举止、道德风范以及价值观念的根基，通常所说的"服务在服务之外"就说明了文化修养对服务人员潜移默化的作用。我国汉代文学家刘向说："书犹药也，善读之可以医愚。"有良好的文化修养的人更豁达，心怀更开阔，更容易理解他人，更容易创造良好的沟通氛围。

文化修养支撑着人的品位、思维方式、内在气质以及合作意识，有利于塑造高雅的气质和亲和力，同时，深厚的文化底蕴有利于学习型组织的形成，有利于职业生涯的延续。因此，提高空乘人员的文化层次、文化修养将是提高空乘人员素质的重要手段。

（五）合作精神

合作是一种价值取向，在实际工作中，合作是指能主动配合、分工合作，协商解决问题，协调关系，从而确保活动顺利进行，同时，每个人都在相互配合中实现了目标。现代社会中，合作是基本的工作方式，也是趋势性价值取向。

客舱内的工作环境十分复杂，所出现的突发事件都具有不同程度的危害性，同时，由于飞行技术的复杂性以及危机事务处理技术的复杂性，需要机组人员团结协作，分工合作，互相鼓励，密切配合。合作是一种精神，也是一种职业道德，更是一种力量。因此，对合作精神的要求是选拔、培养空乘人员的重要方面。

（六）服务意识与技能

服务意识是服务人员主动、全面、周到服务的思想动机，是人们的服务行为的方向与驱动力。有了良好的服务意识，就可以很好地体察并马上满足乘客的需要。有的人会说："你想到了，而我没有想到呀。"事后的领悟与超前的意识，使事情处于两种截然不同的状态，这就是服务意识的差别，也就从根本上决定了服务水平。

服务意识与服务技能，两者是辩证统一的关系。只有服务意识是不够的，必须有服务技能做保证，"服务意识到了，但没有做到"，这是技能方面的问题。在提高服务意识的前提下，乘务人员还需要坚持不懈地努力，掌握全面、熟练的服务技能，保证服务质量。

 本章小结

本章全面地阐述了空乘服务的概念、内涵和特点；从社会价值角度分析了空乘服务的性质与要求。在此基础上，进一步阐述了空乘服务质量管理最重要的方法——交互管理和动态管理，以及民航事业对空乘服务的基本要求。

 思考与练习

一、选择题

1．空乘服务最基本、最基础的质量特性是（　　）。

A．舒适性　　B．安全性　　C．经济性　　D．功能性

2．"物有所值"体现了空乘服务质量的（　　）。

A．舒适性　　B．安全性　　C．经济性　　D．功能性

3．服务行业流行的"100-1=0"的服务公式，说明空乘服务质量管理具有（　　）特征。

A．质量呈现的一次性　　　B．质量构成的综合性

C．质量评价的主观性　　　D．对人员素质的依赖性

二、简答题

1．简述空乘服务质量的属性。

2．空乘服务的动态管理包括哪些具体内容？

3．现代民航业对当代空乘人员有哪些基本要求？

三、分析与应用

设计一份调查问卷，对某航空公司的旅客进行问卷调查，了解旅客对该公司的硬件质量和软件质量的评价，分析旅客对该航空公司整体服务质量的满意度。

第二篇 空乘服务质量管理的理念

第二章　全面质量管理的基本原理

教学目标

1. 了解全面质量管理理论的演变过程；阐述戴明的十四点质量方法的基本理念；概括朱兰的质量管理方法；解释克劳士比质量管理理论的精髓；理解现代质量管理理念中高效组织的特点。

2. 能够根据空乘服务的内外环境、空乘服务全面质量管理的基本理念设计具体管理方法。

引例

小事折射服务意识

航班就要起飞了，一名乘客匆匆忙忙地找到乘务长说："在离开家之前，我将太阳能热水器的上水开关打开了，由于走时太匆忙，忘记关闭了，如果水溢出来，不仅家里会被淹，楼下邻居也要遭殃。"听了这个情况后，乘务长以安慰的口吻说："你放心吧，我们尽全力帮助你解决。"乘务长认真仔细地询问了一些情况后，便走向驾驶室……

半个小时后，乘务长告诉乘客："你的问题解决了，别担心了，安心旅行吧。"

原来，机组通过塔台通信，与当地的 110 取得了联系，运用特殊办法解决了乘客的问题。

本来，乘客家里的事情是空乘服务以外的事情，没能解决不构成自己的失职，但从乘客的利益出发，乘务人员采取了积极果断的措施，为乘客提供了具有附加价值的服务。乘务人员在该做与不该做的选择上，体现了高尚的服务精神，实现了企业的服务思想，得到了乘客的认可。

资料来源：高宏，安玉新，王化峰，等. 空乘服务概论[M]. 4 版. 北京：旅游教育出版社，2017.

第一节　质量管理理论的演变

质量管理是指确定质量方针、目标和职责，并通过质量体系中的质量策划、质量控制、质量保证和质量改进等手段来实施管理职能的所有活动的总称。企业通过提供产品和服务不断地满足和超越顾客的期望，为顾客创造价值，为企业创造利润。大多数企业都非常重视产品质量，但在另一方面，获得质量就不那么简单了。历史的经验表明，质量并非终点，而是一个进程，是一个移动目标。价值随顾客期望的变化而变化，利润随新的竞争和经营成本的提高而减少。因此，需要不断探寻质量，不断寻找最有效的领导和管理系统。

一、工业时代以前的质量管理

人类历史上最原始的质量管理方式已很难寻觅，但我们可以确信人类自古以来一直就面临着各种质量问题。古代的食物采集者必须了解哪些果类是可以食用的，哪些是有毒的；古代的猎人必须了解哪些树是制造弓箭最好的木材，哪些树则根本不能制造弓箭。这样，人们在实践中获得的质量知识一代一代地流传下去。

人类社会早期，主要以物物交换为主，人们相互交换的产品主要是天然产品或天然材料的制成品，产品制造者直接面对顾客，产品的质量由人的感官来确定。随着社会的发展，社会分工逐步明确并形成不同的行业，新的行业——商业出现了。在商品交换中，买卖双方不进行直接接触，而是通过商人来进行交换和交易。在早期物物交换中的消费者感官确认质量的方法便行不通了，于是就产生了质量担保，从口头形式的质量担保逐渐演变为质量担保书。

商业的发展，要使相隔遥远的生产者和经销者之间能够有效地沟通，新的质量概念产生了，这就是质量规范，即产品规格。这样，有关质量的信息能够在买卖双方之间直接沟通，无论距离多么遥远，产品结构多么复杂。紧接着，简易的质量检验方法和测量手段也相继产生，这就是手工业时期的原始质量管理。

由于这一时期的质量主要由手工操作者本人依靠自己的手艺和经验来把关，因而又被称为"操作者的质量管理"。18世纪中叶，欧洲爆发了工业革命，其产物就是"工厂"。由于工厂具有手工业者和小作坊无可比拟的优势，导致手工作坊的解体和工厂体制的形成。在工厂进行的大批量生产带来了许多新的技术问题，如部件的互换性、标准化、组装和测量的精度等，这些问题的提出和解决推动了质量管理科学的诞生。

二、工业化时代的质量管理

20世纪，人类跨入了以"加工机械化、经营规模化、资本垄断化"为特征的工业化时代。在过去的整整一个世纪里，质量管理的发展大致经历了以下三个阶段。

1. 事后检验阶段

科学管理公认的首创者是美国的泰勒，其在1911年出版了经典著作《科学管理原理》。在该著作中，他主张把产品的检查从制造中分离出来，成为一道独立的工序，这促成了质量管理的第一阶段——事后检验阶段。当时为了保证产品质量，质量管理职能从操作者转移到工长，后来随着企业规模的扩大和产量的增长，大多数企业开始设置专门的质量检验部门，把质量检验职能从直接生产工序中分离出来成为单独的工序，把质量检验人员从生产操作工人中分离出来成为独立的工种。专门的质量检验机构负责对产品进行检验，挑出不合格品，这样有利于保证出厂产品质量，对提高劳动生产率、固定资产的利用以及产品质量的提高有显著的效果。质量检验由专门部门和专业人员负责，使用专门的检验工具，业务比较专精，对保证产品质量起到把关的作用。但当时的普遍做法是，设计人员根据技术要求规定标准，生产人员按标准加工，检验人员单纯把关，三方面的人员缺乏协调配合，管理的作用非常薄弱。此时的质量管理，不但检验工作量大、周期长、检验费用高，而且由于是事后检验，只是挑出废品，在原材料、人工和费用成本等方面所造成的损失，已不可能挽回。不能事先预防废次品的产生和避免所造成的损失，是这一质量管理方式的最大缺点。

另外，如何经济合理地确定标准，如何在产品质量需要进行破坏性检验的情况下了解和保证产品质量（如大部分军需品），也是这种事后检验方法所无法解决的问题。到20世纪30年代，这种质量管理方式逐渐不能适应当时经济发展的要求，需要改进和发展。1924年美国的休哈特提出了控制和预防缺陷的概念，并成功地创造了"控制图"，把数理统计方法引入到质量管理中，将质量管理推进到新阶段。1929年道奇和罗米克发表了《挑选型抽样检查法》论文。

2．统计质量控制阶段

这一阶段的特征是数理统计方法与质量管理的结合。

1925年，休哈特提出统计过程控制（SPC）理论——应用统计技术对生产过程进行监控，以减少对检验的依赖；1930年，道奇和罗明提出统计抽样检验方法。

第一次世界大战后期，为了在短时间内解决美军300万士兵的军装问题，美国军方以休哈特、道奇、罗明的理论为基础，制定了战时标准Z1.1、Z1.2、Z1.3——三个最初的质量管理标准。由于士兵的军装规格是服从正态分布的，因此根据对士兵的典型调查，军装可按十种规格的不同尺寸加工不同的数量，短期内就解决了士兵军装的规格问题。

后来休哈特又将数理统计的原理运用到质量管理中来，并发明了控制图。他认为质量管理不仅要搞事后检验，而且在发现有废品生产的先兆时就进行分析改进，从而预防废品的产生。控制图就是运用数理统计原理进行这种预防的工具。因此，控制图的出现是质量管理从单纯事后检验转入检验加预防的标志，也是一门独立学科形成的开始。第一本正式出版的质量管理科学专著就是1931年休哈特编写的《工业产品质量的经济控制》。

在休哈特发明控制图以后，道奇和罗明提出了统计抽样检验方法。他们都是最早将数理统计方法引入质量管理的，为质量管理科学做出了贡献。然而，休哈特等人的创见，除了他们所在的贝尔系统以外，只有少数美国企业采用。特别是由于资本主义的工业生产受到了20世纪20年代开始的经济危机的严重影响，先进的质量管理思想和方法没有能够广泛推广。第二次世界大战开始以后，统计质量管理才得到广泛应用。由于第二次世界大战的需要，美国军工生产急剧发展，尽管增加了大量检验人员，但产品积压待检的情况却日趋严重，有时又不得不进行无科学根据的检查，结果不仅废品损失惊人，而且在战场上经常发生武器弹药的质量事故，如炮弹炸药事件等，极大地影响了军队的士气。在这种情况下，美国军政部门组织一批专家和工程技术人员，于1941—1942年先后制定并公布了

Z1.1《质量管理指南》、Z1.2《数据分析用控制图》、Z1.3《生产过程中质量管理控制图法》，强制生产武器弹药的厂商推行，并收到了显著效果。从此以后，统计质量管理的方法被很多厂商采用，统计质量管理的效果也得到了广泛的承认。

第二次世界大战结束后，美国许多企业扩大了生产规模，除原来生产军火的工厂继续推行质量管理的方法外，许多民用工业也纷纷采用这一方法，美国以外的许多国家，如加拿大、法国、德国、意大利、墨西哥、日本也都陆续推行了统计质量管理，并取得了成效。但是，统计质量管理也存在缺陷，它过分强调质量控制的统计方法，使人们误认为"质量管理就是统计方法""质量管理是统计专家的事"，使多数人感到高不可攀、望而生畏。同时，它对质量的控制和管理只局限于制造和检验部门，忽视了其他部门的工作对质量的影响。这样，就不能充分发挥各个部门和广大员工的积极性，制约了它的推广和运用。这些问题的解决，又把质量管理推进到了一个新的阶段。

3．全面质量管理阶段

全面质量管理阶段从 20 世纪 60 年代开始一直延续至今。促使统计质量管理向全面质量管理过渡的原因主要有以下几个方面。

（1）科学技术和工业发展的需要。20 世纪 50 年代以来，世界科学技术发展日新月异，出现了许多大型、精密、复杂的工业工程和工业产品（如火箭、人造卫星、宇宙飞船等），这些产品对安全性、可靠性的要求越来越高，这就使产品质量成为企业十分突出的问题。原有的管理方法已难以把产品质量管理好，它要求运用"系统"的概念，把质量问题作为一个有机整体加以综合分析研究，实行全员、全过程、全面的质量管理，以达到用最经济的手段生产出让用户满意的产品。

（2）20 世纪 60 年代在管理理论上出现了工人参与管理、共同决策、目标管理等新办法，在质量管理中出现了依靠工人进行自我控制的无缺陷运动和质量管理小组。

（3）保护消费者利益运动的兴起。由于市场竞争激烈，消费者经常上当受骗，广大消费者为了买到质量可靠的产品，出现了"保护消费者"活动。消费者要求政府制定法律，制止企业生产、销售质量低劣、影响安全、危害健康的劣质品；要求企业所提供的产品对社会和消费者承担质量责任和经济责任。因此，迫切要求企业加强质量管理，出具"质量保证单"，保证产品使用安全可靠。这就使得企业必须建立生产全过程的质量保证体系，把质量管理水平提高一步。

（4）随着市场经济的发展，竞争也越来越激烈。市场情况瞬息万变，这要求企业把经营决策、经营战略提到重要的议事日程上来。企业要深入研究市场需求情况，制定合适的质量标准，不断研制新产品，同时还要做出质量、成本、交货期、用户服务等方面的经营决策。因此，企业迫切需要以现代经营管理科学为指导，现代质量管理科学也就得到了迅速发展。

全面质量管理的雏形首先出现于 20 世纪 60 年代的日本，对当时日本经济的发展起到了极大的促进作用。20 世纪 70 年代这种质量管理方法被引入美国，20 世纪 80 年代得到普及。倡导全面质量管理观念的代表人物有戴明、朱兰、费根堡姆和克劳士比。戴明提出了"质量管理十四法";朱兰推崇质量控制,强调建立以顾客为导向的组织。费根堡姆1961年出版的《全面质量管理》一书,则比较系统地阐明了全面质量管理的理论和方法。费根堡姆强调,执行质量只能是公司全体人员的责任,应该使全体人员都具有质量的概念和承担质量的责任。因此,他认为全面质量管理的核心思想是在一个企业内各部门中做出质量发展、质量保持、质量改进计划,从而以最为经济的水平进行生产与服务,使用户或消费者获得最大的满意。克劳士比是使全面质量管理理念深入人心的关键人物,正是由于他的努力,全面质量管理理念迅速为世界各国所关注和接受,发展成为风靡当今世界的现代质量管理方式,使质量管理发展到一个新的阶段。应该说,全面质量管理是一个组织以质量为中心,以全员参与为基础,目的在于通过让顾客满意和本组织所有成员及社会受益而达到长期成功的管理途径。

1950年,戴明提出质量改进的观点——在休哈特之后系统、科学地提出用统计学的方法进行质量和生产力的持续改进;强调大多数质量问题是生产和经营系统的问题;强调最高管理层对质量管理的责任。此后,戴明不断完善他的理论,最终形成了对质量管理产生重大影响的"戴明十四法"。

1958年,美国军方制定了MIL-Q-9858A等系列军用质量管理标准并首次提出了"质量保证"的概念,在西方工业社会产生了广泛影响。

最早提出全面质量管理概念的是美国通用电气公司质量经理阿曼德·费根堡姆。1961年,他出版了《全面质量管理》。该书强调执行质量职能是公司全体人员的责任,他提出:"全面质量管理是为了能够在最经济的水平上考虑到充分满足用户要求的条件下进行市场研究、设计、生产和服务,并把企业各部门的研制质量、维持质量和提高质量方面的活动构成为一体的一种有效体系。"

20世纪60年代初,朱兰、费根堡姆提出全面质量管理的概念——他们提出,为了满足市场的需求,生产具有合理成本和较高质量的产品,只注意个别部门的活动是不够的,需要对覆盖所有职能部门的质量活动实施策划。

戴明、朱兰、费根堡姆的全面质量管理理论在日本被普遍接受。日本企业创造了全面质量控制(TQC)的质量管理方法、统计技术,特别是"因果图""流程图""直方图""检查单""散点图""排列图""控制图"等被称为"老七种"工具的方法,被普遍用于质量改进。

20世纪60年代中期,北大西洋公约组织制定了AQAP质量管理系列标准。AQAP标准以MII-Q-9858A等质量管理标准为蓝本。所不同的是,AQAP引入了设计质量控制的要求。

20世纪70年代,TQC极大地提高了日本企业的竞争力并促进了日本经济的极大发展。日本企业的成功,使全面质量管理理论在世界范围内产生了巨大影响。这一时期产生了石川馨、田口玄一等世界著名的质量管理专家。这一时期产生的管理方法和技术包括JIT——准时化生产、Kanben——看板生产、Kaizen——持续改善、QFD——质量功能展开、田口方法、新七种工具(关联图法、KJ法、系统图、矩阵图、矩阵数据分析法、PDPC法以及箭条图法)。由于田口博士的努力和贡献,质量工程学开始形成并得到巨大发展。

1979 年，英国制定了国家质量管理标准 BS5750——将军方和平环境下使用的质量保证方法引入市场环境。这标志着质量保证标准不仅对军用物资装备的生产产生影响，而且对整个工业界产生影响。

20 世纪 80 年代，菲利浦·克劳士比提出"零缺陷"的概念，指出高质量将给企业带来高的经济回报。

质量运动在越来越多的国家开展，许多国家设立了国家质量管理奖，以激励企业通过质量管理提高生产力和竞争力；质量管理不仅被引入生产企业，而且被引入服务业；全面质量管理作为一种战略管理模式进入企业。

1987 年，ISO 9000 系列质量管理标准、质量管理与质量保证开始在世界范围内对经济和贸易活动产生影响。

20 世纪 90 年代末，全面质量管理（TQM）成为许多"世界级"企业的成功经验，并被证明是一种使企业获得核心竞争力的管理战略。质量的概念也从狭义的符合规范发展到以"顾客满意"为目标。全面质量管理不仅提高了产品与服务的质量，而且在企业文化改造与重组的层面上，对企业产生了深刻的影响，使企业获得了持久的竞争力。

朱兰博士提出：20 世纪被称为"生产率的世纪"，21 世纪将以"质量的世纪"而为后人所知。质量改进、质量策划和质量控制体现了朱兰质量管理的核心过程。朱兰博士在日本成功地展示了质量竞争的威力，在短短的几十年当中，日本的质量革命将日本经济推上了世界领先地位。

工业时代质量管理的三个阶段之间既有区别又有联系，每一个新阶段都是在前一阶段的基础上发展起来的，是吸收了前一阶段的精华、弥补其不足之后而逐步形成的，因此，仍然保留着前一阶段行之有效的方法。工业时代质量管理的三个发展阶段特点对照表如表 2-1 所示。

表 2-1 工业时代质量管理的三个发展阶段特点对照表

项目＼特点＼阶段	质量检验阶段（20 世纪 20—40 年代）	统计质量管理阶段（20 世纪 40—60 年代）	全面质量管理阶段（20 世纪 60 年代—现在）
质量标准	保证产品符合既定标准	按既定标准控制	以用户需求为真正标准
特点	事后把关	过程控制	全面控制、以防为主
工作重点	重在生产制造过程	扩大设计过程	设计、生产辅助使用全过程
检测手段	技术检验	加上数理统计方法	经营管理、专业技术、数理统计三结合
管理范围	产品质量	产品质量和工序质量	产品质量、工序质量和工作质量
标准化程度	未定标准化要求	部分标准化	严格实行标准化管理
类型	防守型	预防型	全攻全守型
管理者	监工	专业技术人员	全员

综上所述，随着生产力和科学技术的发展，质量管理的理论渐趋完善，更趋科学性、实用性。各国在运用"质量管理"理论时各有所长。随着国际贸易的发展，产品的生产销售已打破国界，不同民族、不同国家有不同的社会历史背景，对质量的观点也不一样，这往往会形成国际贸易的障碍，因而需要在质量上有共同的语言和准则。

 信息卡

"泰斗""先驱""倡导者"以及其他人

戴明、朱兰和克劳士比为质量管理做出了巨大贡献。许多没有深入接触过这些泰斗的方法和理论的企业也同时采用了他们的各种方法和理论。对于这些不同方法的运用取决于具体企业文化和特性，因为每个企业都必须选择适合自己的方法。

戴明和朱兰被誉为日本产业革命之父。但鲜为人知的是，日本的管理人员也同样在教授和运用克劳士比的观点和理论（通常与美国的工业紧密相关）。

除了戴明、朱兰和克劳士比以外，还有许多其他人——其中既有美国人，也有日本人——也为质量管理理论做出了贡献，但是没有获得像这三位"泰斗"那样的声誉。他们包括阿曼德·费根堡姆、威廉·E.康威、H.詹姆斯·哈灵顿、今井正秋、石川磬、水野滋、理查德·J.施因伯格、田口玄一等。

资料来源：[澳]贾依·依达姆普利.服务管理——空乘管理的新模式[M].程尽能，译.北京：旅游教育出版社，2006.

第二节　全面质量管理哲学

威廉·爱德华兹·戴明、约瑟夫·M.朱兰是两位质量管理领域的先驱，很多人认为他们为第二次世界大战后日本工业的复苏和日本随后在世界市场取得的成功做出了巨大贡献。菲利浦·克劳士比在两位前辈的基础上提出了"零缺陷"概念，并促使西方管理人员真正认识到提高质量的必要性，并且认识到提高质量也是他们的责任。这些质量大师的那些当时很激进的观点现在变成企业的部分日常用语。

一、戴明的"十四点质量方法"

威廉·爱德华兹·戴明原来是数学家和物理学家，他的贡献涉及的范围很广，既详尽地将统计技术应用到质量管理中，又始终不懈地批判传统的质量管理方法。其最著名的理论可能是他提出的"十四点质量方法"。以下简要论述这些方法，总结戴明的质量方法的核心和他改革领导特性和管理特性的观点。

1. 建立恒久的目标

戴明要求企业要有长期观念，避免狭隘地着眼于短期利益。他发现，如果企业的领导者和管理者的时间和精力完全都放在攻取眼前的经济利益上，组织的前途往往会遇到危险。戴明认为一个企业要想获得长期的成功，其领导者和管理者必须为未来打算。但是很多企业领导想得更多的是下一季度的红利，而不是企业未来五年的计划。

2．采用新的理念

戴明认为，企业一定要对变化显著的市场的新挑战做出反应。在今天激烈的市场竞争中，只有不断满足或超越顾客的期望才能取得长期的成功。新的管理理念和实践基于质量，而不是数量；基于重复业务，而不是一次性销售。

3．不依靠检查取得质量

事实上，戴明承认，只要检查的目的用于控制实现组织目标的过程，用于评价个人的绩效，适当的检查永远是必要的。戴明全力反对检查的最终结果可以提高产品或服务质量的观点。他认为，你无法通过产品和服务来检查质量，事后的检查不能提高质量，只能发现不足。

4．不根据价格标签评价企业

戴明提出，采购人员和审计人员需要重新规定他们改进质量的责任。购买者和供应商之间应该多一些合作，少一些敌对。企业与单一的卖主建立长期忠诚信任的关系所获得的利益要高于从价格最低的投标者那里获得的眼前利益。如果与供应商签订长期合同，他们就会更乐于投入时间和资金改进他们的产品和服务。建立了长期关系后，供应商在交货时间和交货频次上也会变得更加灵活，这对企业也很重要。

5．永恒不断地改进生产和服务系统

戴明指出，改进质量不是一次性的努力，也不局限于解决问题。解决问题仅是"扑灭了火焰"，但是其通常的后果是使生产过程又回到了原来的状态。戴明断言，真正的任务是想办法改进生产过程本身。工作流程可能需要重新设计，生产过程的某些部分应该自动化，这样才能消除隐患。

6．实行职业培训

戴明认为传统的在职岗位培训是不够的，经理和员工应该受到正式的岗位培训。这样的培训应该为员工提供做好工作的方法，为经理提供企业内部评价工作过程和改进系统的方法。

7．实施有效领导

戴明强调，经理也必须是领导者。经理要有能力帮助员工做好工作和消除障碍，使员工对自己的工作产生自豪感。最重要的是，经理必须对他们收集到的信息做出反应，消除障碍使员工以最佳状态工作。了解自己管理工作的领导者能够发现哪些员工需要他个别关照、训练和指导。

8．消除恐惧

戴明反复强调，人们除非有安全感，否则是不会尽最大努力工作的。戴明认为恐惧是产生质量问题和生产率问题的一个基本原因。当经理认真履行自己的领导责任，员工相信管理者有能力领导这个组织时，就会出现更开放、和谐的工作环境。

9. 消除部门之间的障碍

戴明认为部门之间的障碍来自两个方面：一是部门过分强调自身利益；二是部门过分强调自身的成功，两者都会阻碍部门间的交流与合作，不利于形成企业成功所需要的团队精神。

10. 不空喊口号

提高质量的口号通常暗示员工，尽最大努力工作就能提高绩效。戴明认为，口号、横幅标语、印有标语或口号的小徽章或气球不能使提高质量的努力持续下去，这些手段的目的是激励人们更快，产量更高。但这些手段不但不起作用，实际上还会对生产率和质量产生负面影响。戴明指出，标语和激励语言指向了不正确的人群。标语代表希望，工人们再加一把劲有可能完成管理阶层的目标，但是没有实施方法的目标是毫无价值的。戴明认为，质量管理更重要的是要指向系统内部和生产过程，而不是工人。

11. 消除工作指标（定额）

戴明的这一观点只针对一些忽视质量问题的管理者，他们往往认为生产率的依据是达到预期目标所必需的平均绩效。戴明认为，提高生产率和提高质量的关键是经理应该区分出不同员工的不同技能和才能水平，设立不同的技术等级，然后做出工作计划，让每个人都发挥出自己的最高水平，从而提高整体工作绩效。

12. 消除障碍，使员工不因工作质量而失去自尊

戴明认为，评价员工的依据常常是那些员工自己无法控制的结果，如不合用的工具、系统不完善、缺乏训练等。因此，他认为，为了达到高质量，所有员工都必须得到他们做好工作所必需的工具并进行培训，在工作中获得自豪感。这要求经理首先要倾听员工的意见，然后对他们的意见和建议做出反应。

13. 实施有生命力的教育和自我改进计划

随着质量改进工作的推进，整个组织的生产率水平得到了提高。随着生产率的提高，用较少的员工就可以达到与用原来的工作方法和工作过程所达到的同样结果。但是，戴明认为，提高质量一定不要以失去工作为代价。如果员工们都在连续不断的改革过程中起着积极有效的作用，就不应该有人因为生产率的提高而失去工作。戴明认为，组织今天面临的一个主要挑战是需要越来越多的能终身投入学习的员工。管理者和员工都必须学习新的工作方法，包括团队工作和质量控制的基本统计技术。组织一定要乐于对自己的员工进行必要的培训投资，员工必须对自己未来的发展负责。

14. 让公司中的每个人都为完成改革任务而工作

戴明没有提出改革的蓝图。戴明认为，企业质量管理改革成功的关键是得到组织范围内的理解。

戴明还提出了推行全面质量管理容易犯的七个致命错误：没有提供足够的人力、财力资源来支持质量改进计划；强调短期效益、股东效益；依靠观察与判断来评价年度业务状

况;工作的忙碌造成管理不一致;采用易得的资料进行过程改进;过多的纠错成本;过多的法律花费。

二、朱兰的质量管理理念

约瑟夫·M.朱兰的质量管理与威廉·爱德华兹·戴明的许多基本观点和概念一致,但是朱兰对在组织内部实际贯彻质量改进体系的机制进行了更深入的研究。他强调,需要有一种共同的质量语言来研究质量管理。他建议,每个组织都应编撰和分发自己的质量术语表,这对成功的质量改进是至关重要的。

1. 产品特性和无疵性

朱兰确定了一种共同的质量语言。他认为一个产品或一项服务的质量由外部和内部顾客感知到的可用性来决定。因此,他超越了质量定义,区分出质量的两个非常不同的形式或方面。他认为质量是产品特性,质量是没有缺陷的产品。产品特性主要用于满足顾客的需要,保证这种形式的质量的关键是不断了解顾客不断变化的需要,提供使顾客获得满足感的产品。例如,首都机场 2018 年 3 月在全国率先实现"人脸识别"安检,"刷脸"1 分钟内可完成安全识别和处置,实现旅客自助安检查验全流程自动化操作,大幅缩减旅客过安检通道时间。这种安检技术的成功研发基于旅客快速过安检通道的需求。

朱兰认为,与产品特性相关的更高质量可以使企业提高顾客满意度,增加市场份额,增加收入,有时还能保证自己的产品和服务获得额外收益。但是他指出,创造与产品特性相关的更高质量通常需要增加营业成本。在这个领域中提高质量绝不是"免费"的。由于新的或增加的产品特性而获得的更高质量可以得到收入,但这些收入一定补偿相关的成本,即调查顾客需要、重新设计产品特性、为了取得这些新产品特性而实施新过程所涉及的成本等。

无疵性的产品或服务并不一定能使顾客感到满意,但是却可以避免不满意,因此是产生回头客的一种关键因素。朱兰认为,通过有效减少产品缺陷而创造的更高质量可以降低营业成本。通常对这方面质量的测量方式不是看是否完全没有缺陷,而是看缺陷的程度,一般用缺陷率来表示。这种测量方式可以用下面的公式表示。

$$缺陷率 = \frac{缺陷的次数}{产生缺陷的机会}$$

缺陷率越低,质量等级越高。"没有缺陷"的质量方法的价值在于,它使经理认识到不必要的营业成本,使他们懂得建立提高质量的目标的重要性。

2. 质量管理

为了帮助经理了解他们在组织内部注意质量问题的方法,朱兰提出,财务管理和质量管理很相似。与财务管理相关的三个过程是管理过程的基本特征:财务计划、财务控制和财务改进。朱兰认为,按照财务管理的基本过程来安排质量管理的程序有助于质量管理。

（1）质量计划和控制。质量计划和控制在本质上与财务计划和控制相似。质量计划也应该是一个企业范围的行动，确定组织内某些领域具体的、可测量的目标，并制定评价标准，然后使这些目标与企业的总体质量目标相协调。

（2）质量改进。朱兰认为，质量计划和控制主要重视顾客的满意度。而质量改进重视避免顾客的不满意，消除产品或服务中的缺陷及在生产产品或提供服务过程中出现的缺陷。朱兰将质量改进定义为：以空前的规模减少缺陷，达到绩效突破——可以测量的效果，在营业成本上取得前所未有的节约。朱兰认为质量改进应该包括以下三个方面。

① 建立质量改进机构。对大多数企业而言，面临的主要困难是缺少有利于提高质量的组织机构。朱兰认为，质量改进应该统一管理，不应该成为个别经理的突发奇想或首创。质量改进的协调努力应该成为公司经营计划中的一部分，具有明确的、可以测量的质量改进目标。朱兰推荐的保证年度质量改进所必需的组织基础结构是组成质量理事会（或质量委员会等其他名称）。

质量理事会的成员选自各个岗位的高级管理人员。朱兰指出，由高级管理人员组成的质量理事会的价值在于，这个理事会能够发现具体的争端和问题，安排解决方案，指定负责人，或在满足经营目标时，设定跨部门工作班子。这个理事会还负责改变现行的奖励制度，这种制度的缺陷是在满足经营目标时更重视强化个人的作用，而不鼓励团队精神和向质量改进方向发展。

质量理事会的职责还包括如下内容：建立发现冲突和问题的过程，这个过程需要质量改进；决定建立质量改进工作班子；提供所需的资源，如培训、完成项目所需的时间等；保证项目解决办法的实施；设计评价质量改进的工具，用其做基准对照竞争对手和其他单位，并用此工具来评价管理者和员工的绩效；协调质量改进项目，检查实施进度，并认可其效果。

② 建立选择质量改进项目的标准。朱兰建议，一个组织的质量改进项目应该针对一些成功解决的可能性很高的主要冲突或问题，第一个质量改进项目尤其如此。他建议用下列标准选择质量改进项目。

- 针对经常遇到的冲突或问题。
- 选择有可行解决办法的项目，应该在相对短的时间内完成这个项目。
- 确信这个冲突或问题是重要的，组织内的人必须能够认识到，成功的努力对自己的部门和整个组织同样重要。
- 评价结果，无论从经济的角度还是从其他角度出发，整个组织中的人都会理解和鉴赏这些结果。

选择质量改进项目的标准还包括投资回报、潜在质量改进值、追切性、技术路线的容易性、大概的解决办法所提出的变化值等。

③ 质量改进项目的过程管理。朱兰认为，项目一旦被质量理事会选中，项目的参数就要在任务陈述中规定，项目要指定一个项目组来完成。这个项目组每星期会面一小时。在每次会面会上，项目组检查自上次会面以来项目的进展情况，确定下次开会之前应采取的行动，要求各个项目组成员承担完成这些行动的责任。这些行动包括确认手头的冲突问

题、找出这些问题的根源、确定解决办法、选择和实施最好的解决办法、建立控制系统以控制项目的成功。随着项目的推进，项目组定期向项目成员、上级人员和其他人员发布项目报告。上级管理人员可以用这些报告来检查项目组工作进展。朱兰鼓励项目组在最终报告中增加一节"经验教训"，叙述项目组在质量改进中所采用的方法、步骤或改进质量的技巧，也就是那些对其他公司也适用的经验教训。

三、克劳士比的质量管理

菲利浦·克劳士比在把质量运动引入美国公司方面起到了重要作用。就此而言，他所做的贡献要大于其他所有的质量管理"权威"和专家所做贡献的总和。从他的第一本著作《质量免费》（1979 年）开始，克劳士比的著作、演讲和电视广播节目影响了数以千计的企业管理人员，改变了他们的经营行为并使他们致力于提高产品质量。克劳士比最著名的观点包括"零缺陷"和"第一次就要做好"等。克劳士比在其著作《质量无泪》（*Quality Without Tears*）（1984 年）中所表达的思想在 20 世纪 80 年代初期对管理人员产生过重大影响，并且成为质量管理领域里学术研究与学术文献的先导思想。

克劳士比认为，由于大多数企业在生产规格方面都允许一定程度的误差，因此从事制造行业的企业大约有 20% 的收益都耗费在出现错误和改正错误方面了。就服务企业而言，克劳士比认为此类成本可能会占到企业总收益的 35%。他认为工人们并不应该为产品质量低劣承担责任。事实上，必须改进管理工作。他反复告诫说，管理者的职责是"帮助员工"。

克劳士比理论的精髓包含在他所说的"质量管理四项基本原则"（The Four Absolutes of Quality）和根据他在美国国际电报电话公司的多学科环境中实施质量改进措施的经验总结出的"质量改进的十四个步骤"中。

1. 质量管理四项基本原则

（1）质量的定义就是符合要求，而不是"良好"或"很好"。

（2）生产质量的系统是预防结果，而不是检验结果。

（3）质量的工作标准就是零缺陷，而不是差不多。

（4）质量是用不符合要求的代价来衡量的，而不是靠指数。

2. 质量改进的十四个步骤

（1）管理层的承诺——让所有的员工都清楚高层管理人员的质量观。

（2）质量改进团队——全方位地遵循质量要求。

（3）质量衡量——清清楚楚地分析企业质量状况，如延迟交货、根据实际销售额进行预算、交货、核算成本等，使之简单明了，便于理解。

（4）质量成本——确保企业的每一位员工都了解质量系统发挥作用的必要性及没有质量系统会给企业造成的额外成本。

（5）质量意识——使企业的每一位员工都知道质量系统的效果。

（6）改正行为——建立可以分析缺陷和进行简单因果分析的系统，以防止再次出现缺陷。

（7）零缺陷计划——找出应该运用零缺陷原理的企业活动。

（8）主管计划——培训主管了解质量和零缺陷原理以便用于工作之中。

（9）零缺陷日——使部门全体员工都意识到出现变化的质量活动。

（10）目标设定——一旦企业的某一个部门做出变更，下一个步骤就是要求该部门的全体员工和主管制定改进质量的目标，以便不断地改进质量。

（11）消除错误成因——通过沟通程序使管理层了解现有的目标难以实现；然后重新评估目标或依靠管理层的支持来实现目标。

（12）赞赏——管理者必须表扬那些参与质量计划的员工。

（13）质量委员会——运用专业知识和员工的经验来认真实施企业的质量系统。

（14）从头再来——不断改进质量意味着不断地从头开始。

四、全面质量管理的核心理念

综上所述，"全面质量管理"显然是一种整体的管理哲学。自从阿曼德·费根堡姆1956年在《哈佛商业评论》上首次使用"全面质量管理"一词以来，这一管理哲学一直受到众多学者和产业人士的影响。几十年来，众多人士为"全面质量管理运动"做出了贡献，但对全面质量管理却很难准确地下定义。就全面质量管理的核心理念而言，各类学术文献的观点各不相同。似乎每个人各自信奉一套不同于他人的全面质量管理基本原理。人们提出各种各样的"核心理念"试图描述全面质量管理的实践。以下各要点（马奎斯，1991）可以帮助读者对这些核心理念有个大致的了解。

1．消费者导向

以消费需求为导向的企业具备卓越的品质，因为它们将消费者信息系统地融入其战略规划以及产品和服务的供应之中。

2．注重质量

以消费者需求为导向的企业非常重视质量，并且将质量定义为可衡量的、客观的产品和服务品质以及令消费者满意的感受。

3．系统的不断改进

重视质量可以带来不断的改进，而不断的改进也意味着对制造过程或服务过程做出重大改变。

4．协作

全面质量管理要求改变现有的经营"心态"，即企业和员工个人的成功应该被视为集体协作而不是激烈竞争的结果。

5．客观性

决策应该具有客观性并且基于所获得的信息。对于以前的经验应该系统地加以记录和分析，以便获得持续的改进。

6．团队合作

团队合作就是实际进行协作。为了获得良好效果，应该向各团队传授具有创造性、分析性和能够解决问题的技巧。

7．授权

应该对员工授权，即员工应该对影响他们的岗位设定和企业政策有话语权和决策权。

8．教育与培训

教育与培训是必不可少的。石川馨认为，全面质量管理实际上是以教育开始并以教育结束的。

9．共同的理念

所有的员工和经理都应该清楚和相信同一理念。这是企业统一行动、避免重复浪费和内耗的关键。

10．领导方式

只有领导者有效地以身作则，企业才有可能发生变化。空洞的许诺和演讲只能使现存的问题变得更加糟糕。

其他一些学者和专家倾向于使用不同的词语来表达全面质量管理的"核心理念"，因此上述要点绝对不是质量管理的全部内容。但是这些要点确实可以展示全面质量管理的基本理念。

仔细阅读上述要点，我们可以发现一些反复出现的论点。无论不同的专家和学者使用了哪些词汇或者强调了哪些要点，我们注意到马奎斯列出的要点清单反复出现了一些有关全面质量管理的论点。

（1）全面质量管理是以消费者为中心和驱动的。

（2）全面质量管理是一种主动寻求和不断改进的系统的管理理念。

（3）全面质量管理要求赋予员工权限并使他们参与协作。

（4）全面质量管理要求管理者做出表率，鼓舞员工，展示领导才华。

第三节　建立高效组织

现代企业对质量的重视程度远远超出了戴明和朱兰这样的宗师们所做的开创性努力。现代企业对质量管理的一个重要理念是：通过管理活动建立一个高效组织，通过团队精神的建设达到提高产品质量和生产效率的目的。柔性的、高绩效组织的运作特点是团队化、扁平化、自动化。高绩效的核心是人的问题，意味着价值、信任、授权和协同工作。要成为一个灵活高效的组织，支持快捷的决策和以团队为基础的经营活动不是简单的事情。一个公司要成为高效组织,其领导必须完全投入并参与这个改革过程。高效组织的建立可以从技能和信息,参与、组织和伙伴关系,报酬、安全和工作环境三个方面的建设着手。

一、技能培训和信息共享

高效公司把自己的员工当作宝贵的财富,并会进行相应的投资。这些公司会从根本上改变员工的学习方式。他们从对专业工作的培训变为重视对技能的培训,这些技能使员工具备解决问题的能力和与顾客、其他员工、其他部门相互沟通的能力。高效公司把培训看作是一个持续的过程,并为员工提供终身学习的机会。那些持续进行学习的员工能对自己提供的服务和生产的产品做出更好、更有见识的决策。终身学习的机会,如共享公司的信息,会使员工帮助公司取得更高的质量和更高的顾客满意度。

1. 培训和持续学习

当员工在生产、质量控制和顾客服务方面承担更多责任时,他们需要获得解决问题、建立团队和经营管理方面的新技能。这就需要对管理人员进行培训,使之适应新的角色。例如,成为策略计划者、教练员、教师、协调促进者等。高效组织在培训和持续学习方面投入很大,一些公司将工资总额的 5%以上用于员工的教育和技能培训费用,以提高产品和服务的质量。正式的课堂教学和岗位培训都是常用的方式。一些公司建立管理培训生制度,让员工在各种岗位之间轮换,使之掌握多种技能。

2. 共享信息

高效公司发现,共享信息对公司的成功至关重要。它们向员工提供公司总体的财务和运营数据,并建立制度保证信息在组织内迅速传递。共享信息还包括战略计划、组织的工作重点、采用新技术的计划、预算紧张的情况、业务单位的运营结果、竞争对手的情况等。为了取得真正的成功,公司必须保证信息在组织内上下左右畅通无阻。员工的观点和见地也应该传达到公司的各个层次,组织应对此做出充分的反应。如果公司采用这种内部信息沟通体系,其生产率、质量和顾客服务都会得到改进。

二、组织结构和伙伴关系

高效公司认识到,一线员工通常与顾客的接触最紧密。他们可能最了解公司的产品和服务,对质量和效率起着重要的作用。为了鼓励员工参与质量改进工作,高效公司采用扁平组织,将责任下放到员工小组,在工作和生产的日常决策中广泛地听取员工的意见。员工参与质量改进工作会使整个组织受益,员工会有较大的自主权和更高的任务感,公司更易于对顾客的需要和市场的变化做出反应。

1. 员工的新角色

高效组织挖掘员工智慧的一种方法是鼓励员工扮演新角色。员工成为问题的解决者、自我管理者和企业家。很多改革结构和方案,其范围涉及咨询委员会和自我领导工作组,都加强了这些新角色的责任。

2. 新的组织结构

高效组织在其组织结构中建立参与和授权机制,其方法是将决策权下放到公司的下层,用跨职能员工工作组打破部门之间的障碍。跨职能团队的成员来自不同的职能部门,为解决一个具体的问题或任务走到一起,目的是满足组织的需要。他们被要求共享信息、发掘新思想、寻求创新性方案、完成项目,更重要的是在绩效上不被单一部门的需求所限制。团队成员从个人到整体都要以跨职能的方式从整个系统利益的立场上进行思考和行动。例如,一些公司建立的员工工作组由设计人员、工程人员、营销人员和生产人员组成,他们设计新产品,并发现许多通常在以后的产品开发过程中才会被发现的潜在问题。

3. 工人与管理人员的新型伙伴关系

为了真正提高效率,高效公司努力寻求在工人、工会和管理人员之间建立伙伴关系,焦点是共同负责和共同决策(原来由管理阶层决策的问题现在由工人与管理人员共同决策)。工人、工会和管理人员一起制定共同的任务和目标,在所有层次共同制订计划,共同解决问题。

三、效能激励和工作环境

采取分权结构的高效公司采用多种系统识别员工绩效和取得的技能,在企业内建立奖励基金,满足员工的多种不同需要。报酬系统通常将工资与个人和组织、绩效联系在一起。高效公司提供有支持作用、安全的工作环境,吸引并留住胜任的员工。

1. 报酬、绩效和技能挂钩

高效公司建立了报酬系统,将工资与个人、小组、经营单位和公司的绩效连在一起,这样就使员工能长期为企业工作。这些公司还试图让高级管理人员更关心股东关注的事情,将高级管理人员报酬与公司的长期目标连在一起。高效公司采用的奖励员工的方法包括收益共享、员工持股、利润分享、小组绩效工资、技能工资等。以激励为基础的报酬系统与其他高效技巧一样,如对员工授权,让员工承担责任、参与能影响公司绩效的项目,最能发挥作用。

2. 职业安全

高效公司认为工人是一项重要的投资,因此不到万不得已,是不会让工人下岗待业的。他们对工人的职业安全有明确的承诺,一些公司采取不下岗政策;一些公司在经营不景气时,把员工送出去学习或在公司内重新分配其他工作;还有一些公司用职工持股的方式避免工人失业。在当今多变的商业环境中,高水准的培训和技能开发为工人创造了另一种形式的职业安全。高级技能使工人成为公司更宝贵的财富,更不容易下岗待业。如果真的出现了下岗待业情况,那些有多种技能的工人也会发现自己能够很快找到新工作。如果高效公司无法避免工人下岗待业,它们会预先发出通知,发放解雇费,并提供再就业服务。这些公司也向下岗工人发放一次性经济补偿，或者建立专门基金补充失业补偿金。

3．有支持力的工作环境

高效公司认识到安全和有支持力的工作环境对提高生产力和员工献身精神的重要性，它们常常带头采取一些方针策略支持员工在工作和家庭生活之间的平衡。在今天紧张的经济环境中，首先采取家庭支持和其他生活质量策略的公司可以在吸引和留住更多的有才能、有敬业心、有生产力的员工方面获得竞争优势。这些公司通常采取一些策略和计划，以促进员工的身体健康和安全。它们会采取灵活的工作时间，为残疾员工提供处所，提供托儿服务，等等。

 信息卡

高绩效团队的特征

全面质量管理的精髓在于工作程序的改进，改进工作程序的关键则是员工的参与。因此，可以说全面质量管理的一个主要特征就是采用团队形式。团队形式并不能自动地提高生产力，它也可能让管理者失望。研究表明，一个高绩效的团队需要表现出以下特征：清晰的目标；实现目标所必需的技能；相互的信任；对团队一致的承诺；良好的沟通；谈判沟通的技能；恰当的领导；内部和外部的支持。

资料来源：[美]斯蒂芬·P. 罗宾斯. 管理学[M]. 孙健敏, 译. 北京：中国人民大学出版社, 1997.

 本章小结

质量已经成为一个企业成功必不可少的因素。全面质量管理是改进组织运营方式的一种质量管理方法。本章从质量管理的历史演进开始，介绍了三位质量管理先驱——戴明、朱兰和克劳士比的观点和方法，马奎斯全面质量管理核心理念，以及现代管理理念中新兴的有关建立高效组织的重点内容，引导读者探寻全面质量管理的基本理念和价值观，思考企业该如何着手进行全面质量管理。

 思考与练习

一、选择题

1．在第二次世界大战期间产生的质量管理方法是（　　）。

　A．全面质量管理　　　　　B．事后检验

　C．统计质量检查　　　　　D．零缺陷

2．戴明认为，企业质量管理成功的关键是（　　）。

　A．建立恒久的目标　　　　B．采用新的理念

　C．高效组织　　　　　　　D．全员质量管理

3. 朱兰将产品质量分为（　　）两种形式。
A. 产品特性和无疵性　　　　B. 计划和控制
C. 期望和满意　　　　　　　D. 培训和信息
4. 克劳士比质量管理理论中最著名的观点是（　　）。
A. 零缺陷　　　　　　　　　B. 全面质量管理
C. 员工授权　　　　　　　　D. 质量管理四项基本原则

二、简答题
1. 简述戴明的"十四点质量方法"。
2. 朱兰把质量分为哪两个方面？
3. 简述克劳士比的"质量管理四项基本原则"。
4. 现代质量管理理念的高效组织有哪些特点？

第三章 空乘优质服务经济学

教学目标

1. 了解满意与忠诚的区别；了解顾客价值、可靠性服务价值的内容；知晓员工不满意的代价；掌握空乘内部关键时刻的概念；掌握优质服务经济学中经理需要了解的信息。
2. 能够设计以关键时刻或接触点为主体的顾客服务蓝图。

引例

一滴水反映太阳的光辉

"细致，细致，再细致"是很多航空公司的服务理念之一。一位空姐在为乘客提供饮料时，恰巧遇到了气流引起的飞机颠簸，使一滴咖啡落到了座位的扶手上，空姐进行了紧急处理，又特意取来清洁用品，反复地进行清洁，其极认真的态度使乘客为之感动，不快之感也随之消失，最后还温和地对这位空姐说："看你这认真的态度，说明你们公司真的把我们乘客当作上帝了。咖啡溅到扶手上，不是你的错，下次我还会选择你们公司的航班。"这可谓"一滴水反映太阳的光辉"。

资料来源：孙岚. 民航客舱服务案例精选[M]. 北京：化学工业出版社. 2015.

第一节 顾客满意度与忠诚度的关系

一、顾客对服务的感知

事实上，在当今经济生活中的每个领域，与过去相比，顾客们有更多的花钱选择，有更明确的质量期望值，更不能容忍劣质服务。只要企业能提供无烦恼、高于平均水平的服务，顾客花钱购买产品和服务时，可能不会介意企业的品牌。简而言之，今天的顾客寻求的是价值。如果产品和服务能始终如一地满足或超过他们的期望值，而且价格也可以接受，他们便认为是物有所值。

企业的生存取决于向顾客提供有价值的东西；企业的成功则取决于增强顾客对所提供价值的感知。这种价值知觉包括潜在的顾客价值和实际实现的顾客价值两种。潜在的顾客价值是指某种产品或服务可能为顾客提供的利益，而实际实现的顾客价值则是顾客在购买并消费某种产品或服务过程中（后）实际获得的利益。潜在顾客价值与实际实现的顾客价值之间经常是不一致的。造成这种差异的原因往往是不同的顾客有不同的条件，在使用产品或服务的过程中的配合程度不同。因此，企业不仅要充分地向顾客展示其产品或服务能为顾客带来的利益，而且要选择适当的服务对象，帮助顾客获得各种可能的潜在利益，也就是要保证自己的顾客能够真正感知到企业所提供的价值。空乘服务的针对性、情感化服务显得尤为重要，增强旅客对空乘服务的良好感知需要注意以下事项。

（1）提供情感性服务。客人对服务的感受往往带有主观色彩，受旅客兴趣、教育程度、职业等影响，需要提供有针对性的服务。但所有旅客对空乘员工殷勤的服务态度的感觉是相同的，并且相当敏感。提供有针对性的情感服务，是吸引客人再次选择的第一要素。

（2）管理旅客的全程。民航企业提供给旅客的往往是一次连续性的经历，让旅客高兴而来，满意而归，就要让服务的每一个环节都尽善尽美，特别是在每一个"关键时刻"，要给旅客留下深刻的印象。

（3）理解顾客的利益期望。旅客将他们所要的或所期望的东西与其正在得到的东西进行比较，以此对服务质量进行评估。那些能够估计到顾客的期望值并采取相应服务的民航企业更容易得到顾客的信任。

顾客购买服务并再次光顾的原因，不是因为企业提供了优质服务，而是因为顾客感知到了这种优质服务。从具体行动来讲，我们要在特定的时间、特定的地点用特定方式使顾客意识到空乘服务所提供的价值。把握好与顾客接触的"关键时刻"是一种全新的管理方式。对空乘服务主管来说，取得优质服务的关键之一，是要了解"关键时刻"对服务策略能产生何种影响，怎样创造新的管理职责。

空乘服务的关键时刻包括旅客在登机、入座、行李架整理、安全告知、航班起飞、飞行途中餐饮服务、航班到站等。旅客在这些特定情境中的经历影响着其对服务质量的感知。旅客在航班飞行的过程中所经历的关键时刻形成了连续的事件链，这些事件链使顾客对价值产生了知觉。从这种意义上说，每个关键时刻都是"服务的基本元素，是顾客得到的最小价值单位"。空乘主管应该制订新的服务策略，在旅客乘坐航班的关键时刻向旅客传递高效率和礼貌服务的良好印象。

二、忠诚客人的价值

如果没有顾客光临，企业就会倒闭，顾客的价值显而易见。但人们可能还不太了解这样一个事实，如果没有足够数量的固定顾客，没有几家服务性企业能够维持很久。对民航企业而言更是如此，生存和成功主要取决于通过优质服务留住固定旅客，而不是依赖促销手段和闪电式的销售策略吸引一次性顾客。

"现代质量管理之父"戴明认为，"仅仅让顾客满意还不够，生意的基础建立在忠诚的顾客之上；忠诚的顾客不仅会再次光顾，还会带来新的顾客。"什么样的客人是忠诚的客人？一个忠诚的客人的价值是什么？

1. 满意与忠诚

一位满意的客人不能等同于一位忠诚的客人，民航企业需要的是忠诚的客人。事实上，有关研究表明，许多宣称已经满意的客人在下次光顾时会毫不犹豫地选择另一家航空公司，客人的满意似乎是在客人眼前的需要得到满足的情况下产生的一种短暂的感觉，并不能保证客人对航空公司的忠诚。但是，顾客的忠诚度以及再次购买的意愿与满意度紧密联系在一起。顾客离开熟悉的服务企业去寻找新的服务企业，已经被证明是企业服务失败所造成的。顾客满意是获得顾客忠诚度、创造可持续良好经济效益的关键。

客人的忠诚建立在客人与航空公司之间长期的牢固关系之上。在客人多次欣喜于航空公司所提供的产品与服务之后，客人的忠诚度将随着时间而增长。忠诚的客人不仅会给航空公司带来持续的客人，而且可以在没有任何成本的情况下带来新客人。忠诚的客人会经常光顾某航空公司，并且希望它长久地存在下去。忠诚的客人还会经常以各种方式帮助企业，如向别人做宣传，向公司提供如何改进经营的反馈意见等。如果企业在经营过程中出现了不可避免的错误，忠诚的客人会原谅企业并给企业一次改正的机会，而其他绝大多数客人则不会这样做。

2. 顾客价值

在传统观念中，企业的利润主要由市场份额决定。但随着市场环境的改变，市场份额不再是决定利润的主要因素，取而代之的是顾客忠诚度。顾客忠诚是指顾客对某一特定企业或品牌的产品有好评，形成偏爱，进而重复购买的一种行为取向。忠诚顾客是航空公司一笔巨大的财富，对航空公司的实质性贡献占据空乘顾客资产管理的核心地位（香格里拉曾经做过计算，每增长5%的回头客就能带来20%～125%的利润）。

"顾客终身价值（Customer Lifetime Value）"，也被称为"顾客生命周期价值"，指的是每个购买者在未来可能为企业带来的收益总和。每个客户的价值都由三部分构成：历史价值（到目前为止已经实现了的顾客价值）、当前价值（如果顾客当前行为模式不发生改变的话，将来会给公司带来的顾客价值）和潜在价值（如果公司通过有效的交叉销售可以调动顾客购买积极性或促使顾客向别人推荐产品和服务，从而可能增加的顾客价值）。忠诚顾客的终身价值最大。

忠诚顾客的价值体现在以下五个方面。

（1）相对于普通顾客来说，经常惠顾的顾客对价格的敏感程度较低，消费能力更强。

（2）增加忠诚顾客有助于节约营销费用。忠诚的顾客会与员工交往和相互学习，重复消费的顾客对空乘称心如意，顾客的满意又使空乘服务员感到自豪，从而更努力地工作，节约培训成本。

（3）忠诚客人或客户还会产生口碑效应，向其他人推荐空乘的产品和服务。

（4）忠诚顾客具有战略价值。战略价值代表的是顾客今后可能进行的潜在的业务。

（5）重复购买行为有利于企业制定决策。忠诚的顾客趋向于形成特定的关系，有利于制订长期的计划，使得企业可以建立多层次的满足顾客需要的影响成本的工作方式；相对固定的顾客还可以帮助企业减少必须面对的各种要求，集中精力减少市场的混乱，使企业制定最好的预测和满足顾客需要的决策变得容易。

顾客的潜在价值表明,当不满意的顾客走出店门时,他们带走了一大笔未来的生意。如果不满意的旅客把他对航空公司的坏印象告诉其他人,也增加了损害未来生意总量的危险性。有专家估计,不满意的顾客平均会把其对企业的不满意告诉 8~10 个人,而且每 5 个不满意的顾客中会有一个人把其不满意告诉 20 个人。因此,虽然不可能解决每位不满意的客人的问题,但是每位客人的价值和不满意客人的代价要求航空公司努力为客人解决问题。

三、提供可靠服务

可靠并准确地提供服务是优质服务的核心,是民航企业获取良好声誉的基础。在每一次商业接触的过程中,交易的一方总会比另一方承担更多的风险。当顾客购买服务时,相对来说,他们往往比购买有形产品承担更多的风险。航空公司提供的服务产品不能再次提供,也不能退货。因此,服务的可靠性显得尤其重要。

1. 服务可靠性的价值

确切地说,可靠性并不是顾客评估服务质量的唯一标准。顾客对服务质量进行评估可依据以下五个方面:可感知性、可靠性、反应性、保证性、移情性,其中可靠性成为顾客评估服务质量的关键,民航服务的可靠性主要体现在航班的安全性与正常运行上。

提供可靠的服务除降低顾客购买风险外,对民航企业而言还有以下几个好处。

(1) 刺激销售。

(2) 鼓励顾客的意见反馈。

(3) 确认服务供应系统中的"薄弱环节"。

(4) 改进员工工作表现。

(5) 提高顾客满意度。

(6) 改善服务供应系统。

(7) 保持市场竞争优势。

2. 传递可靠的服务

向客人提供可靠的服务,是提高客人感知价值的基础和核心,有助于建立相互信任。然而服务业相对于制造业,产品可靠性的概念更复杂,主要原因如下。

(1) 服务产品的无形性使评价无失误服务的标准变得模糊。当被评估之物实质上是一种行为而非一个实体时,顾客的期望和要求成为真正衡量服务产品可靠性的标准。

(2) 服务产品生产和消费的不可分离性使提供商不能在产品推向市场之前完全检查出其中的不合格产品。"第一次就做好"也提高了对空乘服务的要求。

(3) "过失"在服务业中有更广泛的含义。具体地说,若一项服务使顾客感到迷惑或气恼,即使是精确的服务也会被认为有缺憾,这大大提高了服务业生产率损失的可能性。

有效地对付这些挑战,需要采取措施以避免服务失误。主要措施有三大类:服务领导、彻底的服务检查、完美服务的组织结构。如图 3-1 所示,这三项措施构成了支撑服务可靠性的至关重要、相互联结的三根支柱。

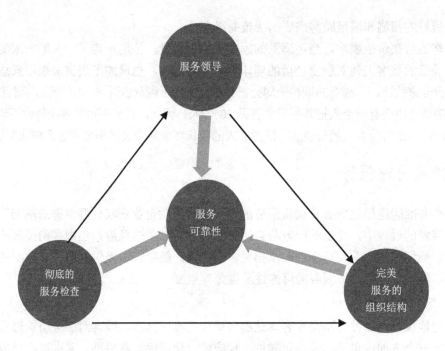

图3-1 支撑服务可靠性的三根支柱

（1）服务领导。强有力的领导是以可靠性为中心的服务策略的命脉。那些设定高服务标准的领导们，培养了"第一次就做好"的作风。正是管理者们的这种努力，才使民航企业树立可靠服务的形象成为可能。

（2）彻底的服务检查。服务承诺必须建立在严格的服务检查之上。虽然服务的无形性增加了服务检查的难度，但找到有效的方法进行事前检查和事后检验是确保各个环节的服务成为可靠服务的重要手段。

（3）完美服务的组织结构。这是民航企业提供可靠服务的基础。以人为本的管理模式和建立相互协作的工作团队，将有助于顾客需要的满足和员工工作效率的提高。

第二节 超越顾客的期望

一、顾客的服务期望

期望与感觉之间的不一致是顾客进行服务质量评估的决定性因素，这一点已被广泛接受。然而，期望这个词作为一个比较的标准，通常表示两个不同的意思：顾客相信将会在服务中发生什么（预测）和顾客想要在服务中发生什么（愿望）。

1．期望的两个水平

研究发现，顾客的服务期望存在着两个不同的水平：渴望的水平与满意的水平。渴望的服务水平反映了顾客希望得到的服务，即他们认为服务能够是什么样并且应该是什么样的。满意的服务水平是顾客认为可以接受的服务状况。图 3-2 中的三个区域表示"顾客对服务将会是什么状况"的一种评价，即顾客所预期的服务水平。

			渴望的服务			
			容忍区			
			满意的服务			

图3-2　期望的两个水平

从图 3-2 中可以看到，一个容忍区将渴望的服务水平和满意的服务水平分隔开来了。容忍区是顾客认为满意的服务执行的范围。在容忍区之下的执行水平将会使顾客产生沮丧的心情并减弱顾客的忠诚心；容忍区之上的执行水平将会使顾客感到惊喜并增强他们的忠诚心。不同的顾客有不同的容忍区，而且对于同一个顾客来说，不同的服务有不同的容忍区。顾客在评价一项服务时通常对五个重要的方面进行评价，即可靠性、可感知性、反应性、保证性和移情性，这五个方面有着不同的容忍区。概括地说，哪个方面的重要性越大，则容忍区就越小，顾客越不放松这个评估服务质量的标准。空乘顾客调查研究表明，旅客对航班的准点和提拿行李的等待时间就非常在意。

顾客对可靠性（遵守服务承诺）的评价比对其他方面的评价都高，可靠性与服务结果最为相关，即许诺过的服务是否被传递出来。剩下的四个方面则与服务过程更相关，即服务如何被传递。对顾客期望的研究进一步确认了顾客是将可靠性看作是服务的"核心"，并且对违背诺言最不能容忍。因此，对可靠性的容忍区可能更狭窄。

2．期望水平的变化

研究发现，相当多的证据表明顾客的期望水平是动态的，并且随着各种因素的变化相应发生波动。虽然顾客的两个期望水平都会发生波动，但渴望的水平比满意的水平变化得更慢而且变化量更小。渴望水平通常是上升的，而满意水平则很容易上升或者下降。因此，容忍区的变化类似于一架手风琴的运动，大多数情况是由于满意的服务水平出现了波动。能够影响顾客的期望水平并导致容忍区发生变化的因素，包括持久的服务加强物、个人需要、短暂的服务加强物、可察觉到的服务替换物、自我感觉到的服务角色、明确的服务允诺、口头宣传交流以及过去的经验。

二、管理顾客的期望

航空公司可以通过对所做承诺进行管理、可靠地执行所承诺的服务并与顾客进行沟通来对顾客期望进行有效管理。

1. 保证承诺反映现实

一般而言，明确的服务承诺和暗示的服务承诺都完全处在航空公司的控制中，对这些承诺进行管理是一种直接的、可靠的管理期望的方法。公司上下齐心协力，以确保对顾客所做的承诺，这将使航空公司从中受益。过多地进行许诺而又无法兑现将会损害顾客的信任，破坏其容忍度。

2. 重视服务可靠性

"第一次就执行好"所承诺的服务就是可靠性，因此可靠性是顾客首先考虑的事情。然而，可靠的服务还提供了另一个间接的重要的好处：通过减少服务补救的需要限制顾客的期望。服务中出现的问题是一些暂时的服务增强物，在服务补救时提高了顾客的期望。当服务问题发生后，顾客的容忍区发生了动摇，而且他们对所满意的服务水平在服务补救的结果和过程两方面均上升了。

3. 与顾客进行沟通

经常与顾客进行沟通，理解他们的期望和所关心的事情，对他们所接受的服务进行说明，或者只简单地对顾客表示感激，这样会鼓励顾客的容忍，并因此可以成为一种管理期望的有效方式。研究发现，那些显示了对顾客关心的真正沟通扩大了顾客的容忍度。这是因为企业通过与顾客进行经常的对话加强彼此的联系，就可以在问题发生时处于有利地位。空乘人员积极发起沟通对顾客迅速地表示关心，这些都传递了一种合作的感情，而这又是顾客经常希望得到的。只要顾客一开始就知道自己期望什么，与顾客保持联系，就不会出现让顾客失望的情况，而且还能提高顾客对企业的满意感。

三、超出顾客的期望

期望管理的失败是无法超出期望的一个主要原因。受到管理的期望提供了一个基础，使航空公司能够通过授权和设计超越顾客需要的服务蓝图超出顾客的期望。

1. 授权给员工

授权是指在组织内部重新分配权力，使主管和员工能更有能力、更有效地完成他们的工作。对于服务业来讲，只有授权给员工去服务顾客，世界上最好的方案与最具创造性的想法才能带来超越顾客需要的服务。授权的指导思想是摒弃官僚主义，以员工为企业的核心。服务授权为员工营造了一种当家做主的环境。在这种环境中，员工们可以利用他们从平时与顾客接触中获得的信息来提高服务质量，促进管理层对顾客需求的了解。服务授权还会让员工产生使命感，这种感觉可以增强员工对工作的满意度。

（1）服务授权的目标。授权的总体目标是通过把决策的职责、权力和责任下放到组织内部的各级层次的方式，提高服务质量和增加利润。具体而言，航空公司通过授权，可以达到以下目标。

① 提供能够满足顾客具体需求的个性化服务。

② 与顾客建立长期的良好的关系。

③ 满足顾客不可预知的、特殊的需求。
④ 鼓励员工主动做出决策以帮助顾客。
⑤ 寻求和留住那些具有远大志向和很强的人际交往能力，并且能够自我激励、自我管理的员工。

（2）培养服务授权的氛围。当代管理中授权是一种普遍现象。授权是管理者赋予并帮助其他人得到权力并使其在组织内部施加影响的过程。有效的领导者们都知道当人们感到自己拥有权力时，就会更愿意决策并采取行动完成工作任务。有效的领导者会积极建立一种可以实现有效授权的环境，包括以下内容。
① 让员工参与其工作任务和工作方法的选择。
② 选择创造一个分工协作、分享信息、共同讨论、共享目标的环境。
③ 鼓励员工提出建议，做出决策，运用知识。
④ 当产生问题时，听取员工的意见，鼓励他们一起解决问题。
⑤ 不要墨守成规，给员工发表意见、解决问题的自由。
⑥ 通过表扬成功之处以及鼓励优秀的表现来保持高昂的士气。

（3）授权的步骤。授权并非万能的，其使用必须有一定的前提条件。除授权环境建设外，一个有知识、有技能、有经验、完全可以胜任工作的员工队伍，而且员工是内控型和追求工作的自主型为主时，授权的效果最好。同时，授权工作通常与集中培训相伴随。当员工提高了技术、能力和自信后，授权过程成功的可能性也增加了。从航空公司整体角度来讲，授权给员工应该从招聘员工就开始，具体包括以下三个步骤。
① 雇用适合工作的人。应该雇用一个怀有强烈的工作责任心并且关心其工作的人。
② 训练员工想顾客之所想。向每名员工解释航空公司的服务理念，确保每个人都了解其对顾客服务好坏与企业兴衰成败有密切的关系。让员工参与制订服务方案，教会员工如何为顾客解决问题以及如何使每位顾客感受到尊重。
③ 授权员工去做任何对于满足顾客来讲是必要的事。让员工自己解决他们在与顾客接触过程中发生的每个问题，而不要干扰或批评他们。如果已教给他们服务顾客的哲学和好的解决办法，员工肯定有提供超越顾客需要的服务能力，应放手让他们去做。

2. 设计超越顾客需要的服务蓝图

顾客服务蓝图是对实施的顾客服务体系的书面描述或计划。服务蓝图基于这样一种观点，即提供服务产品的"关键时刻"是一系列服务过程的最后阶段。从本质上讲，服务蓝图是以图表的形式说明服务和细节的过程，以及这些过程之间的相互关系。因此，服务蓝图有助于管理者和员工观察、组织和控制整个服务系统。服务蓝图也可以看作是关于顾客服务的战略性计划，而此计划将被用于培训员工，指导他们做决策、与顾客交流，以及与各种顾客群打交道。

就系统地评价一项服务而言，服务蓝图显然是一种很有用的工具，可以用于找出那些没有被发现的潜在的问题——"失误点"，即服务系统中曾出现过问题或者将来有可能出现问题的地方。在服务蓝图中，"关键时刻"被称为"接触点"。"失误点"和"接触点"同时存在的地方,就是服务最有可能出现问题的地方。找出服务蓝图中的"失误点"和"接触点",可以使管理者注意到采取预防性或补救性措施的必要性——如特殊培训、额外支持、建立补救体系,甚至重新设计服务系统。

第三节 员工满意度与忠诚度的关系

与顾客的价值一样,员工的价值也是显而易见的。如果没人去干活,工作没完成,就不可能创造出任何价值,也就没有顾客来,生意就要失败。从经济意义上说,经理、主管和员工的价值是他们得到的工资和福利待遇,这是公司对其所做的工作的一种补偿。但是从优质服务的角度,也就是从不断满足和超越顾客期望值这一意义上说,空乘人员在重要的关键时刻所表现出的工作绩效决定了其价值所在。

一、员工的个人资源

员工对航空公司的价值体现在员工的工作绩效上。员工的工作绩效可以看成是员工的个人资源和公司的组织资源结合的产物。

员工的个人资源是指员工在从事不断满足和超越顾客期望值的工作时所具有的一切个人特性。这些资源包括个性、性格、人生价值观、思想、情感等。组织资源是指为了满足和超越顾客的期望值,公司为员工提供的一切资源。典型的组织资源包括物理设施、技术系统、工作场所、培训系统等。这些组织资源本身并不能为顾客创造价值。一个公司可以拥有最好的设施、最尖端的技术、设计最佳的工作区及目的最明确的培训系统,但是能否利用这些资源给顾客创造价值的决定性因素是员工的工作绩效。

为了在关键时刻做好工作,员工必须把公司提供的组织资源和个人特有的才能结合在一起。离开员工的个人资源,客人的期望值几乎不可能超越,事实上甚至无法达到。

管理者的领导角色是鼓励员工在工作中挖掘现有的个人资源。管理者还要鼓励员工开发新的才智,使他们把工作做得更好。航空公司可以通过培训、知识技能比赛、奖励员工个人贡献等方式,增强民航服务一线员工的行业归属感和职业荣誉感,最大限度地提高员工的价值。

二、员工不满意的代价

服务性企业要取得成功,其员工一定要忠诚,一定要感到满意。企业的生存和发展取决于能否开发和拥有一支具有奉献精神、富有创造力的员工队伍,航空公司和其他服务性企业尤其如此。

员工不满意的第一个代价是损失生意。不满意的员工会与顾客发生服务方面的纠纷,从而导致顾客不再光顾。衡量员工不满意与损失生意的关系可以采用一个有创见的方法,即比较公司员工的离职率和公司的失客率。

员工不满意的第二个代价是员工离职的直接成本。例如，解雇费、招募费及遴选费，与离职相关的附加成本或间接成本。这些成本虽然不容易确定，但确实存在。新员工的工作效率通常较低，会使浪费增加，还会增加工作中的事故。高离职率不仅会提高企业的经营成本，而且极大地增加了企业经营的不稳定性，使企业面临巨大的风险。

任何时间段的员工离职率都可以计算出来。通常情况下，计算经营单位、部门、班次或岗位的人员离职率更有实用价值。但一个离职率是高还是低、是好还是坏，则要依情况而定。

首先，并不是所有员工的离职原因都是对工作不满意。有些员工的离职是被迫的——被解雇了。另外一些人离职是因为要离开这个地区等其他原因。因此，一些员工离职是意料之中的事。问题是，不同经营单位或不同的服务岗位百分之几的离职率是可以接受的？答案取决于许多因素。一个基本因素是当地社区的经济情况，尤其是现实的失业率。在失业率高的地区，劳动力资源很充足，工作机会很少，现有员工可能很少有人会离职。在失业率低的地区，劳动力资源不足，工作机会相对较多。现有员工就很可能辞掉现有工作去寻求更好的工作机会。一个离职率是否可以接受还取决于离职的性质。

留住员工的一个关键因素是提高他们对工作的满意度。如果员工在工作环境中感知到价值，并感觉到得到了与自己的工作表现相一致的报酬，在一个公司工作的时间就比较长。公司要确定如何提高员工对工作的满意度，首先必须了解经理、主管和员工是如何感知工作价值的。

三、员工对工作价值和内部服务的感知

员工对价值和质量的感知与顾客相同。顾客对价值的感知基于价格和所得到服务的质量；员工对价值的感知与他们的工资以及工作环境有关。价值不是简单的工资和福利。人们期望他们的报酬在行业中有竞争力，与自己的技术和能力相匹配。但是，员工在对价值的知觉中，要权衡比较工资和工作环境质量这两个因素。人们评价工作环境质量的方法是，看公司所提供的工作、工作伙伴及资源在多大程度上能够满足和超过他们的期望值。

要想成功地成为求职者选择的热门就业部门，航空公司的领导必须承担两种重要的责任。首先，要提高新员工的能力。给新员工提供培训的机会，使他们能够学会如何在工作中取得成功。其次，要对新员工进行授权和支持。通过传授和指导，使新员工能够在人格和专业两个方面都得到成长。

航空公司也面临着在各级岗位中留住有经验的老员工的挑战。公司总裁、总经理、分公司总管、部门经理和主管以及员工，都希望能在工作中学到新东西，能在专业和人格两个方面都得到成长。人们衡量一个职位、一个部门、一个公司和一个行业所提供的工作的质量时，部分标准是看这项工作在多大程度上能够满足或超过自己的期望值，以使自己能够有机会在人格和专业方面都得到学习和成长。

员工也通过他们每日工作经历的质量评价一个公司的价值。旅客在乘机期间会出现一些关键时刻，这些关键时刻组成了一条连续的事件链，使旅客形成对价值的知觉。同样，在每日的工作活动中也会出现一些内部关键时刻，这些内部关键时刻也使空乘主管和员工形成对价值的知觉。

内部关键时刻是指一些特定的事件、情境或相互交流，在这些时刻公司雇用的任何人员与公司的某一方面进行接触，这些接触对这些人的工作生活的质量产生影响。许多因素都会对员工工作生活的质量产生影响。例如，员工到达工作单位时，看到的停车场；员工走进员工休息室时，看到的休息室环境；员工使用恰当的、正常工作的设备等，都可以被看作是内部关键时刻。顾客的大多数关键时刻都涉及与员工的接触，员工的大多数内部关键时刻也都涉及与其他员工的接触，尤其是那些为了完成自己的工作需要另一个员工帮助的时刻。

这些内部关键时刻的结果主要受同事的影响，而不受经理和主管的影响。管理者在领导方面面对的主要挑战是培养一种组织文化，鼓励员工为其他员工提供最佳服务。这种组织文化的特征是每个经理、每个主管和每个员工都能认识到他们在重要的内部关键时刻对本公司、本部门的工作质量所起的作用。

部门内部和部门之间在日常工作过程中自然形成的工作流程构成了公司内部顾客和供应商之间的网络。在公司工作的每一个人都是一名顾客，因为公司中的另一名员工通过自己的工作向他提供服务。每一个内部顾客都在工作（增加价值），并为工作活动链中的下一个内部顾客提供服务，这条工作链最终为公司的外部顾客创造价值。

有效的内部服务策略可以提高员工的能力，对员工进行授权并支持员工为其他员工提供优质服务——提供能不断满足或超越其期望值的服务。管理者可以帮助员工制定服务策略。

为公司的其他成员提供优质服务的基本方法如下。

（1）列出在组织中需要你或你的部门以任何方式提供帮助的所有人员的名单。这个名单可能会包括一线员工、主管、经理、首席执行官或董事会成员。

（2）把名单上的名字按先后顺序排列，把最依赖你的人或部门排在最前面。

（3）要具体列出对于名单上的每一个内部顾客，你可以帮助他们满足的基本需要。

（4）要尽力确定与每一个内部顾客接触的关键时刻，要找出每个关键时刻的具体质量因素。确定这个因素的标准是，顾客认为这个因素在这一刻对你提供给他的服务是否成功至关重要。

（5）为每一个主要内部顾客制作一份内部顾客报告卡，顾客用这个报告卡上面的标准评价你部门的服务。这些评价标准可以包括及时性、可靠性、准确性、技术水平、提供的信息的价值及为这个内部顾客服务的直接成本。

（6）和你主要的内部顾客交谈，请他们看你起草的服务质量标准。根据从这些交谈中获取的信息修改和确定服务报告卡上面的服务标准。

（7）依据与主要内部顾客交谈后确定的质量标准对你部门或工作区域的内部服务进

行评价。确定现阶段服务质量水平,并找出可以立即提高服务质量的机会。要建立一个工作过程,定期检查服务质量并且寻求提高质量的方法。

 案例

一名南航新乘的初飞日记之———第一天飞行

今天是我带飞的第一天,11:00飞往深圳的航班。晚上临睡前我算好了时间,定了5:00的闹钟,想早点起来好好化妆,好好梳头,再看一下手册上的应急设备,给师傅留一个好印象。就这样,我有点紧张有点兴奋地上了飞机。其实在之前,我心里想着自己不怕苦也不怕脏活累活,最怕的就是在一开始不知道该干些什么。上了飞机,发现一切对我来说都是新鲜的,更是陌生的,可能是因为紧张,脑子一片空白,之前在培训中心学的知识似乎一下子全还给了老师。很感谢前辈,他们不厌其烦地教我,细心地照顾我吃饭。我想这辈子都忘不了他们在我飞行的第一天带给我的感动,也更加坚定了我对这份工作的热爱,我要做好它,一定!

回想起这一天的带飞,除了紧张和兴奋,给我留下印象最深的就是强烈的晕机反应。

记得在沈阳培训时,有位教员说她刚开始飞的时候,吐了三个月,最后还是坚持了下来,一直从事这份工作到现在。我暗下了决心,工作后不管晕机反应多么严重,我一定要坚持下去。昨天一连吐了三次让我开始有点着急,身体这种状态,还怎么能学到东西?为了今天不再呕吐,我竟然傻傻地做了一个决定——不吃饭,这样就没有东西可吐了。结果这个幼稚的决定让我的体力到了难以承受的极限,没有吃任何东西让我最后吐的都是酸水。身体上的痛苦加上我对自己又气又急,眼泪不争气地掉了下来。同事们都关心地问我怎么了?我不想让大家在忙工作的同时再照顾我,就说没关系,有点晕机不严重。

让我感动的是领导得知后给我打来了电话,询问身体状况。我明白,除了爸妈,关心我爱护我的人还有很多,也坚定了我从事空姐这份职业的决心与信心。

资料来源:一名南航新乘的初飞日记[EB/OL].(2014-09-09). http://www.hkxyedu.com/kongjie/html/46135.html.

 信息卡

员工流动解决方案

员工流动短期解决方案有企业文化的显露;了解员工为什么离开;了解员工为什么留下来;向员工了解他们的需要;让员工说话;让管理人员清楚他们的偏见;开发符合企业需求的招聘计划;开发反映企业文化的入职培训;认真对待面试;认真对待流动问题的管理。

员工流动长期解决方案有:开发社交活动;用另一种语言进行培训;建立事业阶梯;实施合作伙伴/利润共享计划;实施奖励计划;提供子女保健及家庭咨询;找出员工募集的其他途径;重新规划工资级差。

资料来源:[美]ROBERT H. W. 饭店业人力资源管理[M]. 张凌云,译. 北京:中国旅游出版社,2003.

第四节　优质服务经济效益分析

优质服务是可以不断满足或超越顾客期望的服务。顾客和员工的价值以及超越顾客期望是进行优质服务经济分析需要掌握的三个重要概念。优质服务的经济分析告诉我们，为了不断满足或超越顾客和员工的期望所做的提高质量的努力，应该被当作是一种投资，而不是成本。

一、优质服务的必要性

服务质量是空乘企业取得成功的基础。优质服务提高了空乘企业的声誉以及营销活动的可信度，刺激了有利的口头宣传，增强了顾客对服务价值的感觉，并鼓舞了员工的士气，加强了员工和顾客对航空公司的忠诚度。

优质服务的核心是可靠性并遵守服务承诺。那些经常违背诺言、不可靠、经常犯错的企业将失去顾客的信任。而顾客对航空公司的信任是航空公司最宝贵的财产。例如，航班的准点率就是顾客考查航空公司可靠性的一个重要指标。准点率低的航空公司自然对顾客的吸引力也就低。

航空公司为了获得竞争优势就必须使其可靠，但是也不能仅仅通过可靠来实现顾客抛弃竞争者这一目标。人们希望航空公司做已经承诺去做的事，因此服务失败比成功更引人注意。展示优质服务的最好时机是在服务过程期间，此时服务提供者与顾客相互作用。

二、优质服务的投资回报分析

提高质量的投资可以得到明显的回报，如更多的回头客、较低的离职率和较高的利润等。了解丢失顾客和员工的代价可以使管理者为了达到组织目标，在分配有限的资源时，做出更有见地的决策。

有一个大致的估计，在当今的许多企业中，营销和服务质量两个方面优先考虑的因素不同步：一般的企业，吸引新顾客所花的费用是留住老顾客的6倍。但是在大多数情况下，顾客忠诚度的价值是每一次购买交易价值的10倍。

我们还可以增加一点，即人事工作和内部服务两个方面优先考虑的因素也不同步。公司吸引新员工所花的费用是留住老员工的6倍，而老员工的工作绩效、生产能力和忠诚度的价值在大多数情况下是替换成本的10倍。

对每个行业来说，吸引新顾客和新员工都是重要的，但是如果不在服务策略上投资，留住老顾客和老员工，空乘公司几乎不可能长久地生存下去。虽然大多数服务性企业无法留住100%的顾客和员工，但是追求一个较切合实际的目标，如80%的保留率，可以给空乘公司带来更高的利润水平。

一个公司怎样才能达到 80%回头客率的目标呢？美国一位质量管理专家在一次关于"为什么顾客离开了"对某个企业的问卷调查中发现有以下原因。

（1）3%的顾客搬家走了。

（2）5%的顾客与其他公司交上了朋友。

（3）9%的顾客由于竞争的原因而离开。

（4）14%的顾客对产品不满意。

（5）68%的顾客因为公司员工的冷漠态度而离去。

员工离职的原因也与上述百分比相似。正如大家所看到的那样，管理者可以与顾客和员工进行有效的沟通，表示很重视他们对公司的价值。

要真正掌握好为顾客服务的优质服务经济学，需要了解新信息。首先，航空公司需要确认已有的回头客人，回头客人带来的利润高于一次性光顾的客人。其次，要有效地管理员工，航空公司可采取多种措施来降低员工的不满意度，提高员工对价值的知觉，显著降低员工的离职成本。

所谓"优质服务"必须是始终适应顾客期望的行动。评判这些服务好坏的是顾客，即使相同的服务，有时有人认为是"优质服务"，但有时也有人觉得它是"多余的服务"，因此很难评价哪种服务是真正的"最好的服务"，唯有了解顾客的需求与期望，有针对性地适时地提供服务，才会让顾客满意。

信息卡

影响期望水平和容忍区的因素

（1）持久的服务加强物，指的是在长时期内增强顾客对服务的敏感性的因素。例如，来自顾客的期望。

（2）个人的需要，是指由于顾客特定的身体、心理、社会特征而产生的个人的要求。例如，不同的顾客对空乘客房服务项目安排有不同的要求。

（3）暂时的服务加强物，是指在短时期内可以提高顾客对服务的敏感性的因素。例如，个人所遇到的偶然事件，以及初次服务中遇到的问题。

（4）可感觉到的服务选择度，是指顾客对他们在获得服务时的选择程度的看法。对空乘的顾客而言，当选择有限时会去获得所能得到的最好的东西，期望值不降低但容忍水平会更高一些。

（5）自己感觉到的服务角色，是指顾客对他们自己能影响所接受的服务的程度的看法。

（6）明确的服务承诺，是指公司对提供给顾客的服务所做的陈述。例如，广告、推销人员以及合同中的承诺或约定等。

（7）暗示的服务允诺，是指与服务有关的暗示，而不是明确的许诺，这会导致对服务应该或者将会是什么进行推断。例如，价格、与服务相联系的有形物等。

（8）口头交流宣传，是指由其他群体而不是公司所做的关于服务将会像什么的陈述。这些陈述既可能来自个人（如朋友），也可能来自专家（如消费报告）。

（9）过去的经验，是指顾客过去的经验与现在所提供的服务的相关的服务经历。

资料来源：李海洋，牛海鹏. 服务营销[M]. 北京：企业管理出版社，1996.

本章小结

优质服务是可以不断满足或超越顾客期望的服务，顾客的价值显而易见。民航企业应该提供并传递可靠的服务让顾客满意，进而通过满意的员工让服务超越顾客的期望，将满意的顾客发展成为忠诚的顾客。满意员工的价值在于他们能够发挥出更多的个人潜力，降低不满意带来的生意损失和离职成本。为了不断满足或超越顾客和员工的期望所做的提高质量的努力是一种投资，可以获得明显的回报并帮助空乘获取竞争优势。

 思考与练习

一、选择题

1．顾客满意度主要取决于以下哪个方面？（　　）

A．顾客的感知　　B．顾客的财富　　C．顾客的期望　　D．顾客的素养

2．顾客对服务质量进行评估时最重要的因素为（　　）。

A．可感知性　　B．可靠性　　C．反应性　　D．移情性

二、简答题

1．简述顾客满意度与忠诚度的关系。

2．简述民航企业如何管理顾客的期望。

第三篇
空乘服务质量管理方法

第四章 空乘服务质量管理的方法

教学目标

1. 了解民航服务系统运行的控制过程。
2. 掌握空乘服务质量的分析方法。

里兹—卡尔顿（Ritz—Carlton）酒店管理公司闻名世界，其主要业务是在全世界开发与经营豪华酒店。所有酒店都曾经在美国移动旅游指南（Mobile Travvel Guide）获得四星或五星级的评定，而且都被美国汽车协会评为钻石级酒店。里兹—卡尔顿公司的创始人恺撒·里兹被称为"世界豪华酒店之父"。他于1898年6月与具有"厨师之王、王之厨师"美誉的August Ausgofier一起创立了巴黎里兹酒店，开创了豪华酒店经营之先河，其豪华的设施、精致而正宗的法餐，以及优雅的上流社会服务方式，将整个欧洲带入一个新的酒店发展时期。里兹随后于1902年在法国创立了里兹—卡尔顿发展公司，负责里兹酒店特许经营权的销售业务，后被美国人购买，成为马里奥特国际集团（Marriott International Inc.）下属的一个独立机构。目前，里兹—卡尔顿酒店管理公司总部设在美国佐治亚州的首府亚特兰大。

与其他的国际性酒店管理公司相比，里兹—卡尔顿酒店管理公司虽然规模不大，但是管理的酒店却以完美的服务、奢华的设施、精美的饮食与高昂的价格成了酒店之中的精品。里兹—卡尔顿公司也是美国服务行业唯一一个两度获得美国波多里奇国家质量奖的公司。里兹—卡尔顿酒店公司在质量方面的努力目标是永远不失去一个顾客。

里兹—卡尔顿酒店管理公司的金牌标准如表4-1所示。

表4-1 里兹—卡尔顿酒店管理公司的金牌标准

三步服务法：	座右铭：	信条：
1. 热情和真诚地问候宾客，如果可能，尽可能称呼宾客的名字 2. 对客人的需求做出预期，积极满足宾客的需要 3. 亲切地送别，热情地说再见，如果可能的话，做到使用宾客的名字向宾客道别	我们是为女士和绅士提供服务的女士和绅士	对里兹—卡尔顿酒店的全体员工来说，使宾客得到真实的关怀，使宾客感到舒适是其最高的使命

续表

基本要求:
1. 所有的员工都要了解、服从并尽力实现公司的信条。
2. 我们的座右铭是"我们是为女士和绅士提供服务的女士和绅士"。要用团队工作和"横向服务"营造积极的工作环境。
3. 所有员工都要按照三步服务法行事。
4. 所有员工都要通过并取得培训合格证书,以保证他们了解如何在自己的岗位上执行里兹—卡尔顿酒店公司的标准。
5. 每个员工都要了解他们的工作领域以及在每个战略计划中确立的酒店目标。
6. 所有员工都要了解他们的内部顾客和外部顾客(客人和员工)的需要,以便提供他们预期的产品和服务。要用客人特殊要求登记卡记录客人的具体需要。
7. 每个员工都要不断地去发现酒店上下存在的缺陷。
8. 任何员工接到顾客投诉,都要"接受"这种投诉。
9. 所有员工都要保证能及时安抚客人。要迅速做出反应,立即纠正出现的问题。要在20分钟内给客人去电话确认问题已得到解决,以使客人满意。要尽一切努力不失去一个客人。
10. 客人投诉事件记录表用于记录和传达所有客人不满意的事件。每个员工都有权解决问题并防止其再次发生。
11. 毫不动摇地达到清洁标准是每一个员工的职责。
12. "微笑——我们在舞台上",永远保持积极的目光接触。对客人使用得体的语言。
13. 在工作场所内外,都要成为你所在酒店的形象大使。始终谈论积极和正面的事情。不要发表消极和反面的评论。
14. 要陪同客人走到酒店的其他区域,不要只是指点方向。
15. 要了解酒店的情况(如营业时间等),以便能回答客人的询问。在向客人介绍店外餐馆设施时,一定要优先向客人推荐本酒店的零售店和餐馆。
16. 要使用得体的电话礼节。电话铃响3声之内一定要"微笑"地接听电话。如果必要,可以请求打电话的人"请您稍等一下好吗?"不要阻挡打来的电话。尽可能不进行电话转接。
17. 制服要一尘不染;要穿得体安全的鞋子;要佩戴正确的胸牌。既要充满自信又要注意个人仪容。
18. 要保证员工在紧急情况下都了解他们的职责,并且知道应付火灾和保护生命安全的操作程序。
19. 如果出现危险、人身伤害事件或者需要什么设备和帮助,应立即通知你的主管。要节约能源,要对空乘的财产和设备进行恰当的保护维修。
20. 保护里兹—卡尔顿酒店的财产是每一个员工的职责

资料来源:胡敏. 饭店服务质量管理[M]. 3版. 北京:清华大学出版社,2015.

第一节 民航服务系统的控制

一、民航服务系统运行的关键点

服务的实施过程是伴随着对操作偏差的不断纠正而完成的,也就是当服务出现偏差时,就不能任其发展下去了,必须通过有效的控制对其进行修正,使其不断地接近服务目标。民航服务的过程要受制于技术性与安全性的要求,从客舱安全到乘客享受舒适的服务，涉及众多的服务环节，且每个环节的状态的集合决定了服务质量，也说明服务的核心问题离不开消费者与服务企业的员工或有形实体要素发生直接接触和交互作用的过程。因此，控制好服务环节的状态，才能赢得满意的服务，而决定服务环节的状态是由服务接触过程的状态决定的，因此，服务控制的关键在于服务的接触点质量控制。

从服务过程与内容看，民航服务属于多次重复性的接触类型，其接触的高频率与接触的深入，恰恰突显出民航服务的品质特征。服务接触良好会产生良好的感受，而良好的感受是最生动的服务体验基础，直接影响乘客对服务的满意度，影响其对服务质量的评价，进而影响空乘忠诚度的形成。因此，从民航服务控制的角度看，对服务接触的关键点实施控制，是提升民航服务品质的关键。

根据民航服务的接触方式，民航服务的服务接触可以分为三大类：面对面的接触、电话接触和远程接触。民航乘客是通过其中的任何一类或综合的接触方式接受服务而获得服务的体验的，图4-1是以航空公司为例的服务系统的控制框架来描述服务系统的控制过程的。

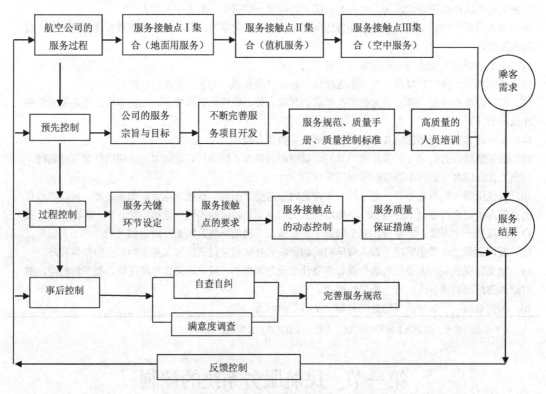

图4-1　以航空公司为例的服务系统的控制框架

在服务系统的控制体系中，面对面的服务接触是民航服务的主要接触方式，如机场地勤服务中的引导、咨询、值机、安检，客舱服务中的迎宾、引导、餐饮、安全检查以及个性化服务等均属于面对面的接触，其服务状态取决于接触中服务组织和服务者与接触对象的对接方式。

从组织层面看，民航服务品质的总体走向取决于服务组织的定位，也就是说，服务组织在顶层设计上决定着服务接触的效率与质量。一个以乘客满意为准则的服务组织，会强调乘客的满意度，而不会过分强调企业自身原因的约束；会鼓励一线员工千方百计地满足乘客的要求，而不刻意去追求效率或成本。组织层面的服务控制在确定鲜明的服务目标的基础上，保证一线员工的服务基础必须体现企业的服务宗旨和服务规则，避免随意性和对服务内容的"截留"。从与乘客接触的员工支配程度来看，民航服务接触中，其技术性较强的部分接触属于一线服务者支配型，在服务的接触中，不仅具备专业知识与技能，并能够设身处地为乘客着想，以高超的技能、持续的服务热情和高素质行为举止赢得空乘的信赖。如飞行安全、应急设备的使用、安检服务程序、值机过程、行李运输等，这类服务接触首先保证技术规范在服务过程贯穿始终，并为乘客所接受。从服务过程看，民航的服务接触绝大部分是相互配合型接触，需求的满足过程即服务的接触点。这些服务接触点，绝大部分是服务设计中预先设定的服务接触点，但存在着大量的乘客随机产生的需求形成的接触点，这取决于服务的情境，如值机中乘客行李超重，那么服务的过程就显得复杂，服务接触频度就增加，反之亦然。由于民航服务是在服务安全规范允许条件下，以乘客需求的满足为主导而形成的服务者与乘客之间形成相互配合的关系，正是乘客有需求或面临问题才产生了服务接触，这些服务接触过程具有敏感性、不可掩饰性和影响的直接性，也意味着直接的服务接触最容易产生服务的偏差，需要施加有效的控制。因此，这类服务接触中的服务控制点在于服务语言、行为方式，以及服务者所展现的精神状态、仪表风貌、服务态度。

除上述的服务接触外，远程服务接触也是服务接触的重要形式，包括电话服务与互联网两种接触形式。其中，电话接触服务是通过电话沟通解决问题，化解疑问，如票务咨询、航班咨询、机票更改、疑惑解答、航班离达港查询等一系列问题。电话接触看似简单，但它映射着航空服务的完整性和总体服务水平，也是航空服务理念的检验平台。由于双方不面对面接触，因此，服务人员说话的口气、逻辑、态度、专业知识以及沟通能力、反应能力和工作效率等都会影响接触服务的质量。随着互联网技术的进步和智能服务的兴起，互联网接触越来越受到人们的重视与接受，目前，各个航空公司、机场均建立了智慧地勤保障、智慧机场，自助值机、网络值机、手机 App 值机，均是通过互联网形成与乘客的远程服务接触，具有广阔的发展远景。互联网服务接触双方尽管不是人与人之间的直接接触，但接触过程的每一个环节代表着民航企业的形象，体现着为乘客着想的服务思想，乘客会把有形的服务、技术服务和远程服务感受相结合，综合评价民航企业的整体服务质量，所以，要求民航企业必须把有效的服务软件、软硬件的兼容、跟踪服务、自动查询及信息交换的安全保密性完美地结合起来。

二、民航服务系统运行的控制过程

服务实现的过程离不开控制，服务的实施是人的行为，而人的行为避免不了出现差错，只有及时地进行有效的控制，才能使服务尽可能及时纠正偏差。为使服务的过程得到更有效的控制，应该在以下三个环节实施对服务的控制。

(一)服务的预先控制

预先控制实施在服务前,其关键在于预防不良服务的发生,使服务者处于良好的"预服务"状态。在预先控制中,要针对服务实施过程各个环节可能出现的问题,做出预先预案,把可能出现问题的应对方案纳入预案中,以保证服务无死角、无缝隙,减少瑕疵与漏洞,避免因准备不足而造成慌乱或服务失误。做好服务的预先控制,需要从以下几个方面入手。

1. 服务宗旨先导,服务目标明确

提供什么样的服务是满足乘客需要、获得乘客赞誉的前提,需要不断地根据社会进步和乘客需求的变化调整企业的服务思想,修正服务目标,使其更能代表当代服务的最高境界,并据此丰富服务内容,完善服务过程。特别是面对时代的发展和民航企业的竞争,民航服务思想的禁锢对企业的发展将是致命的硬伤,即使有了明确的服务思想,如果出现实践中的偏差,也会给企业的发展带来不可挽回的损失。我国民航服务业正处于高速发展阶段,民航需求总量迅猛增加,尽管企业发展中的服务思想的瓶颈尚未突显出来,但服务思想的竞争已经来临,并已成为未来企业发展的导向。谁树立了科学的服务思想,谁就站在了民航服务的制高点,谁能多为乘客考虑,谁就能赢得乘客的爱戴与信赖。企业需要在企业利益获得与乘客利益满足之间做出选择,不可否认的是民航企业提供服务首先基于自身的发展,而实现自身发展取决于市场占有率和乘客的满意与忠诚。被世人称为"经营之神"的松下幸之助早年的观点也许会给我们启发,他认为,利润是企业为消费者提供服务后的回馈,如果企业得不到利润,说明没有给消费者提供满意的服务。可见,企业发展所考虑的问题首先是市场,是乘客的利益诉求。

2. 服务设计创新,服务系统完善

从明确想给乘客提供什么样的服务,到乘客获得满意的服务,需要对服务进行科学的设计,使服务活动能承载民航服务的目标。好的服务是以服务设计为基础的,随意的、缺乏系统考虑的服务不可能完美,不良的服务设计会造成服务的先天不足,增加企业的服务成本。据统计,服务设计不良造成服务成本增加的比例在 25%~35%,另外,从服务的体验来看,乘客抱怨后的弥补是最挫伤工作热情的,把事情做在前面是体现服务系统品质的重要标志。因此,服务设计即服务的开始,决定了民航服务的档次,事先把事情做好比事后补救要好得多,需要在管理层面高度重视,以精细化为原则,强化服务活动的再造,在服务细节上完美体现保证服务的精致。

3. 强化服务标准,细化服务规范

服务标准是衡量实现服务目标过程或环节质量的尺度,是对民航服务进行监督的重要组成部分,而服务规范服务人员的行为,是服务标准的具体化,包括内部各个工作岗位、各个工作流程明文规定的标准,是工作中的行为准则。没有标准就没有衡量服务状态的尺度,而没有规范就无法统一各部门或个人的行为,就无法控制服务过程的状态。因此,服

务的标准化与规范化是做好民航服务的基础，高标准、严规范是民航服务质量提升的保证措施。

4．服务培训到位，服务保障扎实

民航服务的接触性决定了对服务者有更高的要求，综合素质、服务意识和服务能力必须不断提升，好的服务者才能创造优质的服务，因此，必须抓好服务教育与岗前培训环节，建设科学的教育与培训体系，保证员工服务能力提升，培养职业员工的忠诚。同时，做好企业对员工的内部服务，减少各种因素的干扰，让员工安心踏实地投身于服务工作。

（二）服务过程控制

服务结果是经由过程积累来实现的，服务接触过程既是服务魅力的展现过程，也是服务瑕疵出现的地方。实践表明，民航服务过程控制得越精细，越严格，越及时，服务的品质就越高，这也是民航服务品质的保证条件。

1．严格执行标准与规范

标准的实践价值在于执行，规范的作用在于落实。严格执行标准需要严谨的工作作风与监督体系，而服务规范要成为员工的行为指南，更需要不断地强化规范意识，一丝不苟才能天衣无缝。要培养员工良好的工作品质与职业态度，使执行标准与规范成为员工的自觉行动。

2．动态

服务是动态的，服务偏差的发生也是随机的，存在差错是正常的，而忽视问题是致命的，乘客任何一个服务环节的不满，看似无大碍，但积累起来都将是企业发展的潜在危险。因此，必须动态及时地掌握服务状态的第一手信息，为调整服务方式、改进服务提供依据。

3．找出原因，并有效纠正

掌握造成服务瑕疵的原因并加以纠正是针对性地解决服务问题的关键，而且分析原因不能就事论事，必须找出更深层次的症结，只有通过表象看本质，才能做到对症。纠正服务瑕疵有时效性的要求，一方面，乘客的不满情绪会积累与传播，容易形成对企业形象与信誉的伤害；另一方面，服务者的不良行为如果不能及时得以纠正，也会形成不良的行为习惯，对个人长期职业生涯发展和企业发展都会产生潜在的影响。

（三）事后控制

服务是一个螺旋式不断提升的过程，服务也在不断完善中体现服务的魅力，服务是无止境的，不断提升服务质量就是服务的进步，完美的服务是下一次服务追求的目标。事后控制体现在两个方面：第一，总结服务做得好的经验，使其成为未来服务的榜样或规范模式；第二，吸取服务失误的教训，从中分析原因所在，从规范、服务过程、服务技术、服务标准，以及服务者的能力欠缺等方面，提出改进意见，提高服务水平。

三、服务过程控制的常用方法

实现服务过程的有效控制，是一种思想，更需要一定的有效手段与方法。在良好的服务愿望的基础上，控制方法往往具有决定性作用。

（一）目标控制法

目标既是对人的激励，也是一种有效的约束。目标控制法即通过确定最终目标而进行控制的一种方法。目标控制法是指在服务控制中，遵循其设置的目标，分阶段对服务过程制订切实可行的计划，并对其执行情况进行控制的方法。

目标控制法的理论基础是目标管理（Management by Objectives，MBO）理论，源于美国管理学家彼得·德鲁克，他在 1954 年出版的《管理的实践》一书中，首先提出了"目标管理和自我控制"的主张，认为"企业的目的和任务必须转化为目标。企业如果无总目标及与总目标相一致的分目标，来指导职工的生产和管理活动，则企业规模越大，人员越多，发生内耗和浪费的可能性越大"。概括来说，目标管理就是让企业的管理人员和员工亲自参加工作目标的制定，在工作中实行"自我控制"，并努力完成工作目标的一种管理制度。

由于目标具有显著的激励性，而且服务的目标与乘客满意度所决定的市场占有率密切相关，所以，目标控制法是民航服务企业普遍采用的服务控制的有效方法。目标是一个体系，与部门和个人的目标之间同样存在着相互保证关系，运用目标管理控制就是对反映民航服务质量主要指标进行的有效控制，如差错率、乘客投诉率、乘客满意度、乘客忠诚度。具体的措施就是对服务质量目标的指标体系进行分解，使各部门有明确的子目标，并通过目标责任书的形式确定下来，形成自上而下的指标"承包"和自下而上的指标"互保"的控制体系。同时提出完成各自目标的具体措施，不断地对所取得的成果进行检查，将成果与计划目标进行比较，及时揭示成果与目标之间的差异及其原因，进行定性分析、定量分析和做出客观的评估，并把结论反馈给有关管理者或服务人员，以便修改原定的计划并采取有效的补救措施，保证服务目标的实现。

（二）服务质量环控制法

民航服务质量的形成是一个过程，表现为过程质量决定服务质量，在服务的产生及其质量形成过程，乘客要参与其中，并亲身感知服务过程，因而服务运行控制可以依据服务过程的质量来进行，也就是说，控制好服务的每一个环节的状态，使其符合服务标准与规范的要求，服务运行就会得到有效的控制。

在服务运行控制环中有四类服务过程文件，其中，"服务提要"包括乘客的服务需要、服务目标及服务的档次、质量、承诺、实现方式等；"服务规范"规定了服务应该达到的水准和要求，即服务的质量标准；"服务提供规范"是服务提供过程中应该达到的水准和要求，它明确了每一项服务应该怎样去做，是服务过程的程序化和服务方法的规范化;"服务质量控制规范"规定了怎样去实现对服务全过程的控制,即怎样去控制服务各阶段的质量。

(三)能力循环控制法

从服务管理角度看,民航服务的实施过程自主性很强,与每个服务者的服务模式、服务能力与行为习惯相关,服务者的主观能动性起着重要作用。因此,着力于服务者的服务能力的提升是最基本的服务控制,无论服务面临什么情况,需要解决什么问题,起决定性作用的是服务能力,服务能力强,服务的失误就少,服务的可控性就强。服务能力与对乘客的满意形成正比例关系,有研究表明,服务能力提高两个百分点,对工作满意的员工约增加百分之一。也就是说,当服务者的能力提高后,服务就更加有效,乘客满意,员工获得了满意的感受,就会增加员工的自信,也就形成了能力循环圈。能力循环控制法就是依据服务者的追求自我满意的心理特点,在对服务人员选聘、考核和培训的基础上,鼓励自我学习,不断提高服务能力,以服务能力的提升来保证服务质量的提高。

(四)乘客满意度控制法

检验民航服务质量的根本标准是乘客是否满意,即乘客获得了良好的服务体验,进而产生重复购买服务的愿望。以乘客满意度为服务运行控制的一面镜子是最有说服力的。我们可以第一次把事情做好,也可以第二次把事情做对,而第二次要把事情做对,取决于是否从第一次服务或服务的循环中吸取了经验与教训。

可以通过鼓励乘客投诉来强化服务的事后控制。

对投诉有双重理解,其一,其可以反映乘客的不满,把不满的事情或服务者告知公司,以求得心态的平衡和合理的回应;其二,投诉是公司征求乘客意见的最佳、最简洁的手段。现在,很多航空企业把投诉作为衡量乘务员工作状态和服务水平的唯一尺度,成为威慑乘务员的武器,其实这不免失之偏颇。如果把投诉作为改进服务的有力武器,那么乘客投诉就不仅是对乘务员的约束,更应该成为一种积极改进服务的有效途径。

英国航空公司的实践就说明,服务投诉对服务修复有着十分积极的意义。英国航空公司调查发现多达三分之一的乘客在某种程度上对公司的服务接触不满,但其中69%的乘客从来不进行投诉,还有23%的乘客在不满意的时候向离他们最近的员工投诉,而只有8%的乘客实施投诉,可谓是"投诉者冰山"一角。而且,在处理投诉问题时经常出现被投诉者"要么矢口否认自己的过错,要么寻找借口,把事情搪塞过去",使投诉者很无奈。当然,也有直接把责任推给乘务员的情形。事实上,要是能通过服务修复获得乘客的忠诚,那么针对暴露出的问题就需要以留住乘客的方式来解决,而不是推脱责任。如果乘客不投诉,往往认为乘客对服务是满意的,其实,这只是理想的假设,研究表明,乘客不表达他们对服务的不满是因为投诉太麻烦,而且潜在的回报太少,对于面对面的服务接触而言,大多数人更愿意避开可能的不愉快。而投诉得多了,也不意味着服务就一定不好,乘客说了心里话,表明畅所欲言,不愉快也可能变为愉快,需要辩证地去对待。

从投诉的服务修补功能角度来看，航空企业需要建立顺畅的投诉渠道，积极鼓励乘客投诉，以融化"投诉者冰山"。英国航空公司通过统计分析，发现了一个令人惊讶的现象：如果公司能够使向服务部门投诉不满意的乘客人数增加 1%，那么，公司就能够从潜在的流失的乘客身上赚回 20 万～40 万英镑的收入。

（五）员工满意度控制法

员工的情绪是企业服务状态的一面镜子，乘客与员工之间存在着"满意映像"，即乘客与员工满意度之间存在着密切的关系。在服务中，映像体现在：充满工作热情的空勤人员不仅对乘客传递他们的热情，而且尽力使乘客拥有愉快的旅途经历，乘客的满意度通过乘客的评价和对热情服务的回应来体现出来（如乘客回应的微笑，说声谢谢，等等），这一切会巩固乘客与服务者的关系，进而将提高服务者对下一次乘客接触的热情。既然积极稳定的服务接触体验会使员工产生满意的心理体验，使员工的忠诚度提高，那么平衡员工的工作效率与乘客满意度就变得很重要。员工的工作不仅是为了逐渐了解工作的要求以及如何把它做好，而且是为了逐渐了解乘客以及他们的特殊兴趣和需要。这种情况下，原本仅仅是一系列的服务接触，转而成为一种乘客与员工之间的关系，即便出现了差错或者误会，乘客与员工之间也容易相互原谅对方。

可见，员工在服务过程中自身所获得的满意程度，以及对乘客满意程度的体验，是激发服务者工作热情的动力源泉。在服务的管理与控制中，需要不断使服务者获得满意感受，或者去帮助他们获得满意的感受，而不能使他们在挫败的情绪下工作。这也从另一个层面说明严宽并进的人性化管理的重要性。

案例 4-1

一名南航新乘的初飞日记之二——延误时的考验

今天从深圳返航北京的时候，飞机延误了，这次经历让我体会到了空乘职业需要真诚的微笑。

飞机延误，乘客情绪反应激烈。有位姐姐对我说："没事你就不要出客舱。"我知道她是为我好，怕我受委屈，但我选择了这份职业就选择了它的一切，我不能够躲避。从小父母就教育我，做人要不卑不亢，既不能软弱屈从，也不能骄傲自大，要真诚对待身边的每一个人，即使有些人一开始不喜欢自己，误会自己，只要真心对待他，慢慢也会把他感化的。

飞机延误等待的 4 个小时里，我看到师傅在舱门口，娇小的她被周围几位高大的男人围着，他们眼里都是气愤，我刚想过去，一个姐姐拉住我，冲我摇了摇头，我站在那儿，看着眼前的一切，眼睛有些湿润，心里很疼。我知道自己过去也帮不了师傅什么，我只有不停地安抚客人的情绪，努力满足他们的要求，才能分担师傅的辛苦。

巡舱的时候，每一位旅客发的牢骚我都耐心听，站在他们的角度考虑，真心地和他们说每一句话。有位旅客告诉我，她是做玉器生意的，这次去北京考察市场，虽然并不着急赶时间，但昨天因为天气不好她改签了机票，今天又赶上延误，情绪不免有些急躁。我耐心听她讲完，告诉她不能起飞的原因，又将心比心地和她说了一些话。她听完，情绪安定了很多，说："大部分客人还是明白的，原因不在你们，冲你们发脾气也没用，但有的乘务员在客人本来心情不好的情况下随便敷衍几句，换来的只能是客人把怨气发在她们身上。"她还问我："你是不是刚飞没多久？"我当时心里猜想，是不是因为工作不熟练被她察觉到了？她接着说："你笑得很真诚，很多乘务员工作了一段时间不要说只是职业微笑，有的连微笑都没有，所以我猜你刚飞没有多久。"

资料来源：深航乘务员飞行日志：从带飞开始的蜕变[EB/OL].（2013-09-03）. http://www.hkxyedu.com/kongjie/110/45008.html.

第二节 空乘服务质量分析方法

质量分析是空乘服务质量控制与管理的基础工作。通过质量分析，找出空乘服务所存在的主要质量问题和引起这些问题的主要原因，使管理人员针对性地对空乘影响最大的质量问题采取有效的方法进行控制和管理。质量分析的方法很多，常用的有 PDCA 循环法、ABC 分析法、因果分析图法等。

一、PDCA 循环法

1. PDCA 循环法的概念

PDCA 循环法是一种科学的工作程序，是质量管理的基本工作方法。PDCA 是英语 Plan（计划）、Do（实施）、Check（检查）、Action（处理）四个词首字母的组合，反映了做工作必须经过的四个阶段。这四个阶段循环不停地进行下去，称为 PDCA 循环。

第一阶段，即计划，提出一定时期内服务质量活动的主要任务与目标，并制定相应的标准。

第二阶段，即实施，根据任务与标准，提出完成计划的各项具体措施并予以落实。

第三阶段，即检查，包括自查、互查、抽查与暗查等多种方式。

第四阶段，即处理，对发现的服务质量问题予以纠正，对空乘服务质量的改进提出建议。

PDCA 循环法是一个不断循环往复的动态过程，每循环一次，空乘服务质量都应该提高到一个新的水平。

2. 具体运用

运用 PDCA 循环法来解决空乘服务问题的过程，可分成四个阶段八个程序。

1）计划阶段

程序一，对空乘服务质量的现状进行分析，运用 ABC 分析法找出主要的质量问题。

程序二，运用因果分析法分析产生质量问题的原因。

程序三，从分析出的原因中找到关键原因。

程序四，制订解决质量问题要达到的目标和计划；提出解决质量问题的具体措施和方法并明确责任者。

2）实施阶段

程序五，按已确定的目标、计划和措施执行。

3）检查阶段

程序六，在程序五执行以后，再运用 ABC 分析法对空乘的服务质量情况进行分析，并将分析结果与程序一中所发现的质量问题进行对比，以检查在程序四中提出的提高和改进质量的各种措施和方法的效果，同时检查在完成程序六的过程中是否还存在其他问题。

4）处理阶段

程序七，对已解决的质量问题提出巩固措施，以防止同一问题在下次循环中出现。对已解决的质量问题应给予肯定，并使之标准化，即制定或修改服务操作标准、检查和考核标准以及各种相关的规程与规范。对已完成程序五但未取得成效的质量问题，也要总结经验、吸取教训，提出防止这类问题再发生的意见。

程序八，提出程序一所发现而尚未解决的其他质量问题，并将这些问题转入下一个循环中去求得解决，从而与下一循环步骤衔接起来。

二、ABC 分析法

ABC 分析法是意大利经济学家巴雷特分析社会人口和社会财富的占有关系时采用的方法。美国质量管理学家朱兰把这一方法运用于质量管理。运用 ABC 分析法，可以找出航空公司存在的主要质量问题。

1. ABC 分析法的概念

ABC 分析法以"关键的是少数，次要的是多数"这一原理为基本思想，通过对影响空乘服务质量诸方面因素的分析，以质量问题的个数和质量问题发生的频率为两个相关的标志，进行定量分析。先计算出每个质量问题在质量问题总体中所占的比重，然后按照一定的标准把质量问题分成 A、B、C 三类，以便找出对空乘质量影响较大的一两个关键性的质量问题，纳入空乘当前的 PDCA 循环中去，从而实现有效的质量管理，既保证解决重点质量问题，又照顾到一般质量问题。

2. ABC 分析法的程序

用 ABC 分析法把分析空乘服务质量问题的程序分为以下三个步骤。

（1）确定关于空乘服务质量问题信息的收集方式。具体方式有质量调查表、顾客投诉和各部门的检查记录等。

（2）对收集到的有关质量问题的信息进行分类。例如，把空乘服务质量分为服务态度、服务效率、清洁卫生等几类，然后统计出每类质量问题出现的次数，并计算出每类质量问题在质量问题总体中所占的百分比。

（3）进行分析，找出主要质量问题。通过对现存的质量问题进行分类，如分为服务态度问题、设备保养问题、安全问题等,并按问题存在的数量和发生的频率,把上述质量问题分为 A、B、C 三类。A 类问题的特点是项目数量少,但发生的次数多,约占投诉总数的 70%。B 类问题的特点是项目数量一般,发生次数也相对较少,占投诉总数的 20%~25%。C 类问题的特点是项目数量多,但发生次数少,约占投诉总数的 10%左右。分类以后,可先致力于解决 A 类问题,这样做可使空乘服务质量有明显进步。同时,防止 B 类问题上升,并对 C 类问题加以适当注意。因为 C 类问题往往带有偶然性或不可控性。

在运用 ABC 分析法进行质量分析时要注意,在划分 A 类问题时,具体质量问题项目不宜太多,最好是一两项,最多只能有三项,否则将失去突出重点的意义。划分问题的类别也不宜太多,可为不重要的问题设立一个其他栏。

三、因果分析图法

用 ABC 分析法虽然找出了空乘的主要质量问题,但是却不知道这些主要的质量问题是怎样产生的。对产生这些质量问题的原因有必要进行进一步的分析。因果分析法是分析质量问题产生原因的简单而有效的方法。

1. 因果分析法的概念

因果分析法是利用因果分析图对产生质量问题的原因进行分析的图解法。因为因果分析图形同鱼刺、树枝,因此又称为鱼刺图、树枝图。

在空乘经营过程中,影响空乘服务质量的因素是多方面的,并且是错综复杂的。因果分析图对影响质量(结果)的各种因素(原因)之间的关系进行整理分析,并且把原因与结果之间的关系用带管线(鱼刺图)表示出来,如图 4-2 所示。利用这种图表分析质量问题,可以收到直观、清晰、准确的效果。

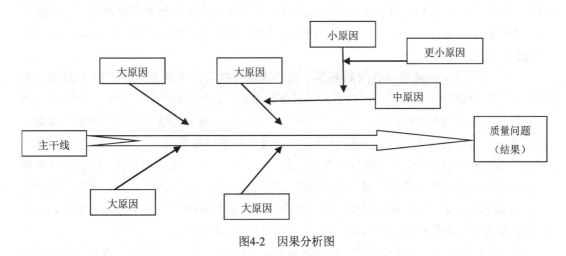

图4-2 因果分析图

2. 因果分析法的程序

(1)确定要分析的质量问题,即通过 ABC 分析法找出 A 类质量问题。

(2)发动空乘全体管理人员和员工共同分析,寻找 A 类质量问题产生的原因。各种原因找出以后，还需进一步分析以查明这些原因是怎样形成的。在分析时，必须请各方面的专业人员共同参加，听取不同的意见。对原因的分析应深入，直到对引起质量问题的各种原因能够找到相应的防止措施为止。

第三节 空乘服务全面质量管理案例

确定民航服务目标，引进质量标准体系，建立健全各项管理制度，进行全面质量管理，对于提升民航服务质量以及民航企业的发展至关重要。

一、波多里奇国家质量奖

1. 基本情况

马尔科姆·波多里奇国家质量奖是美国非常重要的一个奖项，是美国各种质量奖的基础。该奖项是以美国原商业部部长 Malcolm Baldrige 的名字命名的，他积极支持质量管理工作，认为这是一个国家取得成功和保持长期繁荣的重要因素。

波多里奇质量奖从 1988 年开始，分为企业（包括制造企业、服务企业和小型企业）、健康卫生和教育机构三类，每年度在每个领域颁发这三个奖项。但在大多数年份，只有三四家单位能够完全符合标准而获得此奖。自 1988 年以来，共有 1 149 家单位申请该奖项，但到 2006 年为止，获奖单位总共只有 71 家。评奖的依据是《波多里奇优秀业绩评定准则》（Baldrige Criteria for Performance Excellence）。这是一套非常重要的质量工作评定标准，为机构业绩管理提供了一种可验证的先进管理模式以及系统的评估、观察方法。对照它，一个机构可以衡量自己是属于国内还是国际水平的优秀业绩模式。它不仅是评定美国国家质量奖的主要依据，也是评定美国总统质量奖、州颁奖项以及军队机构业绩改进的主要准则。

波多里奇国家质量奖由美国商务部下属的国家标准与技术研究院（NIST）管理。申请波多里奇国家质量奖的组织，需要经历以下评审程序：① 由评审部至少 5 位专家对申报材料进行独立的审查和评定。申请的满分为 1 000 分，得分超过 600 分的公司进入第二阶段竞争；审查员大多是企业高级领导人，还有一些顾问和学术界人士。② 对第一阶段出现的高评分申请单位进行一致性审查和评定。4~6 人组成的审查组对第二阶段出现的高评分申请组织进行现场考察，审核该组织的实际运作是否与其申请中所写的情况和数据吻合，审查组将递交一份审查资料和一份调查报告给仲裁委员会。③ 9 个评审官组成的仲裁委员会最终评审出获奖者，并将名单递交给商务部长公开发布。

自 1988 年以来，美国波多里奇国家质量奖的形象和影响力不断加强。现在该奖项的评审程序、优秀绩效标准和获奖者的管理方法得到了国际上的认可和模仿，尤其是着重向顾客传递持续改进的价值和改进组织整体绩效这两个目标的优秀绩效标准，有力地促进了美国各类组织产品和服务质量的提高，从而提升了美国的市场竞争力。

2. 核心价值和观念

与其他公开的或隐秘的质量改进行动相比，波多里奇国家质量奖更有效地重塑了美国管理者的行动和思想，创建了一套通用词语和质量哲学，从而在组织与组织之间架起一座桥梁。波多里奇国家质量奖的优秀绩效标准每一年都要进行修订，以更好地帮助组织应对动态的环境变化，这一标准也是组织进行自我评价、评奖及评审组向参与评审的组织反馈评定结果的基础。该标准建立在一系列相互联系的核心价值和观念基础之上，这些价值和观念深植于高绩效组织的信念和行为之中，是构建标准所需结果导向的框架基础，将关键绩效和运作要求紧密结合起来。这些价值和观念包括以下几方面。

（1）有远见的领导。一个公司的高层领导者需要为公司设定发展方向，建立以顾客为中心的观念和清晰明确的价值取向以及很有希望的前景，平衡好所有利益相关者的利益。他们应该确保所采用的战略、制度和方法能够实现绩效优秀、促进改革、强化知识和能力，确保组织持续发展。高层领导者应该启发、激发和鼓励员工为组织做出贡献，不断地发展和学习并且更具创新性和创造性。高层领导者需要负责组织领导系统的建立，并确保组织和高层领导团队能够在社会道德规范、行为和绩效上对所有利益相关者负责。在各种领导活动中，如计划、沟通、培养未来领导者等，高层领导者作为行为榜样，可以强化组织的职责、价值和期望，在组织内促进领导、责任和首创精神的建设。

（2）以顾客为中心追求卓越。一个组织的绩效和质量由组织的顾客决定。因此，组织必须充分考虑可以给顾客带来价值的产品和服务的外形、特征、顾客购买渠道等。这种质量观点要求组织对现在和未来的顾客和市场需求保持敏感。价值性和满意度取决于包括顾客关系在内的许多因素。以顾客为中心追求卓越不仅要求组织降低缺陷率和差错率或者降低投诉率，更重要的是要以顾客为中心追求质量。一个成功的组织会把缺陷、差错和投诉的处理过程看作是留住顾客、建立顾客关系的重要机会。以顾客为中心的组织不仅关注能满足顾客基本需要的产品和服务的特性，而且也关注那些有别于公司的竞争对手的产品和服务的特性。以顾客为中心追求卓越是一个战略性概念，要求组织关注顾客，预测市场发展趋势，还需要了解科技的发展和竞争对手的产品，并对顾客、环境和市场的变化做出迅速灵活的反应。

（3）组织和个人的不断学习。要取得最高绩效需要组织和个人不断地学习。组织的学习包括渐进式改进和突破式改进。根据波多里奇国家质量奖的核心价值，一个组织改进质量的措施必须"嵌入"公司的运作方式中。"嵌入式的改进措施"的含义包括以下方面：① 改进质量是所有日常工作的一部分。② 改进质量要在个人、工作单位和组织层面上持续进行。③ 改进质量的过程寻求从根源上排除问题。④ 改进质量需要特别关注创造和分享新知识。⑤ 实现重大的、有深远意义的改变是改进质量的驱动力。员工、顾客、外界人士和研发机构的观点和经验，其他组织的经验教训等都是组织新知识的源泉。持续不断地学习和改进不仅可以带来更好的产品和服务，而且可以给组织和员工以更好的反应能力、适应能力、创新能力和更高的效率，让组织获得发展潜力和绩效优势，让员工满意并激励他们变得更优秀。

（4）尊重员工和合作伙伴。组织的成功越来越依赖于具有不同背景、知识、技能、创造力和动机的员工和合作伙伴。组织寻求建立内部和外部伙伴关系以更好地实现他们的总体目标。内部关系可能包括那些能促进工人和管理者合作的关系,让员工接受继续教育和培训,给员工提供尽可能多的发展机会,如交叉培训、加入高绩效团队之类的新工作组等;也可能包括工作单位间网状关系的构建,增强组织的适应力、反应力和知识分享能力。外部关系可以是与顾客、供应商、非营利机构以及教育机构的合作。战略伙伴关系可以让组织更有机会进入新市场或者形成新的产品和服务,并且运用自己的核心竞争力或领导能力与外部伙伴的互补能力来解决共同的问题。因此,应该重视保持成功的伙伴关系所必备的条件,包括定期进行沟通、设计评估工作进程的方法,并制定应变策略。

(5)快速反应。要想在当今不断变化和全球竞争的市场环境里获得成功,组织需要具备快速应变的能力,要求日益缩短引进和改进新产品和服务的周期。非营利机构和政府部门也被要求对新的或正在显露的社会问题做出快速反应。反应速度上的改进常常需要有新的工作体系、简化的工作组织和工作进程,或者从一个进程向另一个进程快速转变。在这种环境中,交叉培训和授权对员工至关重要。时间绩效的日益重要,使得从设计到生产产品或服务推向市场所花的时间成为衡量组织质量的关键尺度之一。组织的快速反应还可以推动组织在工作系统、组织机构、质量、成本和生产能力方面的同步改进。

(6)关注未来。在现今竞争激烈的环境中,一个组织要想取得长期发展,就必须有组织和市场发展的短期和长期观点。长期发展和市场领导地位要求组织具备强烈的未来意识,乐于对重要的利益相关者——顾客、员工、供应商、合作伙伴、股东、公众、社区等承担长期的义务。组织要对顾客期望、新的商业和合作机会、员工发展和工作需求、全球市场、技术创新、电子商务环境、竞争者战略调整等因素进行预测,并在计划中采取积极应对措施。关注未来包括发展员工和供应商、完成有效的连续性计划、创造革新的机会、对公众关心的社会责任进行预测等。

(7)管理创新。创新意味着在产品、服务、进程、方法、操作等方面进行有意义的变革,为利益相关者创造新的价值。创新应该给组织带来新的绩效维度。由于创新不再局限于研发部门,而是涉及业务系统和工作进程的各个方面,这就要求组织将创新融入每天的日常工作,并通过组织绩效改进机制进行支持。创新来源于组织和员工的知识积累,因此组织快速扩散知识并把知识转化为生产力的能力在创新中显得尤为重要。

(8)通过实际绩效进行管理。波多里奇国家质量奖认为,现代组织应该建立在一个由测量、信息和分析构成的框架上。采用绩效测量标准或指标来测量顾客、产品、服务、过程、运营、市场、竞争、合作伙伴、员工、成本、财务状况等情况的数据,这些数据还应该按市场、产品类别、工作组织等进一步细分。然后依据这些数据,分析趋势、原因和结果以帮助评估、决策和改进。选择的测量标准或指标必须是最能代表那些有助于在顾客、运营、财务和道德方面提高绩效的因素,通过数据跟踪和过程校正,使全部的进程与组织目标相一致,以更好地实现组织目标。

(9)社会责任。组织领导应该注重社会责任、道德规范并且努力实践成为一个好公民。组织领导者应该成为符合道德规范,保护公众健康、公共安全和环境的典范。保护公众健康、公共安全和环境的典范涉及组织运营和产品生命周期，要求组织强调资源保护、降低资源消耗，在产品生产、销售、运输、使用和处置各环节中消除不良影响，并采取积极措施预防问题的发生，当问题发生时采取坦率态度，发布相关信息保护公众的知情权。组织应该从设计阶段就关注可能出现的环境问题和组织的责任，遵守地方和国家相关法律规章，帮助社区改善教育、医疗状况，保持环境舒适，节约使用资源，承担社会服务，分享公共信息，并作为法人影响私人或作为公共组织共同关注组织应该担负的社会责任。

（10）注重结果和创造的价值。组织的绩效系统应该注重结果，而结果应该用于创造和平衡利益相关者价值，以构建忠诚，并为经济发展和社会进步做贡献。组织的战略必须明确地表明重视所有支持者的要求，以保证公司的行动和计划能满足组织支持者的不同需要，避免对他们的不利影响。

（11）系统观点。波多里奇国家质量奖提供了一系列的标准以帮助管理者管理组织并实现优秀绩效。成功实施波多里奇自成体系又相互关联的七大类标准和核心价值，需要组织的管理者具有系统观点。系统观点意味着要将组织作为一个整体来确定战略目标和行动计划，这也是企业经营成功的一个关键的必要条件。系统的观点要求组织领导者关注营业结果和顾客，要求组织利用测量所得的数据、根据指标进行的分析和组织内部获取的知识信息构建战略，而这些战略要与组织的进程、所拥有的资源和顾客以及股东满意度相协调。因此，系统观点指的是在管理好整个组织的同时还要管理好组织内部的各个组成部分。

3．框架和标准体系

2007年波多里奇国家质量奖的标准由18个项目组成，各个项目均相互关联并注重结果，决定了组织的动作和结果。它们被划分成七大类：领导；战略规划；以顾客和市场为中心；测量、分析与知识管理；以人为本；过程管理；营业结果。波多里奇国家质量奖的优秀标准不是规定性的，没有规定具体的工具、方法、技术、系统或起点，不要求组织一定设有质量或计划部门，也不对组织的组织形式提出任何建议。

领导、战略计划和以顾客与市场为中心代表组织的领导作用，这些项目放在一起强调战略和以顾客为中心的领导的重要性。高层领导必须确立组织的方向，并为组织寻找未来发展的机会。以人为本、过程管理和营业结果代表组织的各项活动结果，所有行为都指向行为结果。营业结果包括产品和服务、顾客和市场、金融财政、内部运作绩效的总和，其中内部运作绩效结果包括人力资源、领导才能、管理体系和社会责任结果。测量、分析与知识管理对组织的有效管理、以事实为基础的知识导向型系统、改进组织绩效和提高竞争能力都是十分关键的。测量、分析与知识管理是绩效管理系统的基础。表4-2就是2007年波多里奇国家质量奖的标准体系。

表4-2　2007年波多里奇国家质量奖的标准

类　　别	分　　值
1．领导	120
1.1 高级管理人员的领导	70
1.2 领导体系和社会责任	50

续表

类　　别	分　值	
2. 战略计划		85
2.1 战略发展	40	
2.2 战略部署	45	
3. 以顾客和市场为中心		85
3.1 顾客和市场知识	40	
3.2 顾客关系和满意度	45	
4. 测量、分析和知识管理		90
4.1 测量、分析和组织绩效改善	45	
4.2 信息管理、信息技术和知识	45	
5. 以人为本		85
5.1 员工雇用	45	
5.2 员工环境	40	
6. 过程管理		85
6.1 工作体系设计	35	
6.2 工作过程管理和改进	50	
7. 营业结果		450
7.1 产品和服务成果	100	
7.2 以顾客为中心的成果	70	
7.3 财务和市场成果	70	
7.4 人力资源成果	70	
7.5 过程有效性成果	70	
7.6 领导结果	70	
总　　分	1 000	1 000

资料来源：波多里奇国家质量奖 2007 年评奖标准。

 案例 4-2

狄罗伦的香蕉

美国管理专家麦考梅克在其《经营诀窍》中讲了这样一个故事：一位朋友在担任通用汽车雪佛莱车工厂的总经理后不久，有一次他去达拉斯出席一项业务会议，当他抵达旅馆之后，便发现公司的人已经送来了一大篮水果到他的房间。他看后幽默地说："咦，怎么没有香蕉呢？"从此以后，整个通用汽车公司都流传着"狄罗伦喜欢香蕉"的说法，尽管他向人解释那只不过是随便说的，但在他的汽车里、包机中、旅馆里，甚至会议桌上，总是摆着香蕉！可见，企业领导的一个行为会产生多大的作用。

资料来源：马克·麦科马克. 经营诀窍[M]. 史欣，译. 北京：航空学院出版社，1988.

二、ISO 9000 国际质量认证

1. 基本情况

ISO 是国际标准化组织的英文缩写，其英文全称为"International Organization for Standardization"，是目前国际上规模最大、最有权威性的国际组织。我国于 1992 年正式采用 ISO 9000 族标准作为国家标准。

ISO 9000 包括五个相关标准（从 9000 到 9004）的标准体系。ISO 9000 证书不是运营设施的法律文件，但是 ISO 9000 标准提供了国际上认可的标准，证明某个运营单位达到了国际标准化组织制定的质量管理的要求。ISO 9000 标准有意识地为理想的质量系统制定蓝图，提供了共同的质量语言和标准的国际竞争场所。采购代理商喜欢 ISO 9000 证书，因为它可以保证认证的公司达到了商业经营的基本标准。这些标准不要求采用专门的质量方法或规定详细的步骤，而是有目的地用书面形式陈述了大家广泛接受的准则，要求管理人员负责向顾客提供优质产品和服务。

要得到 ISO 9000 标准认证，企业必须证明其遵循自己的程序、检查产品和服务质量、培训员工、整理档案、纠正缺陷。ISO 9000 标准认证以运营设施为单位，不以公司为单位。如果一个运营设施的质量系统在质量文件和质量工作方面都达到了 ISO 9000 标准，就可以得到认证。ISO 9000 标准认证由经认可的认证组织实施，这些认证组织的工作包括以下内容。

（1）检查运营设施的质量文件，确保该系统达到 ISO 9000 标准。

（2）审查运营设施，以保证文件描述的系统有效。

每年认证机构对认证的单位进行大约两次不提前告知的审查。ISO 9000 质量标准代表国际商务界在鼓励追求质量的努力方面发挥着重要作用，表现如下。

① 指导消费者选购自己满意的服务。

② 帮助服务企业建立、健全高效的质量体系。

③ 给服务企业带来信誉和更多的利润。

④ 节约大量的社会检验费用。

⑤ 提高服务企业及其产品的国际竞争力。

⑥ 通过质量认证可以有效地促进服务企业提高服务质量，保护使用者的安全、健康和利益。

2. ISO 9000 质量标准理念

在 ISO 9000 质量管理体系（2000 年版）的质量管理标准中，始终贯穿一些最基本、最通用的一般规律和原则，主要有以顾客为关注焦点、领导作用、全员参与、过程方法、管理的系统方法、持续改进、基于事实的决策方法、与供方互利的关系，简称为"八项质量管理原则"。

（1）以顾客为关注焦点。组织依存于顾客，因此，组织应当理解顾客当前和未来的要求，满足顾客要求并正确超越顾客期望。

（2）领导作用。领导者确立组织统一的宗旨及方向，应当创造并保持员工能充分参与实现组织目标的内部环境。为了使建立的质量管理体系保持其持续的适应性、充分性和有效性，最高管理者应亲自主持对质量管理体系的评审，并确定持续改进和实现质量方针、目标的各项措施，落实到组织的各职能部门和相关层次，保证全体员工理解和执行。

（3）全员参与。全体员工是每个组织的基础。组织的成功不仅取决于正确的领导，还有赖于全体人员的积极参与。所以，应赋予各部门、各岗位人员应有的职责和权限，为全体员工营造一个良好的工作环境，激发他们的创造性和积极性。通过教育和培训，为员工的成长和发展创造良好的条件，这样才会给组织带来最大的收益。

（4）过程方法。将活动和相关的资源作为过程进行管理，可以更高效地得到期望的结果。组织为了有效地运作，必须识别并管理许多相互关联的过程，并以顾客要求为输入，提供顾客的产品为输出，通过信息反馈测定顾客满意度，评价质量各体系的业绩。

（5）管理的系统方法。一个组织的体系是由大量错综复杂、相互关联的过程组成的网络结构。最高管理者要成功地领导和运作一个组织，要用系统的和透明的方式进行管理，也就是对过程网络实施系统管理。这种方法不仅可以提高过程能力及产品质量，还可以为持续改进打好基础，最终实现顾客满意和组织获得成功。

（6）持续改进。持续改进是一种管理理念，是组织的价值观和行为准则，更是一个组织的永恒目标，是一种持续满足顾客要求、增加效益、追求持续提高过程有效性和效率的活动。其实质是一种 PDCA 循环（计划—执行—检查—处理）。

（7）基于事实的决策方法。有效决策是建立在数据和信息分析的基础上的，统计技术是最重要的工具之一。用数据说话，以事实为依据，有助于决策的有效性，减少失误并有能力评估和改变判断和决策。

（8）与供方互利的关系。组织与供方是相互依存的、互利的关系，这种关系可增强双方创造价值的能力。因此，把供方、协作方、合作方都看作是组织经营战略同盟中的合作伙伴，形成共同的竞争优势，可以优化成本和资源，有利于组织和供方共同保持利益。

这八项管理原则之间相互关联、相互作用，成为实现组织目标的理论基础。

3．ISO 9000 质量标准体系

ISO 9000 质量标准是一个不断修订完善的标准，最新一版的标准发布于 2000 年。2000 年版 ISO 9000 族国际标准的核心共有以下四个。

- ISO 9001：2000 质量管理体系——基础和术语
- ISO 9001：2000 质量管理体系——要求
- ISO 9004：2000 质量管理体系——业绩改进指南
- ISO 19011：2000 质量管理体系——2000 质量和环境管理体系审核指南

ISO 9001 质量管理体系的要求是组织建立质量管理体系的标准，也是申请认证的依据，因此对组织而言，是最基本的，也是最有价值的。它对组织的质量管理体系提出了各项要求，包括质量管理体系、管理职责、资源管理、产品实现、测量分析和改进五个方面。各方面的总体要求分别如下。

（1）质量管理体系。组织应按本标准的要求建立质量管理体系，形成文件，加以实施和保持，并持续改进其有效性。具体工作包括以下内容。

① 识别质量管理体系所需的过程及其在组织中的应用。

② 确定这些过程的顺序和相互作用。

③ 确定为确保这些过程的有效运行和控制所需的准则和方法。

④ 确保可以获得必要的资源和信息，以支持这些过程的运行和对这些过程的监视。

⑤ 监视、测量和分析这些过程。

⑥ 实施必要的措施，以实现对这些过程策划的结果和对这些过程的持续改进。

（2）管理职责。最高管理者应通过以下活动对其建立、实施质量管理体系持续改进其有效性的承诺提供证据。具体工作包括以下内容。

① 向组织传达满足法律、法规要求的重要性。

② 制定质量方针。

③ 确保质量目标的制定。

④ 进行管理预评审。

⑤ 确保资源获得。

（3）资源管理。资源管理包括人力资源和基础设施以及工作环境。组织应确保资源实现以下要求。

① 实施、保持质量管理体系并持续改进其有效性。

② 通过满足顾客要求，提高顾客满意度。

（4）产品实现。产品实现包括策划和开发产品所需的过程。在对产品实现进行策划时，组织应使输出形式适用于组织的运作方式。组织应确定以下方面的适当内容。

① 产品的质量目标和要求。

② 针对产品确定过程、文件和资源的需求。

③ 产品所要求的验证、确认、监视、检验和试验活动以及产品接收准则。

④ 为实现过程及其产品满足要求提供证据所需的记录。

（5）测量分析和改进。测量分析的改进标准要求组织进行以下工作。

① 顾客满意度监测和分析。作为对质量管理体系业绩的一种测量，组织应对顾客或有关组织是否已满足其要求的感受的信息进行监视，并确定获取和利用这种信息的方法。

② 内部审核。组织应按策划的时间间隔进行内部审核，以确定质量管理体系是否符合策划的安排和本标准的要求，以及组织所确定的质量管理体系的要求是否得到有效实施与保持。

③ 过程监测。组织应采取适宜的方法对质量管理体系过程进行监视，并适时进行测量。

④ 产品监测。组织应对产品和特性进行监视和测量，以验证产品要求已得到满足。这种监视和测量应依据所策划的安排，在产品实现过程的阶段进行。

⑤ 不合格品控制。组织应确保不符合产品要求的产品得到识别和控制,以防止其非预期的使用或交付。

⑥ 数据分析。组织应确定、收集和分析适当的数据,以证实质量管理体系的适宜性和有效性,并评价在何处可以持续改进质量管理体系的有效性,这也应包括来自监视和测量的结果以及其他有关来源的数据。

⑦ 改进。组织应利用质量方针、质量目标、审核结果、数据分析、纠正和预防措施以及管理评审,持续改进质量管理体系的有效性。

三、美国西南航空公司全面质量管理案例

美国西南航空公司是建立高绩效组织进行全面质量管理的成功典范。该公司成立于1971年,最初只在得克萨斯州提供短距离运输服务。尽管美国航空业麻烦不断,西南航空公司在其历史上还是取得了1973—2002年连续28年盈利的骄人业绩,创造了美国航空业的连续盈利纪录。这样的业绩来自公司低成本的运营模式,也直接得益于西南航空公司员工的高效率工作和在飞行途中给乘客创造轻松愉快环境的服务方式。

1. 低成本的战略定位

西南航空公司在创立初就明确公司的发展战略和目标市场,即低成本和"有所为,有所不为"的战略。该公司采用多种方法实现低成本,要点是尽量为顾客提供实惠的服务。例如,公司的机型只有一种,即737飞机,因而机械师、零备件以及飞行员训练都是唯一的,其目的是为了节约成本。西南航空公司不通过旅行社代销,将旅行社的钱直接让利给消费者。没有头等舱,原来的737飞机有3排头等舱,每排4个座位,共12个座位,去掉头等舱后,变成了4排,每排6个座位,共24个座位,可以多卖出12张机票。不提供餐饮服务,可以减少人力成本,还可以省去一笔昂贵的加热设施的费用,同时将加热设施位置进行改造,又可以增加6个座位,多卖6张票。另外,没有了餐饮服务,飞机到达后,打扫卫生就简单了,又可以节省15分钟,使得机组可以在短短的25分钟完成换乘,别人的航线一天飞6趟,该公司因而可以飞8趟,效益非常可观。低成本、差异化、反应迅速是通过运营获得竞争优势的三条基本思路。西南航空在这一方面,以成本领先战略为主打的同时又融进了差别化和快速反应思想,将三者有效地整合在了一起。

2. 以人为本的企业文化

西南航空公司对员工非常重视,公司培育起了一种像对待顾客一样对待员工的企业文化——以人为本的企业文化,支持公司的全面质量管理战略。

事实上,西南航空公司的总裁兼首席执行官赫伯·克勒赫从公司成立起就坚持宣传"快乐和家庭化"的服务理念和战略,并通过员工的力量将这种理念的价值充分体现和发挥出来,在成功降低成本的同时使顾客满意。

西南航空公司对新员工的技术培训时间,根据不同部门的要求,从两个星期到六个星期不等。西南航空公司承担所有的培训费用,并保证其完成培训后能够被雇用。西南航空

公司要求所有员工（包括飞行员）每年都要参加"关心顾客"课程的学习。西南航空公司的"人民大学"为员工和管理人员开设了很多专门的课程。这些课程包括团队建设、绩效评价、心理压力控制、安全、职业发展。这所"大学"还开设"新员工庆典"课程，这是一门一天的课程，让员工了解公司的历史、文化及工作场所实践。另外，还为非财务人员开设课程使其了解财务术语，为其他人员开设多种领导发展课程。

西南航空公司在航空业内创造了第一个利益共享计划。通过公司的业务通信、周报和每季度发行的新闻录像带向员工提供公司财务和营业情况的信息。员工通过多种委员会（工人管理人员联合委员会）参与决策，这些委员会对各种问题做出决策，这些问题涉及的范围很广，包括重新制订福利计划和选择新制服等。

西南航空公司建立起一种独特的政策开放体系，这一体系渗透到公司的各个部门。管理层走近员工，参与一线员工的工作，倾听员工的心声，告诉员工关于如何改进工作的建议和思想。西南航空公司与其他服务性公司不同的是，它并不认为顾客永远是对的。赫伯·克勒赫说："实际上，顾客也并不总是对的，他们也经常犯错。我们经常遇到毒瘾者、醉汉或可耻的家伙，这时我们不说顾客永远是对的。我们说：你永远也不要再乘坐西南航空公司的航班了，因为你竟然那样对待我们的员工。"西南航空公司的管理层了解一线员工的工作，支持和尊敬一线员工的工作，甚至宁愿"得罪"无理的顾客。这使西南航空公司始终保持行业内最低的离职率。在西南航空公司，管理层的工作，一是确保所有的员工都能得到很好的关照、尊重和爱；二是帮助员工处理看起来进展不顺利的事情，并推动其进展；三是维护西南航空公司的发展战略。

3. 重视顾客感知的服务理念

西南航空公司非常重视与了解顾客的期望值。今天的顾客具有强烈的价值导向，他们重视价值，远远超过了重视价格和获得成本。在西南航空公司，顾客感知的价值很高，即使航空公司没有提供全套服务也能使客户感到满意。西南航空公司的领导层服务导向在于，高度的顾客满足来源于航班频率、准时起飞、友好的员工和低票价。

西南航空公司善于激励员工。西南航空的内部杂志经常以"我们的排名如何"这个部分让西南航空的员工知道他们的表现如何。在这里，员工可以看到运务处针对准时、行李处置、旅客投诉案等三项工作的每月例行报告和统计数字，并将当月和前一个月的评估结果做比较，制订出西南航空公司整体表现在业界中的排名。还列出业界的平均数值，以利于员工掌握趋势，同时比较公司和平均水准的距离。西南航空的员工对这些数据具有十足的信心，因为他们知道，公司的成就和他们的工作表现息息相关。当某一家同行的排名连续高于西南航空几个月时，公司内部会在短短几天内散布这个消息。到最后，员工会加倍努力，期待赶上人家。西南航空第一线员工的消息之灵通是许多同行无法相比的。

【分析与讨论】 美国西南航空公司是全面质量管理和高效团队建设的典范，由此保证了服务质量并有效控制了成本。作为一名员工，你认为西南航空公司哪一点做得最成功？并说明原因。

本章小结

本章重点介绍了民航服务系统的运行过程和服务质量的控制环节，民航企业首先要明确服务目标和服务规范，完善服务系统，做好服务的预先控制、过程控制与事后控制。服务是一个螺旋式不断提升的过程，服务是无止境的，要善于运用服务质量分析的方法，找出服务质量存在的问题及其原因。民航企业引进服务质量标准体系，有利于进行全面质量管理，提升服务水平。

 思考与练习

一、选择题

1．民航服务中常见的接触方式有（　　）。

　A．面对面的接触　　　B．电话接触　　　C．远程接触　　　D．安全检查

2．影响民航服务质量的原因是多方面的，利用 ABC 分析法，重点要找出（　　）类问题。

　A．关键问题　　　　　B．多数问题　　　C．常见问题　　　D．一般问题

二、简答题

1．简述民航服务系统运行的控制过程。

2．简述 PDCA 循环质量分析方法。

3．简述美国波多里奇国家质量奖的核心价值和观念。

第四篇
空乘服务质量管理实施

第五章　空乘服务质量管理思想

学习目标

1. 明确空乘服务目标的概念与内涵，加深对空乘服务目标特点的理解。
2. 掌握空乘服务目标的意义，建立目标导向的思维体系。
3. 了解空乘服务理念、服务文化对提高空乘服务质量的作用。

引例

东方航空公司的使命与目标

东方航空公司的使命——让旅客安全舒适地抵达

- 安全舒适是旅客选择航空运输的前提。保证航程平安，满足旅客出行需求，是航空运输企业存在的价值体现。
- 我们致力于成为安全、信誉优良、旅客放心的航空公司，并在此基础上为旅客提供舒心服务，让旅客充分体会到高效和便捷。
- 让旅客安全舒适地抵达，需要每一位员工的共同努力，需要每一道工序的密切配合，需要每一个环节的有机衔接。任何一个环节出现问题，都将影响使命的完成。
- 航空安全不允许失误和疏漏。"不让差错发生在自己手中"是企业对员工最基本的要求。唯有恪尽职守，方能不辱使命。

东方航空公司的目标——追求卓越，求精致强

- 航空市场永远是优秀运营者生存的舞台。我们努力创造具有显著市场号召力和市场竞争力的产品（服务）和品牌。只有不断追求卓越，才能有无限的发展空间。
- 公司的目标不是规模的简单扩大，而是以精品意识和行动打造品牌形象、树立品牌地位，努力跻身于世界主流航空公司的行列。
- 公司讲求实现全方位的、可持续的协调发展，成为航空安全的最可信赖者、满意服务的最佳创造者、员工成长平台的最好搭建者、社会效益和经济效益的最优运营者。

资料来源：高宏，安玉新，王化峰，等. 空乘服务概论[M]. 4版. 北京：旅游教育出版社，2017.

空乘服务既是满足乘客需求的基本手段，也是航空公司寻求发展的基本途径。对航空公司的发展而言，空乘服务目标是公司总体目标的基础。通过完善的服务过程让乘客满意，寻求公司长远的发展，是空乘服务的基本目标。空乘服务质量的管理，需要通过树立服务思想，构建服务文化，使全体员工将公司的服务思想、服务理念内化于心、外化于行，并贯穿到工作中的每一个环节，为乘客提供优质的服务，从而实现公司的总体目标。

第一节 空乘服务目标

目标是人们一切行为的动力源泉，空乘服务目标决定着航空公司对乘客的态度，决定着乘务服务过程的方向。空中乘务工作的目标不仅是做好服务工作的动力因素，更是每个人为之奋斗的目标，约束着空乘人员的行为。通过目标激励，使每个人的行为统一到实现公司目标上。

一、空乘服务的目标解读

（一）目标的含义及作用

一般来讲，目标是一个群体在未来行为中努力达到的预期目的、具体的成绩标准或结果。目标也是一种预期，即人们的任何行为都是具有目的性的，行为之前，必须明确：为什么而为？如何而为？有了目标，就会使每个人知道自己要做什么，做了这些事情对组织有什么意义，行为也就会更果断，更富有激情。

有人将目标比喻成河的彼岸，在目标导向下，通过资源优化，形成了计划体系，这就搭设了从现实到未来的桥，使原来不可能实现的东西成为可能。可见，目标启动了人们的智慧，使各自的行为集中在共同的指向上，协调了人们的价值与行为，而且坚定不移地去执行。

目标的作用主要体现在三个方面：第一，明确了一个企业在行业中的使命，使企业的宗旨具体化；第二，协调了企业的整体行为，使个体的行为转化为共同的价值；第三，具有激励作用，使每一个人有努力工作的动力。

目标设置是基于"人类的活动是有目的的，它受有意识的目标引导"这样一个理论假设。目标需要管理，目标管理源于美国管理学家彼得·德鲁克。

目标管理的原则有以下几项。

（1）企业的目的和任务必须转化为目标，并且要由单一目标评价变为多目标评价。

（2）必须为企业各级各类人员和部门设定目标。如果一项工作没有特定的目标，这项工作就做不好。

（3）目标管理的对象要包括从领导者到工人所有的人员，大家都要被"目标"所管理。

（4）实现目标与考核标准一体化，即按实现目标的程度实施考核，由此决定奖惩的升降和工资的高低。

（5）强调发挥各类人员的创造性和积极性。每个人都要积极参与目标的制订和实施。领导者应允许下级根据企业的总目标设立自己的目标,以满足"自我成就"的要求。

(6)任何分目标都不能离开企业总目标而自行其是。在企业规模扩大或分成新的部门时,不同部门有可能片面地追求各自部门目标的实现,而这些目标未必有助于实现用户需要的总目标。企业总目标往往是摆好各种目标位置,实现综合平衡的结果。有些公司(包括咨询公司)运用另一种不同的方法来进行绩效考核,他们专注于目标和设定目标值,这种方法被称为目标管理法。

通过目标管理体系,使企业中的每个人注重那些对自己重要的目标,因为这与他们的绩效评估和薪资体系联系密切。公司会组织中期评审,讨论目前的进展状况以及同年度目标的差距。年终时,经理和员工在一起座谈公司的目标和个人目标,以及所取得的进展。

例如,海尔把"彻底的第一主义"作为发展目标。这样的目标,成就了海尔全国第一、世界第四大白色家电制造商、中国最具价值品牌的地位,创造了民族工业的辉煌。世界顶级航空公司——新航"致力于以创新的产品与优质的服务为顾客提供最佳的飞行体验"的目标,铸造了新航完美的价值体系。

可是在现实中有的公司设定了目标,但是并未取得很好的效果,甚至利润下降。为什么公司设定了目标(并与工资挂钩),反而导致矛盾加剧和利润下降呢?这是因为:首先,设定的目标不全面。每个部门只专注于对自己重要的几个目标;其次,公司的传统是一年进行一次绩效评估,目标一旦定下来就不能改变,所以即使发现了某些目标的问题,也不能进行及时修改;再次,各部门的目标之间没有联系,只是在组织内上下级之间有联系;最后,目标不符合公司扩大市场份额的特定战略。原来的目标只关注销售额和按时交货,但实际上,公司目标管理最重要的战略是建立关键部门之间的联系。

(二)空乘服务目标的含义

空乘服务目标就是在航空公司总体目标下,机组成员在航班服务过程中努力要达到的目的,也是通过机组人员的努力,服务所能达到的一种状态。以乘客作为航空公司市场的基本要素而言,空乘服务的目标就是围绕着乘客的利益、以乘客满意度为核心的目标体系。

空乘服务目标通常反映了航空公司在服务中达到的水平,一方面,服务目标很好地反映了乘客的期望,以乘客为核心的服务目标体系体现了公司在满足乘客需求过程中的保证措施,使服务落实到了实际工作的每一个环节,落实到每一个服务人员的具体服务中;另一方面,目标激励着乘务人员自觉行动,通过自律自控过程,确保为乘客服务的宗旨得到执行。

正如一位空姐所言:"因为我知道为什么工作,我知道我该工作到什么程度,所以我的工作才出色。"她明确地道出了目标的含义:当你为乘客服务的时候,你想的是什么?如果你仅想着完成服务的技术程序,那么你只能是疲于应付,你的心无法贴近乘客,也就无法让乘客满意;如果你知道自己在公司目标中的作用与价值,你就会有大局观,你就会以满足乘客的需求、赢得公司的信誉为行为准则,使提供优质服务成为自觉的行为,你的创造力才能发挥出来。可见，服务目标不仅是一个服务的质量的标的，它还蕴含着启迪思想、维系心理、引导行为、激励热情的作用。

二、空乘服务目标的作用

（一）启迪思想

航空公司的优质服务是由每个人的服务状态所决定的，而人作为自主的行为主体，其工作态度与服务意识决定着人的行为方向与工作的主动性，进而决定着服务质量。在航空公司的整体目标下的空乘服务目标，描绘了空乘服务的境界、服务目标以及服务标准，明确了每个人所分担的工作与公司及空乘服务目标之间的关系，使每个空乘人员明确了自己的主人翁地位。

（二）维系心理

心有所归，情有所系，这是一个空乘服务团队所应具备的基本条件。凝聚力源于大家心甘情愿地为集体的目标而不懈地努力，最高层次的凝聚力不是简单的经济利益，而是对事业的追求与信念。空乘服务的目标，维系着大家的共同价值，心往一处想，劲往一处使。这样的团队才具有战斗力。

（三）引导行为

有了坚定的信念，大家向哪个方向努力？怎样做才能做得更好？在客舱复杂的服务过程中，大家的行为必须一致——共同努力，追求完美。目标规定了各项工作的内容、应达到的标准，也就明确了每个人的责任，知道了该做什么、怎么做，这样公司的目标就有了实现的基础。

（四）激励热情

工作的状态不仅取决于技术，更在于对工作的热爱与坚持不懈的努力。空乘服务不是简单的劳动，需要智慧与体能的付出。让一个长期从事一项重复性工作的人能持久保持高涨的工作热情，就需要不断地激励他们，使他们能不断地寻找到工作的动力，将服务作为一种崇高的追求。空乘服务目标将大家的理想、志趣和个人的奋斗目标维系在一起，是使人们保持长盛不衰的工作热情的重要手段。

三、空乘服务目标的特点

空乘服务的基本目标是通过周到、温馨、细致、热情的服务，保证乘客安全、舒适地到达目的地。而要实现这个目标，需要从服务的大局出发，从细微的服务入手，从过硬的技术上着眼。可见，空乘服务的目标必须符合空乘服务的特点以及乘客服务要求的心理特征，才能够使目标更好地发挥其应有的作用。

从空乘服务目标的内容、空乘服务目标的实现以及乘客需求满足来看，我们可以将空乘服务目标的特点归纳为以下几点。

（一）目标的"无形"性——乘客对服务的需求无处不在

空乘服务的衡量主体是乘客，乘客满意是目标设计的出发点，空乘服务存在于乘务员为乘客服务的每个细节中。因此，空乘服务的目标具有无形性，不同的环境下，乘客有不同的需要；同时，空乘服务的目标受乘客的个性、态度、情绪、身体状态等因素的影响。乘客的需求是动态的。例如，航班在飞行中，乘务长来到乘客中间，征求乘客对航班服务的意见与建议。在问及对设施、服务技术、服务内容、服务态度的意见时，乘客均表示满意，但最后说了一句，"我就对某某号乘务员不满意，希望能不断改进！""不满意""不断改进"，多么简单的几个字，恰恰反映了空乘服务目标的"无形"性特点，尽管大家都努力了，但细微的纰漏也会被乘客注意到，进而也就成为评价航班服务的一个依据。

（二）目标的"延伸"性——涉及范围的广泛性

空中乘务是航空公司与乘客联系的前沿，体现着航空公司的服务理念。与乘客接触的每一个瞬间、每一个细节，都与航空公司的整体相联系，即使是乘务员的个性因素所导致的服务残缺，公司也难辞其咎。可见，空乘目标尽管是一个点，但它的影响却延伸到公司整体形象，具有无限放大的效能。

（三）目标的"归一"性——乘客满意

无论多么庞大的航空公司，无论航空公司的管理多么复杂，空乘服务目标是所有目标的灵魂。航空公司所有工作目标的结果都是指向空乘服务目标，即让乘客满意。一切服务措施都是为了对乘客负责，每个细节都是为了让乘客满意，而每一个满意的乘客都是最有说服力的。空乘服务目标的牵动性，远远地超过了目标本身。

（四）目标的"引导"性

为乘客提供优质的服务是民航企业的核心价值观，而通过空乘服务的目标体系，以目标为载体，将为乘客服务的思想贯彻到客舱服务的每一个角落，落实到每一个服务细节。"让乘客满意"应该是空乘服务的基本目标，但这不足以保证公司的发展。因此，在公司基本服务内容趋同的情形下，高水平的满意度才能吸引乘客。那么让乘客满意到"什么程度"就成为问题的关键。公司的目标如果能够统领航空服务的全局，能够站在发展的高度，这样的目标就会引导公司未来的发展。否则，企业就会安于现状、不思进取，沉睡在以往的成绩中，渐渐地落在其他航空公司的后面。

（五）目标的"系统"性——完美的统一体

有人会问：乘务长在做什么？首先应是把握大局，保证服务过程尽善尽美。完美是由细节所决定的，而细节之间是相互联系的，尽管空乘服务目标可能包含多种具体目标，但是这些目标一定是相互关联的，并形成一个统一的体系。

空乘服务的目标可以分为公司目标与个人目标两个层次。公司目标是针对公司发展的整体需要而言的，它强调公司发展战略对企业形象与信誉的要求，强调服务对已有客户和潜在客户的影响。公司的目标具有战略性、整体性与长远性，它是根据市场竞争及乘客心理需求的不断变化来确定的。如新航的目标就是：以精致、高品质的温馨服务，给客户提供一种真正令人愉快的体验，保证持之以恒的优质的服务。也正是这样的目标，使新航通过服务创新，将服务目标体现在服务的细微之处，体现在每个乘务人员的温馨服务之中。

案例 5-1

当乘客对服务不满意时

乘客在用餐时发现食物中有异物，十分生气，说要投诉。乘务员及时、诚恳地向乘客致歉，并立即更换食物。乘客不愿接受，于是乘务长请其留下电话号码，表示一定会向相关部门反映，尽快给他一个满意的答复。在接下来的服务过程中，乘务员面带微笑并特别关注该乘客及其周围乘客的需求，主动、及时地满足他们的需求，化解了乘客心理上的不满。飞机下降前，乘务长代表机组送给乘客一份纪念品，感谢他们对自己工作失误的谅解。

点评：乘务组的处理比较妥当。在处理这类问题时应特别注意：一定要将有异物的饭食带回基地，交给调度室或配餐员，不要让乘客带下飞机，如果乘客要投诉，应主动提供意见卡。要有维护组织形象的整体观念，不要推卸责任，不能告诉乘客这是配餐部或外配公司的问题，与乘务员无关。可由乘务长出面，向希望投诉的乘客申明，所有对外有法律效力的证明材料，由公司专门的部门负责，乘务员不能代表公司签署任何法律文件。然后将公司有关部门的电话留给乘客。最后请乘客相信，乘务组回到基地后一定会将情况如实上报有关部门处理，并尽快将处理结果告知乘客本人。

资料来源：孙岚. 民航客舱服务案例精选[M]. 北京：化学工业出版社．2015.

信息卡

新航的目标：创造出其不意的效果

新航利用员工的反馈、其他航空公司的信息、客户表场、投诉分析和对旅行者所做的大规模调查来帮助他们产生新的想法。Yap 先生说："只有新生事物才能创造出出其不意的效果。我们要为客户提供他

们所意想不到的服务。有许许多多的东西，客户并不知道这些就是他们所需要的。我们试图去研究这种趋势。我们有产品创新部，他们会不断地关注这种趋势：为什么人们以某种方式去做事，为什么人们去做某件事。然后我们把眼光放在3~5年，我们设法跟踪短期和长期的趋势。"

资料来源：新加坡航空公司：如何才能保持优质的服务[EB/OL]．（2004-02-25）http://edu.sina.com.cn/l/2004-02-25/61530.html.

四、空乘服务的目标体系

公司目标应该是一个有机的整体，公司的任何目标都应该围绕着公司的总体目标。因此，目标要代表组织内部成员的共同愿望，这一方面需要大家为总体目标共同努力，需要局部目标满足整体目标，个人目标满足部门目标；另一方面，每个人的行为必须符合目标实现的要求，不允许有违背目标实现的行为存在，目标统一着人们的行为。

（一）空乘服务的宏观目标

航空公司的一切工作都是公司工作的组成部分，都在实现公司目标的实践中发挥着应有的作用。尽管空乘服务工作具有明显的微观性，但所带来的效应远远超过客舱本身。客舱虽小，却体现着公司胸怀的博大；空姐工作虽然细微，却积累着公司的伟业。因此，空乘服务的宏观目标远远超出服务本身，空乘服务的宏观目标应融入公司发展的总体之中。

从宏观上看，空乘服务的目标主要体现在以下几个方面。

1. 树立公司的良好形象，确保市场稳定

乘客选择航空公司不外有两个原因：旅行时间与对航空公司的信任。在旅行时间硬性约束的前提下，如何选择航空公司、选择航班，取决于对航空公司的信赖程度，而航空公司的形象，其对乘客的服务态度与能否满足乘客需求的服务内容，成为人们评价航空公司服务水平的标准。长期服务信誉的积累，形成了公司良好的形象，也就形成了人们对航空公司的心理定位，形成了稳定的消费取向。航空公司也就会拥有稳定的消费群体，在此基础上保持乘客的忠诚度，从而稳定了自己的市场。

在空乘服务中，树立良好的公司形象是最高目标，要以乘客为本，以乘客的利益为最高利益。通过空乘人员细心的服务，让乘客在旅途中获得愉快的体验，让航空公司良好的形象永驻乘客心间。

2. 展现公司为乘客服务的宗旨，让乘客感受公司的关怀

踏踏实实地为乘客服务是公司发展的基本途径。无论是公司的宗旨，还是公司的服务理念，都时刻体现在为乘客服务的过程中。乘客所感受的服务过程以及内心体验具有很强的真实性，他们会敏感地体察到不同宗旨与理念下服务的差异。所以，每一个空乘人员的服务态度、每一个动作，不仅是个技术性问题，更是公司服务理念的具体体现。感动乘客，是服务境界的最高体现。

在空乘服务中，细微之处充分体现公司的服务宗旨是其基本目标，公司之间的差异也往往体现在公司服务宗旨的差异上。如果你能感动乘客，你就拥有了永久的乘客，如果给予了乘客真诚的关怀，乘客会给予你回馈的。在乘务员细心为旅客提供周到服务的同时，也就提升了公司的价值。

3．通过全方位的服务，获得高乘客满意度

航空公司的发展需要市场的支持，而市场是乘客的集合。要想获得市场，就需要对乘客有足够的吸引力，在服务竞争中具有相对优势。满意度是衡量乘客对航空公司服务满意程度的综合性指标，它检验服务承诺的兑现程度，也反映服务产品的设计水平。因此，服务内容是全方位的，既要提高服务质量，也要增加服务项目、改善服务产品，甚至要提高服务的硬件设施。

（二）空乘服务的微观目标

微观目标就是客舱服务过程中直接体现出来的服务质量，是乘客直接的内心体验。微观目标反映在空乘服务过程中，是空乘人员在贯彻公司服务宗旨与理念的过程中，通过行为而实现的目的。

1．保证客舱秩序，创造舒适的旅行环境

在旅行中，客舱形成了一个具有共同目标的临时组织。在乘客旅行过程中，大家的目标与利益是一致的，都是为了平安、准时地到达目的地。同时，由于乘客之间存在着差异性，使得旅途中，乘客与乘客之间、乘客与机组之间不免存在各种冲突与不和谐的因素，这些问题一旦出现，势必影响旅途的氛围，影响乘客的心情。因此，空乘服务的基本目标就是保证客舱内和谐的氛围，制止不文明、不礼貌以及影响他人旅行的行为，化解各种冲突，确保客舱的文明与秩序。

2．消除安全隐患，保障旅途飞行安全

飞机是特殊的交通工具，安全是航空旅行的最基本目标。飞机在飞行中，飞行环境、飞机状态以及客舱内的秩序都会影响飞行安全。空乘人员在面对突发事件时，要及时果断地采取措施，消除各种可能带来不良后果的隐患。

3．提供优质服务，体现乘客的核心价值

服务是乘客所期待的直接、基本的产品，服务体现在服务的内容、体系、规范以及服务的技能等方面。航空公司为乘客设计的服务产品，是通过具体的服务过程来体现的。这就需要做到：一切要以乘客为核心，服务过程要精准，服务技能要娴熟，服务态度要真诚，服务作风要端正。

4．渗透真挚情感，传递温馨的全面呵护

在空乘服务过程中，空乘服务人员与乘客扮演着不同的角色，前者是付出、奉献，后者是得到、体验，而心理体验越来越成为乘客的内在需求。这种角色的不同，就为空乘服务人员的服务过程以及服务状态提出了明确的要求：渗透情感。这就要求空乘人员在服务过程中，用心体会自己的角色，用情感去体会乘客的感受，把温馨传递给每一个乘客。

5．以满意服务为诉求，创造和谐的客舱氛围与文化

客舱服务是航空服务体验的重点，是其他方式所无法替代的。乘客的需求就是在旅行中休闲自在，而客舱的氛围与文化是乘客感受最深刻的内容。这个氛围源自于机组人员之间的和谐，源自于乘客之间的和谐，源自于机组人员与乘客之间的和谐，最关键的因素是

空乘人员温暖的笑容、真挚的感情，以及热情周到的服务。在和谐的氛围中，服务就会得到提升，顾客的价值才能够得到认可。尽管客舱空间有限，空乘人员也应提供带有休闲性的客舱服务，使乘客的旅行成为一种享受。

6. 通过具体服务，体现公司的服务宗旨

乘客服务期望的实现更多来自于心理体验，而决定这种心理体验的是服务过程中的细节。实践表明，如果为旅客服务的思想不能落实到具体的服务细节中，再好的服务设计都将成为空谈；再好的服务宗旨，没有目标的保证以及以目标为导向的服务措施，都将成为一句空话。

优秀的航空公司能够在实现服务宗旨的过程中将服务目标具体化、系统化，其突出的表现是目标明确，体现着满足乘客期望的理念，并在目标体系中体现出为乘客提供完美、超值服务的愿望。

案例 5-2

让乘客满意，再苦再累心也甜！

"乘客朋友们，再过 20 分钟，飞机将抵达本次航班的目的地——广州。"机舱广播传来乘务长亲切甜美的声音。空乘服务人员伴随着乘客就要到达本次航班的目的地了，本次航班任务就要结束了。目送着乘客的背影，看着乘客满意的微笑，乘务员觉得一切辛苦都是值得的。就像一位乘务长所说："让乘客满意，再苦再累心也甜！"是呀，乘务员们圆满地完成了航班服务任务，正是她们的努力，细致的服务，使乘客感受到了温暖，让乘客记住了航空公司。

资料来源：孙岚. 民航客舱服务案例精选[M]. 北京：化学工业出版社. 2015.

五、实现服务目标途径的解析

（一）影响空乘服务目标实现的因素

1. 乘务人员的个性因素

个性因素是考察一个人是否适合服务工作的基本要素，个性决定着服务质量，也就是说，决定着空乘服务目标的实现程度。个性是独立于所从事行业之外的因素，有的人个性略显张扬，有的人略显内敛；有的人细致入微，有的人不拘小节；有的人热情奔放，有的人内心体验深刻；有的人沉着冷静，有的人易于激动，如此等等。个性因素是长期养成的，会表现在人们的日常行为与工作过程中。每个人的不同个性因素都会在工作的过程中留下痕迹，改变起来十分困难。根据空乘服务的职业特点，就从业要求而言，个性张扬、粗心大意、不拘小节、缺乏爱心的人是不适合服务行业的，更不适合空中乘务工作。

2. 乘务人员对公司服务宗旨的理解与实践

人的活动是有意识的主动行为，当一个人身处组织之中时，他的行为必须服从组织的要求，与组织目标相统一。当空乘服务人员能够深刻理解公司的服务宗旨，对公司使命有着深刻的认识时，他们就会更加忠诚于企业。这样，他们可以自觉地将公司的宗旨体现在行动中，空乘服务的目标就能够实现。否则，员工的思想就会处于游离状态，服务质量就会大打折扣。所以建设公司文化，深化公司的宗旨，明确公司的使命，建立系统的文化体系，通过文化统一人们的观念，鞭策人们的行为，对实现公司的经营战略至关重要。

3. 服务意识、技能与艺术

空乘服务是特殊场所中的特殊服务，要求空乘服务人员具有很强的服务意识、熟练的服务技能与高超的服务技巧。

意识是深层次启发人们行为的推动力。有良好的服务意识，服务就会主动、热情、体贴、超前。如果从空乘服务对乘客需求的反应速度来衡量，我们可以看出服务意识的差别：乘客按求助铃后，三分钟到位，属于正常规范的服务；一分钟到位，属于有服务意识；在乘客没有按求助铃，而能超前体察乘客需求，提供超前服务，属于有很强的服务意识。也可以从提供服务的延续性来看服务意识：就事论事，解决一事，属于规范的服务；事情解决了，主动提出还能提供什么帮助，属于具有服务意识；而在处理完事情后，主动提供超前的相关服务，属于具有很强的服务意识。

技能是完成服务的保证，服务技能是实现服务目标不可或缺的条件。而服务艺术和技巧是服务的灵魂。空乘服务是一种高尚的服务，空乘服务艺术是在服务过程中表现出来的灵活性，是一个服务人员的"灵性"所在。空乘人员高超的服务艺术会让接受服务的旅客有一种自豪感、一种满足感。

4. 客舱组织与管理

客舱中乘客与机组成员组成了一个临时组织，在这里大家的目标一致——安全抵达目的地。但由于分工与角色的不同，他们在路途中有着不同的责任。机组人员担负着保障的责任，所以做好客舱的组织与管理工作至关重要。这里组织与管理体现在两个方面：一是机组人员的组织与管理；二是乘客行为的组织与管理。管理好机组人员的行为与管理好乘客的行为同样重要。

机组人员的管理主要是针对机组人员的责任，根据服务规范，对服务过程进行的组织与管理，包括责任分工、工作协调、紧急事件处理等，在紧急情况下的执行力与执行能力至关重要。

乘客行为的组织与管理就是对乘客的不可控因素所采取的措施。在服务过程中，即使空乘服务人员严格地执行了服务规范，来自于乘客的因素仍可能是客舱中不和谐的音符，使航班无法正常运营。据统计，在某些时段，因乘客迟到而造成的国内航班延误率达20%。而在航班取消，或由于空管、气候原因飞机不能起飞的情况下，有些乘客会大发脾气，出言不逊，提出无理要求，甚至做出威胁飞行器等无礼和非法的事情。另外，也会出现乘客因好奇或不懂规矩，乱动飞机上的设施而导致航班延误的情况。此外，乘客之间的不和谐也是影响客舱秩序的重要原因。这就需要机组人员耐心、细心观察乘客的心理状态，做好乘客的工作，预防不良行为倾向的出现。

（二）实现空乘服务目标的途径

1. 协调服务关系

实现空乘服务目标是航空公司发展的需要，也是公司承担社会责任的基本要求。有了明确的目标后，如何在实际工作中保证目标的实现，是关键问题。实现空乘服务目标，需要注意协调以下几种关系。

1）机组成员之间合作

机组成员是实现服务目标的直接责任者，担负着实现服务目标的重要责任。当机组团队组成后，大家的命运就已经联系到了一起，而维系大家的就是机组的目标。调查显示，合作是一种无形的氛围，当机组成员团结合作时，乘客能够感受到一种融洽的气氛，乘客对服务的满意度就会提高，安全感也会增加；而对机组来说，置身于团队合作的环境中，会有助于减轻冲突和紧张感，每一个感受到团队支持和以团队为后盾的员工会更好地保持工作热情。员工之间的互相帮助、互相分忧、共同努力，是保持服务热情不竭的力量源泉。

在执行航班任务的过程中，机组成员是个合作的团体，并在分工与合作中完成机组的使命。面对执航过程中复杂的环境与任务，需要他们各行其是、各负其责、团结协作、互相依托、互相关照、互相鼓励。只有机组成员充分地合作，才能更好地理解各自的使命与责任，才能体会到服务的精髓。

2）机组成员与乘客之间和谐

"同舟共济"可谓是机组与乘客之间关系的最好写照。这里关键的问题是如何在有限的时间内愉快地相处，把公司的关怀传递给每一位乘客，让他们体会到公司无微不至的关怀。和谐意味着乘客能够体会到"宾至如归"的感觉，与机组人员融为一体，体会到轻松的氛围。在愉快的相处中，机组成员才能为旅客提供细致的服务，旅客才能感到由衷的满意。

在实际服务的过程中，经常出现航空公司对服务的要求与乘客要求不一致的情况。在一般情况下，服务人员是按照以顾客导向为依据制定的规章制度、服务程序为乘客提供服务的。当这些规章制度、服务程序不能满足乘客的要求，或乘客提出了更高的要求时，服务人员与乘客之间就会发生冲突，就会影响机组成员与乘客的和谐。为此，乘务人员必须充分了解公司的服务章程与规范，认真理解公司的服务思想，把握以乘客为核心的服务宗旨，才能忠诚于公司，让乘客的满意度提高。

3）乘客与乘客之间和睦

乘客作为被服务的对象，是共同的目标使大家走到一起的，目标一致，利益相同。但是，在乘客的群体中，也蕴藏着变化的因素，如矛盾、冲突、安全隐患，甚至极端倾向。为此，乘务人员必须关注乘客的状态，及时处理可能出现的问题，化解各种矛盾，保证乘客之间和睦相处，使之安全抵达目的地。

乘客之间的冲突是多方面的，有来自于服务过程中，如当服务人员无法同时满足几个乘客的不同期望和要求时，会出现乘客之间的冲突，因为乘务员为一个乘客服务，就意味着别的乘客需要等待，因而导致对服务的不满；另外也有来自于乘客之间的，如通道的拥挤、行李的放置、座位之间的相互影响等。这些来自于乘客之间的冲突，表面上看是乘客本身的问题，但实质上是服务的问题。如果服务过程能够提供便利，这些乘客之间的冲突就会化解，甚至消除。所以乘客之间的和睦，主要源自于航空公司为乘客提供便捷服务所进行的设计，源自服务人员对乘客之间的矛盾能否有效化解。

2．实现目标需要注意的问题

1）责任明确，责无旁贷

乘务组的明确分工是客舱服务目标实现的保证，也是服务工作的基本要求。各个舱位的乘务人员，必须明确自己的职责，明确自己的工作规范与目标，这样才能使服务工作形成一个整体。如果每个岗位都能很好地完成任务，客舱的服务质量就有了保证。相反，每个人都得过且过，缺乏责任心，那么，漏洞就会出现，服务过失也就在所难免。从服务过程的实践来看，任何微小的事件都隐含着极大的责任，都有可能演变成不可控制的事件，危及飞行过程，甚至飞行安全；从乘客的心理来看，任何微小的服务过失都可能引起乘客的不满，使努力付出的服务付诸东流。所以，空乘人员在执行任务的过程中，必须时时明确自己的责任，尽心尽力地履行自己的责任，不能以任何借口推卸责任。

2）互相补充，协同作战

客舱服务是以经验为基础的积累型服务，每个乘务人员的经验与水平各异，作为服务的团队，团结合作是弥补能力不足的有效办法。当某个乘务人员在处理问题的过程中陷入尴尬境地时，有经验的乘务人员需要挺身而出，协助化解矛盾，调解纠纷。

3）提高标准，保证服务质量

服务标准是实施空乘服务的基本依据，服务标准高低直接决定着服务过程与服务质量，如果服务标准能够适应服务目标的要求，那么，空乘服务目标的实现就有了良好的保证。服务标准应该适应乘客多样性的需求，根据乘客的期望及时调整服务标准，才能使公司的空乘服务处于领先地位。

这里需要指出的是，服务标准是客观的，而服务质量是主观的。服务质量是个十分模糊的问题，其模糊性来自于人的强烈的主观感受和选择判断的倾向性。心理学上有个著名的玻雷斯伯效应，指出人类的感觉器官是极端脆弱和不准确的。例如，把毫无药效的生理盐水注射给声称全身疼痛的人，结果多数人在测试报告中称"疼痛大大减轻"。玻雷斯伯效应告诉服务业者：高质量的服务表述和高质量的服务过程同等重要，顾客感知的满意程度才是企业真正关心的，而不应该抱着这样一种心态："我们的服务这样好，顾客应该满意了。"

4）细心观察，灵活应变

乘客构成的多样性和需求心理的复杂性，决定了服务过程中要细心、灵活应对各种情况。通常所说的"服务于服务之前"就是要求乘务人员在不断的观察中发现乘客的需求迹象,跟踪乘客需求的变化,选择合适的时机为乘客提供及时、灵活的服务。服务是个细致的过程,勤于观察,才能在第一时间获得乘客的需求信息,正确地做出判断,出现在需要服务的乘客面前。

5) 坚定不移,有始有终

服务满意程度除了服务过程的完美以外,还需要十分重视服务过程的关键环节,因为某一个敏感的细节往往成为乘客不满意的导火线,成为引发服务冲突的诱因。服务过程伴随着长时间的体力、精力与耐力的消耗,而乘客也会随着时间的推移产生身体疲劳、心情烦躁等不良反应,从而具有易于激动、情绪失控的心理特征。资料显示,旅途的后半程是最容易出现服务冲突的阶段。因此,服务人员在服务过程的任何阶段都不能麻痹大意,也不能减轻服务的强度。乘务长更要加强客舱巡视,提供个性化服务。

6) 身心互动,以情动人

空乘服务之所以是高层次服务,关键在于服务过程的心理投入。情感是通过眼神的交流和温馨、甜美的笑容来传达的,乘客最不能接受的是心不在焉的服务过程,因为那是对他们的不尊重,是服务的懈怠。神情与服务内容合一,才能传递真心的呵护,才能使乘客体会到温暖。

7) 技能精湛,万无一失

空中乘务的技术性很强,需要专项技能的支持。空乘服务是在运动的空间内完成的,这又加大了服务的难度。所以,服务人员必须具备精湛的服务技能,这是需要长期磨炼的,特别是那些应急设备,必须熟练掌握使用方法和使用条件,绝不能得过且过,否则就是在安全方面的渎职。再有,对特殊情况的处理,必须具备高超的技能,以应付可能出现的各种情况。

8) 创造内部环境,激发责任感

国泰航空公司的理念是:乘客要得到最好的服务。只有服务人员的服务发自内心才是真正的好。但怎么能让员工对乘客的服务发自内心呢?他们的答案是:如果公司首先给予员工安全感,员工在这里工作就会有归宿感,就会更好地表现出责任感,更好地回报公司。他们认为,员工自己需要得到公司的良好服务,才能把这种情感转移到为乘客服务上,才能够提供发自内心的服务。正因为公司的关怀,激发了员工的工作热情,许多国泰员工终生为其工作。

国泰航空公司的实践表明,公司必须将一线的空乘服务人员作为宝贵的资源,而不能认为他们是公司组织中最底层的人员,随意更换与辞退。这样才能真正激发乘务人员持续的工作热情。当员工感受到他们的价值,感受到"他们所做的一切正在改变、影响着整个公司的服务"时,他们就会将实现服务目标置于自己自觉行为的最高层面,内在的潜能就会得到最好的激发。

案例 5-3

好奇的乘客穿上了救生衣

某航班上,乘务员在巡视客舱时,突然发现有一位乘客身上穿着一件已充了气的救生衣,询问后得知是该乘客看完安全演示录像后,好奇地想看看救生衣到底是什么样子,当拿出来摆弄时,不小心碰到了充气阀门,造成救生衣充气。乘务员立即进行了以下紧急处理:报告机长;制止乘客的不当行为;向乘客宣传应急设备只有在紧急情况下才可以使用;根据机长下达的处理原则,协调地面人员做好善后工作。这件事情发生后的处理方式比较正确,但造成这一事件的主要原因是乘务员对客舱监控不力。乘客中的很多人,特别是初次乘坐飞机的人会对飞机上的设备有强烈的好奇心,有的人还会亲自动手触摸尝试,极易发生危险,乘务员应该保持高度的责任心,对乘客的好奇心加以正确引导,以防止此类事件的发生。

资料来源:高宏,安玉新,王化峰,等. 空乘服务概论[M]. 北京:旅游教育出版社,2015.

第二节 空乘服务思想

一、空乘服务思想的内涵

(一)什么是空乘服务思想

空乘服务思想即对服务意义和服务行为的理解与态度。在空乘服务过程中,乘客与公司之间的关系、乘客与机组之间的关系、乘客与每个乘务人员之间的关系,构成了公司与服务对象关系的集合。这些关系,看起来很明确,但在实际工作中未见得能够完全体现出来。空乘服务思想就是站在市场、公司发展、企业竞争的高度,去正确认识上述关系,从而指导空乘服务的发展方向。

思想是指导行为的哲学或态度,也是服务行为方式的发源地。在实际服务过程中,优秀的服务案例和失败的案例的区别,表面看是问题处理的结果不同,其实关键是指导行为的思想不同。

例如,有些乘客刁蛮,而乘务员也寸步不让,据理力争,即使乘客退步谦让,乘务员仍觉得委屈,"我没有错呀,是乘客不对!"再有,乘务员中规中矩地为乘客服务,而提到为乘客提供延伸服务时就觉得不耐烦,认为:"我做得足够好了,为什么乘客还不满意?"其实,这些事例反映出的都是乘务人员对乘客核心地位的漠视,服务思想片面,服务意识缺乏。

(二) 空乘服务思想的延伸

服务应从被动到主动，从单一到全面。空乘服务是一项项细微的服务环节的综合，某个环节出现失误，就会使乘客对整个服务失望或不满，做好一个服务环节是比较容易的事，但把每一个细微的环节都处理好是很难的，这需要树立牢固的服务意识与正确的服务思想，并渗透在行为中。服务思想作为服务行为的指南，决定着服务人员的态度，引导着服务人员的价值取向。俗话说"服务是个良心活"，而这里的"良心"就是建立在正确服务思想基础上的价值取向。

如果服务意识淡薄，服务思想扭曲，必然带来服务质量上的问题，而且是根本上的问题。我们比较优质的空乘服务与较差的空乘服务之间差距的时候，很容易看出：服务思想的差距是根本问题。服务思想超前，服务贴近乘客的需求，那么服务内容就更丰富，服务过程就更细腻，服务行为就更完美。

二、空乘服务思想的作用

(一) 空乘服务思想是实现空乘服务目标的推动力

空乘服务思想是对乘客与航空公司关系的定位，这种定位确定了空乘服务人员的角色，也确定了乘客的角色。空乘人员就是公司为乘客服务的方案的具体实施者，全心全意地为乘客服务是空乘服务人员不可推卸的责任。

其实，空乘服务过程是空乘人员的心理准绳、职业习惯与技巧的结合，体现着一个航空公司的服务思想。这些思想除了体现在规范的服务过程之中外，它体现在当乘客提出责任、规定以外的要求时。如果乘务人员不知道该怎么办，或者延误了服务时间，或者简化了服务内容，就会损害乘客感知的质量。只有在强有力的服务思想的指导下，在强烈的服务意识的氛围中，乘务人员才能清楚地知道自己应该做什么。先进的服务思想能开启服务的思路，指导人们的行为，并使空乘人员感受到工作的乐趣，实现自己的价值，进而达到对自身的满意，满意的员工也会为乘客主动提供满意的服务。

(二) 空乘服务思想统一了空乘人员的行为

面对形形色色的乘客，服务过程到底有没有一个统一的标准？结论是：服务过程没有一个绝对的标准。因为，乘客的需求无法用同一个尺度去衡量，同样的服务规范也很难包容不同的乘客的需求。服务标准的最高境界在于空乘人员对服务思想灵魂的把握。

空乘服务思想，统一着人们的行为，也就给出了怎么做的答案，即只要是乘客需要的，只要是为了满足乘客的需要，我们都应该去做，而没有分内分外的区别，更没有任何推脱的理由。

(三)空乘服务思想是从空乘服务目标到乘客满意的桥梁

为乘客提供温馨优质的服务是航空公司永恒的追求,是空乘服务人员崇高的目标,然而,从目标的追求,到乘客的满意,不是仅靠朴素的感情就能办到的,需要在心灵深处确定乘客的地位,坚定不移地贯彻为乘客服务的理念,并落实在行动中。

其实,当面对需求各异的乘客的时候,当面对服务过程中复杂的具体问题的时候,特别是当乘客提出过高的要求,甚至有无理之嫌的时候,乘务人员的服务思想与服务理念将面临严峻的考验。平时思想意识不到位,行动就会走样,即使有良好的想法,但处理具体问题的时候也很难把握尺度。所以,一个优秀的乘务人员,必须牢固树立正确的服务思想,时刻将乘客利益放在首位。是否具备正确的服务思想是衡量一名乘务人员是否合格的基本标准,也是选拔空乘服务人员的基本标准。

(四)空乘服务思想是检验航空公司为乘客服务状态的标准

乘客是航空公司的基本市场,是公司赖以生存的基础,长期维系与乘客的关系,创造永久的客户是公司经营工作的基本方针。而能否保证为乘客提供的服务质量,首先是看它的服务思想与服务意识。无论是新航的"致力于以创新的产品与优质的服务为顾客提供最佳的飞行体验"的服务思想,还是中国南方航空公司秉承的"客户至上"的承诺,"可靠、准点、便捷"以及"规范化与个性化有机融合"的优质服务理念都是公司宗旨的写照,体现着公司的服务宗旨和对社会、乘客的承诺,体现着航空公司的社会价值。

 案例 5-4

为乘客服务坚定不移——你比我的姑娘还好

一位六十多岁的老者第一次坐飞机,也许是对飞机上琳琅满目的饮料感到好奇,有全部品尝的想法,他多次向乘务员要了多种饮料,甚至还有啤酒。不一会儿,由于对飞机的不适应,加上过多地饮用了饮料和啤酒,他开始呕吐,将座位周围的几个乘客全部熏走,舱内地毯上和座椅上也到处是污物。老人非常不好意思,但是他已经没有力气自己处理污物了。乘务员小张走到老人面前,拿来温水,给老人漱口,并用干净的毛巾将老人脸上、身上的污物擦洗干净,然后拿来一条毛毯给老人盖上。把老人暂时安顿好后,小张蹲下一点一点地清理地毯和座位上的污物。那种难闻的气味使人很不好受,好多乘客用手捂着鼻子,但是小张仿佛没有感觉到。清理完后,看到老人仍然虚弱地躺在座位上没有精神,她倒来一杯温水,慢慢喂给老人,并不停按摩老人的后背和胸口。10 分钟过去了,20 分钟过去了,她坚持做着同样的动作,脸上一直充满着关爱,所有看着她的乘客都感动了。老人慢慢好多了,他睁开眼睛,看到周围人关注的目光,再看看身边服务周到的小张,伸出那满是皱纹的手拉着小张眼含热泪地说:"我不知道说什么好,你比我的姑娘还好!"

资料来源:高宏,安玉新,王化峰,等. 空乘服务概论[M]. 北京:旅游教育出版社,2015.

三、空乘服务思想体系

空乘服务的特殊性决定了空乘服务思想是一个体系，它描述的不仅是单一的服务哲学，还有空乘服务过程中对乘客的态度。

（一）空乘服务的核心思想

"让乘客满意"是空乘服务的核心思想，是企业的精神所在，也是空乘服务追求的境界。它要求航空公司必须树立乘客第一、服务至上的思想，以满足乘客需要为己任，实践自己的承诺与社会责任。

"让乘客满意"也是航空公司争取乘客的基本武器，是航空公司建立企业信誉、树立良好企业形象、取得市场竞争优势的法宝。

"让乘客满意"的核心服务思想是航空公司建立系统服务思想的根本导向，通过服务思想的具体化、细化，全面塑造企业的服务文化，形成为乘客服务的良好氛围。

"让乘客满意"的思想来源于以下三个方面。

1. 乘客的服务期望

服务期望是乘客对航空公司服务的预期，是乘客期待在航班中获得的体验的总和。航空公司的服务目标就是实现"让乘客满意"的宗旨，乘客是否满意，不是由航空公司本身界定的，而是由乘客的心理体验决定的。因此，乘客对服务的满意度就成为评价服务的唯一标准。我们重视乘客，不仅仅体现在服务过程严格执行规范方面，更重要的是通过分析乘客的服务期望，发现乘客的诉求，使公司的服务有的放矢，更具有针对性。其实，发现了乘客的期望，也就找到了满足乘客需求最灵的钥匙。很多公司立足于自己的设计，想尽办法来满足乘客的要求，"一厢情愿"地为乘客提供多样的服务，可到头来效果并不理想，这说明航空公司的各种服务举措必须首先来源于乘客的服务期望，在服务设计、服务实施过程中给予充分的体现。

2. 尊重顾客的价值

顾客的满意点究竟在哪里？答案就是顾客价值的实现程度。据世界著名的管理咨询公司埃森哲公司（Accenture Consulting）的调查显示："客户关系管理正逐渐成为企业新的利润增长点，成为企业绩效考核的目标。"对航空公司来说，客户管理同安全、正点、快捷等一起成为评价企业竞争水平的极为重要的指标。客户关系管理不仅包括服务管理，还涵盖了相应的市场调查、决策分析、销售管理、合作伙伴管理、竞争对手管理和员工管理。客户关系管理的核心就是"顾客价值管理"。顾客价值已经成为企业未来竞争策略的核心。

21世纪顾客的价值体现为超越顾客满意。顾客是主人，顾客追求成功（事业的、身心的享受、体验、获利）。单纯的顾客满意已不能适应未来的顾客服务，在现实中，很多时候顾客的行为是非常令人难以理解的，即使他很满意你的服务，也不意味着会重复购买你的服务，仅仅通过提供服务形成的企业与顾客的关系是很脆弱的。留住老顾客，维护顾客的忠诚度，必须尊重顾客的价值，从而实现市场、销售、服务的协同。

另外，在追求顾客满意的时代，企业是服务的提供者，顾客是服务的享受者，企业提供什么服务，顾客就购买什么服务，顾客处于被动地位。在电子商务时代，顾客成为主人，企业由服务提供者转为帮助顾客成功的侍者，顾客购买服务，是为了获得知识、能力和机会。旧的思维方式是企业能为顾客做些什么，新的思维方式是企业能让顾客做些什么。一字之差，反映了服务含义的变化，旧的服务模式仅能满足顾客的某些需要，新的服务模式则帮助顾客增添一种能力、一种机会。

美利坚航空公司在客户关系管理方面是业内的佼佼者，公司 A 级会员体验到了做主人的滋味：他们可以提出许多要求，进行个人旅行设计，如乘客可以提出"从我居住地的机场到有海滩的地方票价低于 500 美元的班次有哪些"这样"苛刻"的查询条件。如果乘客将自己对于座位位置的偏好和餐饮习惯等列入了个人基本资料，就可以享受到公司提供的各种体贴入微的服务。

为保证顾客的主人地位，企业需要做出如下改进。

（1）从帮助顾客成功的角度出发，全面审视企业的服务策略、业务流程，加速企业的流程再造，使内部组织结构日益扁平化，给顾客创造自我管理的空间。顾客可以通过网络自己进行旅行设计、自己办理值机手续、自己选择机上座位等，甚至员工的考核、员工的工资制定——以前纯属企业内部的管理行为，也请顾客参与。

（2）发展顾客承担新角色的能力，引导顾客的价值观。在新的服务模式下，顾客部分地充当了企业员工的角色，这种角色的转变可能带来积极的影响，也可能产生消极的作用，如航空公司的常客得到了"飞行专家"的身份，可以帮助其他新乘客，协助他们找登机口或者系安全带，帮助他们缓解起落时的不适感或者向服务员索要饮料。但是"专家"也是抨击航空公司各类问题的主角，如能引导顾客认同企业的价值观，使之积极地与企业合作，则对提高航空运输服务质量大有好处。

（3）为顾客提供"量身订制"的服务，即为顾客提供极富"个性化"的服务，成为航空服务发展的必然趋势。现有的服务项目，主要还是以传统的、统一的标准式服务为主，尽管也是按顾客所需设置的，但都是批量生产的，也就是说，它至少是为满足一部分顾客需要设计的，不是为某一个顾客单独设计的，还不是真正的"个性化"服务，这既是因服务理念的局限所致，也有信息技术的限制的因素。现代信息技术飞速进步，掣肘的因素日益减少，主要还是观念转变的问题。

以往的看法是"量身定做"一般适用于有形产品的生产，不太适用于航空运输这类以无形产品为主、批量生产更有利于提高服务效率的服务业。这样的观点还对吗？让我们看两个例子：学校教育与航空服务相比，可以说更加具有无形的特点。在香港，一所知名中学有七百名学生，就有七百份课程表。学校根据每位学生的学科成绩、爱好制订课程计划，即每个学生都有适合自己情况的课程表。在业内，素有创新传统的英国航空公司已为 21 世纪的空中旅行设计了新模式，目前正在研制一种智能座椅，它将具有读取乘客体温并自动调整椅面温度的功能，还能测出乘客的身高和体重，并据此给椅身中有序放置的空气囊袋充气或放气，以符合乘客体形，使乘客能获得最大舒适度。在商务航班中，这种座椅能利用存储在信息卡上的信息，在旅客每次乘坐飞机时将其个人资料下载，从而及时调整座椅，实现"量身定做"。

3．公司的长远发展

一个显而易见的问题是公司的长远发展靠什么。其实，企业发展最宝贵的财富是企业长期积累起来的企业形象与信誉，而这种积累需要正确的指导思想来指引。如果说服务过程的一个失误属于技术性的，那么思想上的偏差再小也是全局性的，是致命的，具有深远的影响。例如，公司对乘客态度上的偏差，会导致公司服务政策上的偏离，会影响服务人员的服务意识和服务作风，其结果是失去乘客的信任，而要纠正这个偏差则需要长期的艰苦努力，甚至几代人的努力与付出。公司的长远发展要求企业的行为要建立在正确的指导思想的基础上，绝不动摇，通过培育过程，建立企业的服务信誉，建立赖以生存的基础——忠诚的顾客。显然，公司的发展是正确思想指引的结果。

（二）空乘服务的基本思想

服务不是机械性行为，服务过程的态度、意识和指导思想，时刻影响着服务人员用什么态度对待每一位乘客，决定着服务质量。空乘服务的基本思想体现在为乘客服务的细节上，具体体现在以下几个方面。

1．一切为乘客着想的服务体系设计

服务质量是否让乘客满意，固然离不开服务过程中服务环节的保证，但为乘客提供什么服务内容，提供什么质量的服务等预期的质量问题也至关重要。如果没有想到为乘客提供什么样的服务，也就谈不上如何为乘客提供服务。

服务体系的实践，就是航空公司根据乘客的需要与变化，通过服务创新，以乘客的需求为导向，进行服务产品的设计。这种服务产品的设计往往能够使企业站在服务竞争的制高点，更容易让乘客感到被企业所重视，使其通过自身价值的被承认而感到无上的满足。

2．一切为乘客利益考虑的服务保证措施

空乘服务是一项效果后置性很强的工作，在事情发生之后，即使采取服务补救措施，其后果也难以令人满意。所以，防患于未然是空乘服务的基本原则，为此，必须充分考虑乘客的利益，制定详尽的保证措施，防范到位，措施到位，而措施到位必须服务思想到位。当把乘客作为体贴关照的对象时，为其提供什么样的超值服务都不为过。

3．以服务乘客为荣的服务心理

服务对乘客来说是一种享受，而对服务人员来说是一种付出。这种付出，有人认为是一种快乐，有人却认为是一种负担。不可否认的是服务需要付出艰辛的劳动，有辛酸，有汗水，甚至付出血的代价，但换来的是乘客愉快的旅途生活，这是职业的要求，也是投身于空乘服务行业所享受的快乐。所以，空乘服务中，每个人都需要树立以服务为荣的思想，以全心全意的服务投入，换取自己价值的体现，赢得乘客对公司的满意评价。

4．一切为乘客方便的服务细节

服务是一项注重细节的工作，因为它伴随着乘客强烈的心理体验和个性的检验。服务工作中，经常出现的除了重大的问题以外，更多的是细微之处的安排与操作。"细心是消除服务冲突的有效手段"，"细微之处见真情"道出了为乘客服务的真谛。细节是构建乘客满意的基本要素，也是服务品质的重要体现。注重服务细节就是服务过程要细致入微，服务技巧要游刃有余，对乘客的需求要明察秋毫，每个服务动作要稳、柔，用表情传达服务的内涵。

"与人方便就是与己方便。"服务中的过失与失误往往是处理问题的出发点出现了问题。服务人员过于自我，必然导致忽视乘客，潜意识上的地位错位带来的不良后果便接踵而来。要学会细致、细心，在服务中体现细致；要贴近乘客的心理，从服务中体现乘客的价值。

5．一切为保证服务质量的技能

技能是提供优质服务的根本保证。服务质量是工作质量的反映，工作质量除了工作中的态度外，还需要精湛娴熟的技能。空乘服务技能具有两个功能，其一是完成服务过程，其二是体现空乘的高雅性，体现服务的高品位。空乘服务的技术动作特点就是雅致，体现着服务技能与服务艺术的完美结合。

（三）空乘服务的微观思想

空乘服务是由一系列微小而琐碎的具体服务工作组成的，通过每个乘务人员的工作来完成。每一个乘务人员都是身心结合的统一体，所表现出来的行为品质构成了公司的服务品质。因此，在实现空乘服务目标，打造航空公司品牌方面，每一个乘务人员在工作细节方面所表现出的服务品质至关重要。任何服务过程都离不开乘务人员身心的统一，通过服务向乘客传递着一种信息——被重视的程度，使每一个乘客感受着不同的心理体验。

空乘服务的微观思想固化在乘务人员心灵中，体现在服务的细节中。在现实层面上，空乘服务的微观思想具有直接的决定意义。例如，在空乘服务的过程中，每一个服务动作都需要做到神情与动作的有机结合，动作离开了神情，表情木讷，目光游离，服务动作就是机械的，乘客就会感觉到乘务人员心不在焉。空乘服务的微观思想就是对乘务人员心态与行为特征的具体要求，并将这些要求固化在行为中，体现在服务过程中。

1．爱心

爱是一种力量，爱是人与人交流中的核心信号，是人类行为的基本特征。在任何行为中，付出了爱心，这种行为就具有感染力，就使人感动，空乘服务之所以是高层次、高品位的，"爱心至上"是其本质特征。在空乘服务过程中，将乘客作为爱的对象，服务工作就会具有主动性，就会使服务行为充满生机与活力。

2．热心

如果说爱心是人类活动的本质特征，那么，热心是爱心在行为表现中的外在特征，是一个人的主动意识与行为的表现。一个热心的乘务人员，在服务中就会具有主动性——主动观察乘客的需要、根据乘客需求的潜在特征去主动询问、提供帮助。另外，热心也会反映在为他人提供帮助的频率上，从这个角度看，乘务人员应该是个"热心肠"的人，他会在为他人提供帮助中获得愉快的内心体验，感受服务于他人的快乐。热心的动力来自于爱心，热心的强度取决于性格，所以，培养热心必须首先塑造爱心，同时注意外向型性格的培养。

3. 细心

细心是服务质量的基本保证，也是对空乘服务人员的基本要求，细心既是一种态度，也是一种行为方式。说细心是对空乘服务人员素质的基本要求，就在于细心体现着体贴，体现着关怀；说细心是一种态度，就在于服务本身"没有借口"，不细心就意味着缺乏职业感与责任感，缺乏敬业精神；说细心是一种行为方式，也就是说，空乘服务需要细心的思考，需要长期养成的、习惯了的行为模式。细心就是在服务中把握分寸，因时、因地、因人提供个性化服务。粗心是细心的对立面，也是空乘服务潜在的敌人。树立细心的服务思想，就是要想得细、做得细，将服务过程置于细腻的服务之中。

4. 诚心

古语中"心诚则灵""精诚所至，金石为开"是对"诚"的最好描述。就像我们反复强调的那样，服务是心的贴近与爱心的传递，如果身心分离，敷衍了事，疲于应付，那就是缺乏诚心，就是缺乏服务意识与职业道德。每次乘客登机的时候，服务人员迎宾，微笑、鞠躬，看似简单，也似乎机械。但迎宾这一空乘服务的序幕，决定着乘客对航空公司、航空机组认可的程度，如果落座后你听到乘客讲"你看那迎宾小姐多亲切！"或"你看她那神情，简直就是一个木桩"，你就会明白乘客对乘务人员的态度多么在意。可以说，真诚的态度可以使乘客带着愉快的心情度过枯燥的空中旅行，忘记烦恼；相反，一份好的心境被破坏，服务冲突就由此埋下伏笔。

5. 恒心

空乘服务过程是在特殊的环境下完成的，这种环境不仅增加了劳动强度，而且对人的身心都具有一定的影响；同时，长途旅行对乘客的心情造成的不良影响，使乘客容易产生烦躁、不安的情绪；另外，乘客对航空服务的期望值很高，且多样化，增加了服务的难度与强度，长期的积累也容易使乘务人员的心理发生微妙的变化，产生厌烦情绪。因此，恒心是乘务人员必备的心理素质个性特征。一个人要能持之以恒地坚守在空乘服务的第一线，需要坚强的意志品质和顽强的毅力。

6. 耐心

耐心是对付出的一种坚持，是保持同一种行为的持久性，是面对重复出现的服务现象所保持的忍耐力，耐心表现为当重复事件出现时，特别是一个简单的事件反复出现时，仍能保持斗志与热情的心理倾向。通常情况下，耐心具有随时间而衰退的特征，亦即随着时间的推移，耐心的强度就会减退，就会变得不耐烦、敷衍，也就埋下了服务不满意的隐患。所以，空乘人员必须从职业角度培养自己的耐心，增强职业责任感；从个性的角度培养自己持之以恒的品性，始终如一地爱自己的岗位。

7. 奉献

奉献于社会、奉献于乘客是空乘服务微观思想的最高体现。奉献是行为动力的源泉，当奉献精神在乘务人员的心灵深深扎根的时候，他就会无私、大度、豁达、充满激情；奉献是乘务人员投身于服务的最高境界，奉献在服务过程中无法用语言描述，但会在服务的行为中得以体现，它使服务行为更加完美无瑕，更加人性化，能更好地提升服务层次。

案例 5-5

一位空姐的反思

一位空姐在完成一次航行任务后迈着沉重的脚步返回基地。航班服务中的一幕在眼前挥之不去……

当一位乘客提出需要湿巾的时候，她想：这是航班，不是酒店，不是你家，不是你想怎样就怎样。于是脸上露出不快的神情，并说："现在飞机上可能没有湿巾，我找找看吧！"然后，她一直没有给乘客圆满的答复。飞机着陆后，乘客找到了她，最后乘客说："小同志，其实我的要求并不过分，但是你的态度令我很不满意，能不能解决问题是一回事，但你的态度却说明了另一个问题呀！"

此时，这个空姐才意识到自己犯了不该犯的错误！当乘客有需要的时候，她把满足乘客的要求放在脑后，违背了公司的服务思想……于是她陷入了自责中。

空乘服务是在一定的思想驱动下的主动行为，服务思想决定了行为方式以及行为结果，有什么样的服务思想，就会有什么样的服务行为。因此，提高空乘服务质量，必须首先从服务思想的塑造入手，让服务意识深深扎根于每个乘务人员的心灵，固化在日常行为中。

资料来源：孙岚. 民航客舱服务案例精选[M]. 北京：化学工业出版社. 2015.

信息卡

中国东方航空公司的服务思想与文化

东航精神——满意服务高于一切
- 满意服务是履行使命和实现目标的基本保证，展示了东航人的奉献精神。
- 满意服务的内容是真诚回报的服务过程和用心关爱的服务境界。
- 满意服务的基础是保证安全。没有安全，便没有一切。
- 满意服务的对象是社会、客户、股东和员工。服务对象的认可与否，是评定我们服务质量的唯一标准。
- 满意服务永无止境，需要不断创新。

东航核心价值观之———精
- "精"意味着千锤百炼中打造的精华。精益求精是公司做强之道，是公司矢志培育的竞争优势。
- "精"将永远作为公司一切工作的出发点：航空安全上坚持一丝不苟和预防为主的原则，以确保旅客安全抵达；航空服务上倡导精诚努力和细微关怀的姿态，以营造满意服务的最高境界；人力资源上吸引和培养具有精明头脑和综合素质的人才，以提升企业竞争力；管理上树立精简务实的工作态度和精打细算的理财意识，以追求最大收益。

- 公司推崇精细务实的工作作风，注重对产品（服务）的精雕细镂并强调细节改进。

东航核心价值观之二——诚

- 诚信是公司立业之基。诚信是赢得客户、赢得市场的前提。放弃诚信就会使公司丧失生命力。
- 诚信是员工立足之本。诚实守信、忠诚正直，是必须恪守的职业道德。
- 公司忠诚于社会、客户、股东和员工，并要求员工忠诚于公司。我们倡导诚实守信的责任意识和诚恳真心的待人原则。
- 敬业是对岗位的诚信。我们包容诚实的错误，拒绝损害公司利益的虚假。

东航核心价值观之三——共

- 公司发展和社会、客户、股东、员工的利益相一致，同舟共济、和谐与共的发展是我们坚定不移的信念。公司相信员工满意是客户满意的前提，坚信事业成功来自全体员工的共同努力。
- 公司尊重员工的个性，同时要求员工具有团队意识、整体意识和大局意识。
- 公司接受地域文化的差异，但是更强调服从企业整体战略。公司承认利益的个体性，但是更强调团队管理的整体性，强调团队整体利益高于一切。唯有同心同德，才能不断战胜困难。

东航核心价值观之四——进

- 发展是硬道理，进取和创新是公司可持续发展的动力。
- 公司发展是保证安全前提下的发展，是确保服务质量的发展，是社会效益和企业效益相和谐的发展。同时，公司发展也是促进员工成长的发展，是实现与合作者共赢的发展。
- 树立忧患意识，才能赢得发展，不断前进。我们要始终保持发展的意愿，积极战胜困难，并付诸行动。
- 与时俱进是公司基业长青的保证，开拓创新是赢得市场的有效方针。我们尊重和鼓励员工的首创精神，并为此创造和提供必要的条件。

资料来源：高宏，安玉新，王化峰，等. 空乘服务概论[M]. 北京：旅游教育出版社，2015.

四、空乘服务思想的塑造

正确的服务思想不是从天而降的，更不是天生就有的，而是长期培养与塑造出来的，一个人潜移默化的成长环境是培养与塑造正确的服务思想的基础。从空乘人员的职业素质培养与要求来看，需要强化服务思想。

（一）深刻理解服务内涵，不断强化服务意识

在常人看来，服务是一种简单的劳动，然而空乘服务作为航空服务的外向领域，深刻地影响着行业的发展，以及行业的社会形象。真正站在航空服务的领域看空乘服务，空乘服务本质上已经超越了服务本身。特别是在市场竞争的推动下，航空公司不断地寻求服务创新，通过服务内涵的外延扩充，寻求企业发展的突破口，由此带动了与乘客关系的深刻变化。新型的顾客关系的核心就是重视顾客价值，而在顾客价值的导向下，服务意识则是服务人员智慧发挥的催化剂。我们必须承认，服务思想是个人素质与心理品质在职业平台

上的升华，具有服务意识，服务人员才能跨入服务的门槛，才与"服务"匹配。

就像人们探索我国空乘队伍水平时所描述的那样，"缺乏服务意识是我们空乘服务的致命伤"。塑造乘务人员的服务意识，是提高服务水平不可逾越的台阶，缺乏服务意识必然缺乏职业责任，服务必然处于一种游离状态，服务质量无从保证。

（二）正确认识服务本质，明确乘务人员与乘客之间的关系

"乘客是人，乘务人员也是人呀，我们不比乘客低一等。"我们会在不同场合听到乘务人员的抱怨。表面看来，乘务人员说得不错，乘务人员确实是与乘客具有同等权利的人。但仔细分析就会发现，站在职业的角度，空乘服务中无法遵守严格的平等关系，权利、人格上的"平等"会被职业所要求的与乘客之间关系的"不平等"所替代，这是利益关系所决定的。确定服务与被服务关系，就确定了服务过程中航空公司是满足乘客需要的主体，乘务人员是实现满足乘客要求的微观个体，一切必须服从于尊重乘客价值、体现乘客主导地位的思想。

（三）树立职业意识与职业精神，主动适应服务行业的要求

职业就意味着限制，它要求从业人员必须树立职业精神，遵守职业规范，执行公司的章程，这对从业人员来讲是毋庸置疑的责任。就选择空姐而言，具备良好的适应空乘服务潜质的预备空姐对于未来空乘服务质量的提高至关重要；对现有的空乘队伍，以职业意识来判断其未来的发展空间也是很好的标准。

树立职业意识与职业精神，就是要通过学习公司的精神与宗旨，理解公司对乘客的态度，发现乘客需求，树立主动服务的意识。

（四）磨炼自己的意志品质，体验服务的快乐

"服务是快乐的旅程"，当置身于服务之中的时候，心态是最重要的因素。任何态度的强化都是心理体验的结果，而心理体验在于体验过程中的心情与意志导向。热爱空乘服务职业是从业人员的基本要求，具有良好的心理体验、容纳百川的开阔胸怀是对空乘人员心理素质的基本要求。

一个人的意志品质是天生特质与后天培养的结果。后天培养的核心是在坚定的价值取向下的磨炼。有些人可能具有良好的意志品质倾向，但在具体行动中却没有表现出良好的意志品质，还需要在一定的环境中磨炼和固化，使这些优秀品质成为自己一贯的作风。

 案例 5-6

有这样一个需要治理的死角

飞机的客舱是乘客休息与乘务人员工作的地方。然而乘客们经常会发现，客舱的备品室却成为乘务人员偷懒、休息的地方。在飞机飞行中，服务巡视是乘务人员的基本任务，

乘务人员通过这个服务环节，去发现乘客的需求，并及时解决服务问题。然而，在国内许多航班上，很少见到乘务人员的主动巡视，呼叫铃倒成了乘客与乘务员联系的纽带，许多乘务人员躲在备品室里偷懒，甚至有些不得体的行为举止。人们不禁要问：我们休息的时候，乘务人员在做什么？客舱的状态谁来监控？如果乘务人员也休息，那么我们的安全由谁来保证？

这样一件平常的事情，反映了我们乘务人员的职业素质与服务意识——责任感的缺乏，别忘了乘客的安危都系在你的身上。

资料来源：高宏，安玉新，王化峰，等. 空乘服务概论[M]. 北京：旅游教育出版社，2015.

第三节　空乘服务文化

一、空乘服务文化的内涵

（一）服务文化

在精神层面上，服务是满足他人需求的价值多赢的情感性劳动。服务的过程离不开人与人之间的文化的沟通、价值的确认、情感的互动、信任的确立。服务是企业之本，而文化是服务之根、服务之魂，服务文化可以体现服务的最高境界。服务的竞争力在于服务文化的竞争力，具有文化竞争力的服务是不可战胜的。

服务文化是企业文化的组成部分之一，是指体现企业的服务特色、服务水平和服务质量的物质和精神因素的总和。

企业提供服务的目的是满足消费者的需要，消费者的需要得到满足的程度是衡量服务水平和服务质量的最终标准。因此，服务文化就体现在为了满足消费者的需要而提供的服务设施、方式、手段、环境和贯穿于实际服务过程中的各种观念上。

（二）空乘服务文化

空乘服务文化是指航空公司确定的服务宗旨、价值、服务精神、服务意识、对乘客价值认知的总和，体现在为乘客服务过程中企业服务行为的价值取向。"珍惜每一次服务的机会，珍惜每一个顾客的感受"，这种对乘客的态度与自身行为的告诫，体现了企业的服务价值在于乘客满意度的实现。

二、空乘服务文化的作用

（1）提升服务品质。在人们对航空服务的体验中，文化的定格具有总体性与先行性，服务文化的差异是服务差异的核心。例如，在对比国内外空乘服务的时候，人们不自觉地首先提出文化差异——人性化和人文化，即对人格的尊重；对比国内航空公司的差异时，往往也离不开对人格尊重的重视。一位受访的乘客在回答对航空公司的服务期待是什么时,脱口而出"要受到尊重",所以不难看出服务文化的品位决定着服务的品位与服务品牌。

(2)校正服务行为。不同的乘务人员在服务过程中,面对变化的环境与各类乘客群体,究竟是什么在"默默"指挥着其行为细节?是什么使他们在突发事件中"方寸"不乱?应该是企业文化的导向。当服务中面临"是与非"的选择时,企业服务文化的沉淀就成为纠正服务行为偏差的"法宝",这是一种心理契约。

(3)凝聚集体力量。服务文化能凝聚乘务人员和顾客的忠诚度。把认同文化价值的员工和目标客户凝聚在一起,形成良好的经营服务发展循环链,员工有自豪感,客户有优越感,良性互动交相辉映,可以有效提高企业的认知度和美誉度。

(4)提高竞争能力。服务文化可以塑造乘务人员的自律、自觉与自我约束,创造出不可战胜的团队。

 信息卡

民航服务创新候选案例:深圳航空有限责任公司—"旅"阳光

一、背景及起因

一"旅"阳光,贴心出行,不负所托。深圳航空有限责任公司(以下简称"深航")—"旅"阳光团队主要保障的旅客有无成人陪伴儿童、轮椅旅客、盲人旅客及其他需要特殊关注的特殊旅客,2012—2017年保障的特殊旅客逐年增长,现较成立之初已增长近20%。2017年全年,一"旅"阳光团队全年共保障特殊旅客39 424人次,其中,在2017年的暑运,团队共保障进出港特殊旅客20 587人次,日均保障特殊旅客332人次;而无成人陪伴儿童占特殊旅客保障人数的94%,暑运高峰期,单日保障进出港无成人陪伴儿童旅客839人次,占深圳机场保障总数的70%左右。密集的暑运客流里,离开父母独自出行的无成人陪伴儿童成为一道独特的风景线。

二、举措和亮点

(1)深挖旅客需求·践行真情服务。团队为落实"真情服务"的服务宗旨,深入挖掘旅客需求,一是开展"你的需求我知道"系列活动,邀请深圳市残友集团的残疾人朋友,召开"残疾人出行研讨会",了解残疾人的出行需求;二是邀请无成人陪伴儿童及家长,开展出行研讨会,了解其出行需求及担忧;三是受邀参加了第五届、第六届"大爱无言,牵手语心"深圳手语歌公益音乐会,团队成员牺牲休息时间,精心排练,给聋哑人朋友奉上充满真诚与爱心的节目。

(2)弘扬爱心精神·播撒爱心火种。团队的成员均是深圳志愿者,常利用自己的休息时间参加志愿者活动。参加了残友"帮帮厨"活动,为残疾人朋友做饭,走入他们的工作、生活中去;走进特殊儿童康复中心,给特殊儿童送去温暖;走进社区,为社区居民提供计算机维护、血压测量、手机贴膜等志愿者服务;还参加环保志愿活动,到凤凰山捡垃圾,维护凤凰山森林公园的环境。让员工更加了解不同社会群体的服务需求,更好地运用到工作中,也正因为此,一"旅"阳光团队荣获了第七届中国公益节公益践行奖。

三、案例详情

（一）内在修炼优服务

（1）"微微一笑"。一"旅"阳光成员每天与自己保障的特殊旅客微笑留念，将感动瞬间记录在手机中，收集微笑的力量，通过正能量的传播提高自己主动服务的动力。

（2）日行一善。一"旅"阳光的成员都会在工作之余为旅客做一些力所能及的小事，点滴的记录汇聚成爱的江河，激励自己与团队。

（二）细节优化促服务

（1）满满细节心。一"旅"阳光优质示范组为每一位前来办理手续的轮椅旅客盖上一条毛毯，温暖旅客的身体，保护旅客的尊严。同时也为需要特殊帮助的旅客提供毛毯。

（2）浓浓敬老情。一"旅"阳光优质示范组员工协助老人乘坐电瓶车或直接送至登机口。

（3）线上小管家。将特殊旅客需前往柜台申请手续的工作前移至微信预约填单，节省了旅客的时间。

（4）候机欢乐多。为无成人陪伴儿童提供温馨舒适的等候环境，提供适龄的图书及玩具，引进了机器人小宝陪伴孩子们候机。

（5）航延有真情。在航班延误时，一"旅"阳光爱心组成员在候机楼推车为旅客服务，推车上配备了热水、毛毯、扑克等，及时给航延等待的旅客关怀，并特别关注老、弱、病、残、孕旅客。

（6）爱心便民箱。在特殊旅客柜台为旅客提供"爱心便民箱"，便民箱中有针线包、护理包、创可贴等，为有需要的旅客提供服务。

（7）爱心摆渡车。为了给特殊旅客提供全方位一体化的接送机服务，让行动不便的旅客有更加便捷、舒适的出行体验，特地为特殊旅客准备了专用的无障碍中巴车。

四、效果或收益

一"旅"阳光优质示范组自 2012 年 3 月 21 日成立至今，秉承公司"任何时候，自然体贴"的服务宗旨，一路陪伴需要帮助的旅客。团队优质的服务得到了广大旅客的认可和社会各界的广泛关注与传播——深圳电视台多次对一"旅"阳光的服务进行报道；2018 年春运期间，团队还接受了央视财经频道的专访，受到社会各界的好评与关注。

资料来源：民航服务创新候选案例：深航一"旅"阳光[EB/OL]．（2018-03-20）．http://news.carnoc.com/list/440/440217.html．

三、空乘服务文化的构建

组织文化是在一个企业核心价值体系的基础上形成的、具有延续性的共同的识别认知系统和习惯性的行为方式，既包括看得见的行为举止，也包括隐含的规则、价值和假设，基于这些价值和假设，企业形成了自己的政策和行动。

现代企业文化由三个层次构成，即物质层、制度层和精神层。物质层是企业文化的外在表现和载体；制度层约束和规范着物质层及精神层的建设；精神层包括基本信念、价值标准、职业道德及精神风貌等。精神层是企业文化的内核，有无精神层是衡量一个企业是否形成了自己的企业文化的标志。

航空公司需要塑造独特的企业文化，来影响成员的服务态度，引导实现组织目标，提高服务的水平和技能。2001年,南航被总部位于英国伦敦的"航空服务质量"网站(www.airlinequality.com)评为中国地区最佳航空公司。2002年,国内民航业重组,我国加入了WTO,竞争环境发生了新的变化,南航与罗兰·贝格咨询公司(德国)合作,开展公司新战略的研究,其中包括文化战略,提出了南航文化变革计划,制订了南航新文化方案——"南航心约",确定了一整套公司使命、核心价值观与公司原则。

"南航心约",一方面,体现了文化作为共同价值观以及标准的某种约定含义;另一方面,新的文化强调"用心为人、处事",它主要包括五个方面的内涵——对员工关心、对客户热心、对同事诚心、对公司忠心、对业务专心。这就是"南航心约"的灵魂所在。

 信息卡

"南航心约"

(一)公司使命

让南航成为客户的首选,成为沟通中国与世界的捷径。

(二)公司核心价值观

1. 南航人

(1)我们为员工提供培训和职业发展机会,并把员工的业绩作为选拔、提升和奖励的唯一标准。

(2)我们吸引和招聘杰出、有抱负和最具企业家精神的人才。

(3)我们坚信公司成败的关键在于能否使员工发挥其巨大的力量和才能。

2. 客户至上

(1)我们的客户既包括外部的乘客和货主等,也包括内部的同事。

(2)客户在我们的心目中占有至高无上的地位。

(3)我们竭力满足客户的要求,并尽可能超越客户的期望。

3. 安全

(1)安全是人类的基本需求,安全是航空公司生存与发展的基础。

(2)有了安全不等于有了一切,没有安全将失去一切。

(3)我们坚信只要采取必要的措施,安全就可以得到保证。我们把安全工作作为所在业务领域里的最基本工作,我们致力于保障客户和员工的安全。

4. 诚信

(1)我们诚实正直,坦率待人,并始终努力去做正确的事情。

(2)我们是遵纪守法的企业。

(3)我们坚信,不讲诚信,其道不正,不讲诚信,其财不生。

(4)我们在做每一次决定、采取每一项行动时始终坚持公司的价值观和原则;我们坚守并履行"对公司忠诚、对客户热诚、对同事坦诚"的承诺。

5. 行动

(1)我们挑战陈规,勇于创新。

(2)我们以最快的速度采取有效行动。

（3）我们主动进取，并努力把我们所做的任何事情做到最好。

6. 和谐

（1）我们坚持积极健康的人生态度，推崇互相信任、密切配合的处事原则。

（2）我们和客户、供应商、政府以及我们的社区有着共同目标，与所有为实现公司使命做出贡献的各方建立和谐友好的关系。

（3）我们致力于建设和谐的团队，依靠团队的共同努力达到我们的目标。

（三）公司原则与行为期望

1. 专注于航空运输主业是我们的长期发展战略

（1）公司的愿望是 5 年内成为中国最大和最成功的航空公司，在 10 年内进入亚洲前 5 位航空公司之列；只要我们始终专注于航空运输主业，我们一定能实现目标。

（2）我们在较长的时间内专注于航空运输主业。将所有资源投入到航空运输主业，只做也只争取做促进航空运输主业发展的工作，抵制任何业务多元化的诱惑。

2. 公司必须在盈利的情况下不断扩大

（1）创造效益是企业的责任，没有效益就没有企业的明天。我们将在符合我们其他原则的情况下争取获得最大限度的利润。

（2）我们追求公司整体效益最大化而非局部效益最大化；追求公司长期效益最大化而非短期效益最大化；重视企业的长期可持续发展。

（3）控制成本是我们的成功之本，节俭是我们推崇的美德。

（4）任何扩张都必须符合公司的赢利目标。

3. 增强企业竞争力是我们规模经营的基础

（1）全面提升企业内部的网络管理能力、营销水平、运行管理、服务水平和安全水平。

（2）我们竞争力的差距在于我们的人员技能和管理水平。

（3）提高管理水平和技术水平是我们实现规模经营的基础。

（4）科技水平的持续提高是企业不断发展的原动力。

4. 我们尊重每一位员工

（1）我们相信每一位员工的能力，并且相信其愿意发挥最大潜力。

（2）我们激发和帮助员工去实现更高的期望、标准和具有挑战性的目标。

（3）我们珍视每个员工的不同之处。

（4）我们如实反映个人的表现。

5. 时刻关注生存环境的变化，保持危机和变革意识

（1）没有危机意识就是最大的危机，沉醉于成功必将导致没落。唯有时时心怀恐惧才可能保持长期的成功，让我们保持虚心学习的态度和足够的灵活。

（2）我们力求及时地了解客户及其不断变化的需要，发展与供应商之间紧密互惠的关系，随时关注竞争对手的动向，积极分析政府政策对我们业务潜在的影响，关注宏观经济发展趋势。

（3）随时准备调整我们的战略，随时准备进行业务和管理变革。

6. 学习和创新是我们成功的基石

（1）未来的成功取决于我们现在的学习态度以及学到了什么。

（2）我们向优秀的同行学习，向竞争对手学习，也从我们所犯的错误中学习。

（3）我们要进行有效的知识管理，通过培训让更多的人接触到更多的知识。

（4）学习型企业是一个员工不断追求创新的企业，持续成功的唯一道路是不断创新。
（5）客户是我们创新的源泉，满足客户需求的过程应是创造和完善的过程。
（6）我们不断进行自我评估，鼓励创造性思维，不断改进工作流程、提高技术水平。

7. 以正确的方式做正确的事情，努力把所做的任何事情做到最好
（1）公司相信每个员工都能识别并去做正确的事情。
（2）正确的方式是指按规章制度办事，反对随意、盲目和蛮干。
（3）我们用最高的道德和职业水准来做正确的事情，对照公司内外的最高标准来衡量我们的工作表现。
（4）我们善于从过去的成功与失败中吸取经验教训。

8. 提倡业绩为标准的公平，反对平均主义
（1）偶然的过错可以宽容，无所事事不能原谅。
（2）我们以业绩论英雄。
（3）公平不是平均主义。平均主义是对贡献突出者的打击，对业绩平庸者的迁就。

资料来源：高宏，安玉新，王化峰，等. 空乘服务概论[M]. 北京：旅游教育出版社，2015.

本章小结

本章从空乘服务目标、空乘服务思想、空乘服务文化等方面诠释了空乘服务质量管理思想，服务目标、服务思想是空乘人员行为的导向，按照空乘服务目标体系的要求，有效地开展服务工作，是航空公司持续发展的基本源泉，同时，作为一种体系性的目标，要求目标的实现必须全面、系统。只有全面地体现乘客的价值，航空公司的市场基础才能扎实。

空乘服务思想就是站在市场、公司发展、企业竞争的高度，正确认识与乘客的关系。提高空乘服务质量必须从提升服务思想和服务意识入手，解决服务的根本问题。

思考与练习

一、选择题

1. 空乘服务的核心思想为（　　）。
A. 让乘客满意　　B. 公司的利益至上　　C. 员工的价值　　D. 员工的获得感
2. 现代企业文化由三个层次构成，其内核是（　　）。
A. 物质层　　　　B. 制度层　　　　　　C. 精神层　　　　D. 服务层

二、简答题

1. 简述空乘服务目标的作用。
2. 简述空乘服务思想的内涵。

第六章　空乘服务质量管理环节

教学目标

1. 了解空乘服务内容与服务质量管理的关系。
2. 掌握空乘服务的基本程序与规范，树立空乘服务的整体概念。
3. 掌握空乘服务质量评价体系，以便将来进入岗位后更好地开展服务工作。

引例

美国西南航空公司的企业文化

美国西南航空公司创建于 1971 年，当时只有少量顾客、几只包袋和一小群焦急不安的员工，现在已成为美国第六大航空公司，拥有 1.8 万名员工，服务范围已横跨美国 22 个州的 45 个大城市。

1. 总裁用爱心管理公司

现任公司总裁和董事长赫伯·凯莱赫是一位传奇式的创办人，他用爱心（LUV）建立了这家公司。LUV 说明了公司总部设在达拉斯的友爱机场，LUV 也是他们在纽约上市股票的标志，又是西南航空公司的精神。这种精神从公司总裁一直感染到公司的门卫、地勤人员。

踏进西南航空公司总部大门，你就会感受到一种特殊的气氛。一个巨大的、敞顶的三层楼高的门厅内，展示着公司历史上值得纪念的事件。当你穿越欢迎区域，走过把办公室分成两侧的长走廊时，你就会沉浸在公司为员工举行庆祝活动的喜悦气氛中——长廊的墙壁上挂着数百幅配有框架的图案，镶嵌着成千上万张员工的照片，内容有公司主办的晚会和集体活动、垒球队、社区节目以及万圣节、复活节活动。早期员工们创作的一些艺术品也巧妙地穿插在这些图片和照片中。

2. 公司处处是欢乐和奖品

你到处可以看到奖品。饰板上用签条标明心中的英雄奖、基蒂霍克奖、精神胜利奖、总统奖和幽默奖（这张奖状当然是倒挂着的），并骄傲地写上了得奖人的名字。你甚至还可以看到"当月顾客奖"。

当员工们迈着轻快的步子穿越大厅过道，前往自己的工作岗位时，他们谈论着"好得不能再好的服务""男女英雄"和"爱心"等。公司制定的"三句话训示"挂满了整个建筑物，最后一行写着："总之，员工们在公司内部将得到同样的关心、尊敬和爱护，这也正是公司盼望他们能让外面的每一位乘客得到的关爱。"好讲挖苦话的人也许会想：是不是走进了好莱坞摄影棚？不！这是美国西南航空公司。这里有美国西南航空公司保持热火朝天的爱心精神的具体事例：在总部办公室内，每月做一次空气过滤，饮用水不断循环流动，纯净得和瓶装水一样。

节日比赛丰富多彩。情人节那天有最高级的服装，复活节有装饰考究的节日彩蛋，还有女帽竞赛，当然还有万圣节竞赛。一年一度的规模盛大的万圣节到来时，他们把总部大楼全部开放，让员工们的家属及附近小学生们都参加"恶作剧或给点心"游戏。公司专为后勤人员设立了"心中的英雄"奖，其获得者可以把本部门的名称漆在指定的飞机上保留一年，作为荣誉。

3. 透明式的管理

如果你要见总裁，只要他在办公室，你可以直接进去，不用通报，也没有人会对你说："不，你不能见他。"

每年举行两次"新员工午餐会"，领导们和新员工们直接见面，保持公开联系。领导向新员工们提些问题，例如，"你认为公司应该为你做的事情都做到了吗？""我们怎样做才能做得更好些？""我们怎样才能把西南航空公司办得更好些？"员工们的每项建议，在 30 天内必能得到答复。一些关键的数据，包括每月载客人数、公司季度财务报表等，员工们都能知道。

"一线座谈会"是一个全日性的会议，专为那些在公司里已工作了十年以上的员工而设的。会上副总我们对自己管辖的部门先做概括介绍，然后公开讨论。题目有："你觉得西南航空公司怎么样？""我们应该怎样使你不断前进并保持动力和热情？""我能回答你什么问题吗？"

4. 领导是朋友又是亲人

赫伯和员工们一起拍照片时，他从不站在主要地方，总是在群众当中。赫伯要每个员工知道他不过是众员工之一，是企业合伙人之一。上层经理们每季度必须有一天参加第一线实际工作，担任订票员、售票员或行李搬运工等。"行走一英里计划"安排员工们每年一天去其他营业区工作，以了解不同营业区的情况。旅游鼓励了所有员工参加这项活动。

为让员工们对学习公司财务情况更感兴趣，西南航空公司每 12 周给每位员工寄去一份"测验卡"，其中有一系列财务上的问题，答案可在同一周的员工手册上找到。凡填写测验卡并寄回全部答案的员工都登记在册，有可能得到免费旅游。

这种爱心精神在西南航空公司内部闪闪发光，正是依靠这种爱心精神，当整个行业在赤字中跋涉时，他们连续 22 年盈利，创造了全行业个人生产率的最高纪录。1999 年有 16 万人前来申请工作，人员流动率低得令人难以置信，连续三年获得国家运输部的"三皇冠"奖，表彰他们在航行准时、处理行李无误和客户意见最少三方面取得的最佳成绩。

资料来源：高宏，安玉新，王化峰，等. 空乘服务概论[M]. 北京：旅游教育出版社，2015.

空乘服务质量管理的基本手段有质量方针、质量标准、质量体系、服务规范、质量评定和质量认证等。

（1）质量方针是由组织的最高管理者正式发布的该组织总的质量宗旨和方向，与组织的总方针相一致并为制定质量目标提供框架。

（2）质量标准由有关各方协商一致，经国家标准化管理部门或民航行政管理部门批准，按照特定的形式发布，其对空乘服务质量应达到的要求所做的统一规定，一般分为工作标准、技术标准和管理标准三个方面。

（3）质量体系是指为实施质量管理的组织结构、职责、程序、过程和资源。

（4）服务规范是指为达到某一服务标准而采用的程序化、定量化、制度化为主要内容的科学方法。

（5）质量评定是由旅游管理部门组织客人、专职质量评定人员和有关专家，按照空乘服务质量标准的要求，对空乘服务质量进行的综合评估。

（6）质量认证是指质量认证机构根据服务质量管理标准，对符合要求的空乘进行资格认证，并颁发相应的质量认证证书的活动。

第一节　空乘服务质量设计

随着人们生活水平的提高，选择航空出行的人越来越多，所以民航业逐渐成为国民经济的重要组成部分，而空乘服务的质量对民航业发展的影响也越来越大，所以必须把提升空乘服务质量作为重要抓手来促进民航业发展。

一、空乘服务质量方针

空乘服务质量方针又称空乘服务质量政策，是民航企业质量行为的指导准则，反映民航企业最高管理者的质量意识，从一定意义上来说，空乘服务质量方针就是民航企业对空乘服务的质量管理理念。

质量方针的基本要求应包括供方的组织目标和顾客的需求，一般包括产品设计质量、同供应厂商的关系、质量活动的要求、售后服务和制造质量、经济效益和质量检验的要求、质量管理教育培训等。

最高管理者在制定质量方针时，应确保其满足下列要求。

（1）与组织的宗旨相应。由于一个组织客观上存在着多个管理体系，如质量管理、环境管理、财务管理、安全管理等体系，这就要求每一个体系都必须为实现组织的宗旨和总体战略目标而建立，每一个体系的方针与目标都必须与之相适应，质量管理体系当然也不例外。

（2）满足要求和持续改进的承诺。满足要求包括顾客明示的、习惯上隐含的、适用的法律法规所规定承担的责任与义务，以及组织对顾客的承诺。随着社会生产水平的提高，顾客的需求也不断提高，这就要求组织必须确立持续改进的目标。

（3）提供制定和评价质量目标的框架。质量方针是组织建立质量目标的框架和基础，质量目标是质量方针的展开与落实。提供框架的目的是为了确保建立和评价的质量目标与质量方针保持一致，进而确保质量方针与宗旨相适应。

（4）在组织的适当层次上得到沟通与理解。沟通的目的在于理解要求，解决不一致；沟通的方式通常由最高管理者在适当的层次上进行传达、贯彻，或以文件的形式下发，组织学习，以达到沟通和理解的目的。

（5）在持续的适宜性方面得到评审。企业在管理评审中应对质量方针的持续适宜性进行评审，以提高其实施的有效性。

（6）质量方针应形成文件，并按文件控制要求对其制定、批准、评审和修改等环节予以控制。质量方针的展开与落实具体体现在质量目标上，质量目标必须是定量的、可测量的。空乘服务是民航服务的一个环节，空乘服务质量方针的制定应在民航总体质量方针的框架内。对于航空公司来说，服务是企业的核心竞争力，服务质量是企业生存和发展的根本保证。航空公司应建立"以客户为中心"的服务理念，在不断提高员工满意度的同时，尽可能让每一个服务环节都满足旅客的合理需求，这样才能在激烈的竞争中立于不败之地，并提高其长期盈利能力。

 信息卡

长安航空责任有限公司的质量方针和目标

1. 质量方针

公司的质量方针是通过对生产和服务过程的品质管理和持续改进，使长安航空责任有限公司的产品和服务成为顾客的首选，促进长安航空责任有限公司持续、健康、快速的发展，为社会做出更大的贡献。

2. 质量目标

（1）航班正常率不低于80%。
（2）客舱服务满意率不低于98%。
（3）地面服务满意率不低于98%。
（4）运输行李差错率不大于0.1‰。
（5）飞机机械故障不正常千次率不超过8。
（6）飞机事故征候万时率不超过0.6。
（7）维修事故征候万时率不超过0.45。
（8）无运输等级事故。
（9）无重大火灾事故。
（10）无航空地面事故。

资料来源：某某航空公司质量管理手册[EB/OL]．（2015-01-25）http://www.doc88.com/p-1806003445348.html．

二、空乘服务的基本程序

空乘服务一般分为四个阶段：飞行前的预先准备阶段、飞行前的直接准备阶段、飞行中的飞行实施阶段和飞行后的航后讲评阶段。

（一）飞行前的预先准备阶段

空乘服务工作的预先准备是指客舱乘务员接受任务后、乘务组登机前所进行的各项准备工作。这个阶段是空乘服务工作的起始阶段，也是保证服务质量的重要环节。在准备中，要做到细致、周全、规范，准备过程科学严谨。包括明确飞行任务，了解航班状况，进行个人心理、仪态着装与携带物品准备等。

1. 接受任务

乘务员需要做好以下工作。

（1）从航班生产调度公告上确认航班信息，包括航班性质（辨别正班、加班、包机、急救或补班等）、航班号、航段、起飞时间、日期、报告机型、机号等。

（2）了解主任乘务长等乘务组的组员信息。

（3）熟悉航线，包括了解机场名称、方位、离城距离，飞行时间、距离与高度，航线地理。

（4）复习相关业务资料，包括熟悉紧急情况处理办法，熟悉重要乘客、特殊乘客的服务方法，熟悉各岗位职责。

（5）完成个人准备，包括仪容、仪表、化妆、着装，准备业务资料、广播词、上岗证、登机证、体检合格证、乘务员训练合格证、乘务员手册、客舱服务规范手册以及个人必备物品等。

主任乘务长（代班乘务长）需要做好以下工作。

（1）完成乘务员接受航班任务的各项准备工作。

（2）领取任务书，确认飞机到场时间、停机位置、客座信息以及VIP乘客信息。

（3）领取相关的单据。

（4）领取乘务长包，确认包内物品齐全并签字。

（5）完成国际（地区）航线乘务员护照领取与管理工作。

2. 乘务组签到

（1）所有乘务组成员必须按时签到。

（2）了解乘务员的身体状况，如身体健康不合格，需及时更换乘务员。

（3）签到时乘务员的仪容仪表必须符合规范要求，确保个人携带物品齐全。

3. 航前准备会

（1）起飞前1小时50分签到后开会，检查乘务员所携带物品是否齐全，宣布机长、航班任务，明确各岗位分工，提出工作程序。

（2）乘务长向机长汇报准备阶段的情况，提出机组成员主要应注意的问题，听取机长的指示与要求。

（3）熟记本次航班机型服务设备和紧急设备的位置、数量、使用方法和注意事项；研究各种紧急处置方案，并由乘务长做具体分工，传递局方、公司和客舱部的最新信息。

4．乘务组出行

在乘务长带领下，乘务员列队统一乘车，通过安全检查后登机。

（二）飞行前的直接准备阶段

飞行前准备是指乘务组登机后检查相关设备保证飞行安全，并检查为乘客准备的服务用具、用品的情况，以便迎接乘客登机。一般根据航班起飞时间，提前一个小时登机，开始下列工作。

1．登机前的清舱

（1）清舱主要包括处理可疑物品或无关人员。如发现可疑物品与人员，应及时报告安全员和主任乘务长（代班乘务长），主任乘务长及时向机长汇报，并由机长决定通知相关部门。

（2）乘务员如发现乘客遗留物品，按规定的交接程序处理。

2．客舱应急设备检查

检查紧急出口是否可以正常操作，客舱内应急设备完好并处于规定位置，标示压力的指针应处于正常区域，铅封应完好，以确保在发生释压、失火等安全事故时能够及时、有效地进行处置。

检查项目有舱门、滑梯包、救生船、手提式氧气瓶、灭火瓶、救生衣、氧气面罩、安全带、麦克风、防烟面罩、手电筒、急救药箱等。

3．客舱服务设备检查

确保服务设施和厨房设备处于待用状态，《客舱故障记录本》上记录的客舱故障已排除，各种设施干净整洁并能够正常使用。在检查厨房设备时，应确保能够为旅客提供相应的各项服务，可移动设备应固定完好，杜绝安全隐患。

检查项目有厨房设备、供水系统以及电源系统的情况，餐车与用具箱是否固定，娱乐设施的状态，厕所、行李架、小桌板、座椅靠背、阅读灯、观察窗等。

4．各类物品的清点、检查与交接

（1）检查机供品。

（2）检查餐食的数量、质量，核实餐食种类，并向乘务长报告。

5．客舱卫生状态检查与确认

（1）责任乘务员（根据航班情况指定）依据检查标准对负责区域进行检查，验收合格后汇报主任乘务长。

（2）主任乘务长负责与清洁部门责任人签字确认。

6．机组协作会

（1）机组协作会应根据机长的要求适时召开。

（2）主任乘务长主动遵循机长的要求，组织相关岗位机组成员参加。

7. 综合汇报

（1）各号位乘务员（由乘务长安排的机上指定位置的每个乘务员）在直接准备工作就绪后，首先向区域乘务长汇报准备情况。

（2）区域乘务长向主任乘务长汇报客舱的准备情况。

（3）主任乘务长向机长汇报客舱整体准备情况。

8. 登机准备工作

（1）乘务人员的仪态、仪表准备。

（2）再次清舱，播放登机音乐，并调亮客舱灯光。

（三）飞行中的飞行实施阶段

飞行中的飞行实施阶段是指乘客开始登机到乘务组下机之间所做的各项工作，直接体现着航空公司的服务质量。此阶段乘务员与乘客直接接触，乘客全面感受机组的服务工作与服务质量，包括起飞前的服务工作、空中的服务工作和乘客下机阶段的乘务工作三部分。

1. 起飞前的服务工作

此阶段是指从乘客登机开始至飞机从跑道滑行起飞止的全部过程，乘务员需要完成所有的飞行准备工作。主要工作如下。

（1）热情迎接乘客，介绍座位号码，区别不同乘客引导座位，安排行装摆放，对紧急出口座位的乘客进行评估。

（2）公务舱迎客服务。

（3）清点乘客数量，核对并报告。

（4）汇报机长，关闭机舱门，广播安全须知和注意事项。

（5）播放欢迎广播、起飞前的安全检查（包括内外场的安全检查：安全带、小桌板、座椅、遮光板、行李架、过道、紧急出口、电子设备等状态的检查）。

（6）乘务员就座，回顾应急程序。

2. 空中的服务工作

（1）主服务阶段：广播航线、客舱巡视、餐饮服务、清洁洗手间备用、播放录像、客舱值班与健身、免税商品销售、协助旅客填写入境卡（中程夜航、远程国际航班）、预报到达时间、到达站温度、物品回收等。

（2）飞机下降阶段的乘务工作：下降前安全检查广播、安全检查、向机长汇报、再次确认安全带广播。

（3）落地后的滑行阶段的乘务工作：落地广播、监视乘客状况。

3. 乘客下机阶段的乘务工作

乘客下机阶段的乘务工作包括舱门分离器解除预位操作、汇报机长、打开机舱门、检查随机文件、特殊旅客交接、送客、清舱以及与相关部门交接。

（四）飞行后的航后讲评阶段

飞行后讲评是指乘务组下机后实施的各项工作，是对当日机上乘务工作的总结，也是乘务工作的结束阶段。

1. 召开航后讲评会

航向讲评会由主任乘务长主持，会议采取主任乘务长对乘务组进行综合讲评、检查员点评、乘务长讲评和乘务员自我评价等形式，对工作差错、麻烦事例、特殊乘客服务以及突发事件的处置、乘客意见反馈、乘务员业绩、需要改进的建议等进行沟通。

2. 填写乘务组质量记录

由主任乘务长亲自填写任务书、"机上事件报告"等。

3. 飞行后的交接

飞行后交接是航班信息反馈的一个重要环节，由主任乘务长按规定与各部门人员进行交接，包括护照、乘务长包、各类质量记录和单据等的交接。

案例 6-1

数错旅客人数

某日某乘务组在执行航班过程中，由于数客乘务员和地面值机人员工作疏漏，数客过程中同时少数了一名旅客。待关机门后做地面起飞准备时，地面人员敲门，乘务长再次开门，被漏数的那名旅客才得以登机。此事件导致航班延误43分钟。

案例分析：该航班本身已延误，运行各部门都倍感压力。在机组、地面的一再催促下，在航班压力的影响下，数客乘务员和地面人员同时数错旅客人数，乘务组没有做复查就关了机门。

资料来源：孙岚. 民航客舱服务案例精选[M]. 北京：化学工业出版社. 2015.

三、航空安全员的工作程序

航空安全员的工作职责是在所执行的航班中，在机长的领导与乘务组的配合下，对劫机、炸机、非法干扰事件予以处置。

（一）预先准备阶段

（1）确认任务：明确航班号、飞机号、机型、机组人员情况、起飞时间、中途站、降落目的地以及航线情况。

（2）根据航线的特点，结合空防形势通报及上级对空防工作的要求，制定本航班的空防形势措施，在配有两名安全员时，要有明确的责任分工，密切配合。

（3）按时参加机组准备会，了解、熟知最新的业务通告，做好与乘务长、机长的沟通工作。

（4）按时领取个人器械，进行个人准备。

（5）在乘务组的准备会上要有空防预案，明确分工，专人负责。与机长、乘务员沟通预防措施，听取或执行机长的指示。

（6）各种证件齐全，自查证件在有效期内。

（二）直接准备阶段

（1）航空安全员登机后，对空舱进行全方位的检查。

（2）检查机上紧急设备是否处于良好的备用状态。

（3）在未派安全员的航线上，机上安全检查的工作由双执照安全员（具有服务员执照与安全员执照）完成，或由乘务长指定负责空防的乘务员完成。

（4）乘客登机前，安全员会同乘务员对客舱进行清舱，保证机上无外来物和人员。

（三）飞行实施阶段

（1）乘客开始登机时，安全员应处于合适的位置，密切注意乘客的状况，注意机场工作人员的情况，防止偷渡人员混上飞机。乘客登机后，确认地面工作人员已全部下飞机，核实旅客舱单与人数是否相符。安全员在乘客登机的过程当中，应协助乘务员维护机上的秩序，处理乘客非法干扰客舱安全的行为。关闭机门后，及时向机长报告，坐到指定的座位上，看护驾驶舱门。

（2）航空器起飞后，按照规定锁好驾驶舱门。进入驾驶舱的乘务组人员，必须按照事先的联络方式出入。

（3）航程过程中特殊情况的处置，均按公司《航空安全员管理手册》的规定执行。航程中注意观察乘客的情况，坚持巡视客舱，观察乘客的举动。

（4）对扰乱机上正常秩序的行为，经机长同意可采取必要的强制措施，并交地面工作人员处理。

（5）空中遇劫处置程序、空中发现爆炸物处置程序、执行遣返任务，均按照《航空安全员管理手册》的有关规定执行。

（四）航后阶段

任务结束后，应及时做好器械的交接工作，及时反馈航程中的各种问题，遇有重要情况及时向上级汇报。

信息卡

大中小型飞机在空中的活动范围

天上飞的航空器和马路上跑的汽车一样，也有自己的"交通规则"。机型不同，其航行高度也不同。3 000 米以下，一般是小型飞机的活动范围；3 000 米以上则是大中型飞机的活动范围。所谓的"超低空飞行"是指距离地面或水面 5~100 米；所谓"低空飞行"是指距离地面或水面 100~1 000 米；以此类推，"中空飞行"是指 1 000~7 000 米；"高空飞行"是指 7 000~12 000 米；"平流层飞行"是指 12 000 米以上。飞机彼此间必须保持一定的垂直间隔，我国民航现行规定 6 000 米以上高空飞行，垂直间隔为 600 米，以确保飞行安全和交通顺畅。

资料来源：http://www.sirenji.com/article/201312/47734.html.

四、空乘服务规范

空乘服务需要为乘客提供全面周到的服务，只有规范服务设计，将服务内容与乘客的需求相结合，从关怀、体贴的角度为乘客着想，将"放心""顺心""舒心""动心"的"四心理念"落实到服务行动中，才能为乘客提供满意的服务。

空乘服务的规范，就是对为乘客所提供的服务进行标准化和规范化，涵盖从乘客登机到离开飞机的全过程，主要包括以下几个方面。

（一）基本服务

1．礼仪服务

1）迎客

以饱满的热情、规范的礼仪迎接每位乘客的登机。迎客礼仪是空乘人员直接服务于乘客的第一步，给乘客留下的心理感受将影响其对公司服务的评价，必须给予高度重视。

2）问候

用真诚、温馨、甜美的语言送给乘客登机后的第一声问候："欢迎您登机！"这一句简单的问候，代表着机组成员对乘客真诚的欢迎。

2．技术服务

技术服务就是与旅客乘机有关的、协助乘客完成旅行过程的专业性较强的服务。

1）完成乘机须知演示

主要是通过演示过程使乘客对机上的安全设备、设施、用具等熟知，如安全带、氧气罩、紧急出口等的使用；乘机过程中对乘客的基本要求，如紧急降落时的自我保护方式等。目前乘机安全演示有两种方式：一种方式是在播音员的引导下，由乘务人员通过示范动作和形体语言来完成；另一种方式是事先准备好演示的影像资料，通过多媒体进行播放。前者直观、明了，具有亲切感，较好地体现出乘务员与乘客的互动关系，但有时缺乏规范性；后者示范动作标准、规范，但由于缺乏现场气氛而缺乏对乘客的吸引力。无论哪种方式，乘机安全演示不仅是演示技术性的服务内容，更重要的是展示航空公司的整体形象与空乘服务人员的良好精神风貌。因此，演示者必须精神饱满，动作规范，眼神与动作一致，始终保持甜美的微笑。

2）引导服务

对乘客进入客舱后进行引领，使其快速准确地找到自己的位置，安置好行李，尽快入座。由于登机时间有限，机舱过道狭窄，如不及时对乘客进行引导服务，会造成过道拥挤，引起混乱，延误关舱门时间，导致航班延误。

3．安全服务

1）应急设备检查

乘务人员配合飞行员登机后，乘务员应对照各自岗位职责表，对照"应急检查单"对机上的应急设备进行在位完整的检查，确保设备处于正常使用状态。

2）航前清舱检查

在地面人员离机后、乘客登机前，乘务组登机后，需要对飞机的驾驶舱、服务间、洗手间、客舱座椅和行李架进行清舱检查。确认无外来人员，无遗留和可疑物品，才能进行后续工作的开展。

3）乘客登机前的检查

在客舱安全检查和服务准备工作已经完成后，经济舱供乘客存放物品的行李箱全部打开，使其处于安全状态；机组成员的行李、飞行包等放在储藏间里。

4）旅客登机时的安全监管

观察乘客的状态，确保行李摆放稳妥，对坐在紧急出口的旅客资格进行确认，对未开启的机舱门进行实时监管，出现情况及时报告乘务长。

5）机门关闭后的安全处理

确认所有便携式电子设备关闭，乘务长下达滑梯预位指令后，各区域乘务员操作滑梯预位，并做交叉检查，通报各区位滑梯预位情况。

6）飞机退出停机位，滑行至起飞前安全检查

根据飞行前的安全要求，对安全带、座椅靠背、小桌板、遮光板、客舱过道等情况进行检查。妥善处理有特殊要求的乘客，检查洗手间是否无人使用，处理客舱紧急情况，做好应对紧急情况的思想准备。

7）飞机在巡航阶段

对飞行过程中的安全事项进行处理，清除各种事故隐患，保证全程飞行与旅客安全。包括全程行李架关闭状态、餐车的滑动控制、全程监控驾驶门、客舱、洗手间、应急出口等。

8）着陆前的安全服务

为保障飞机安全着陆所采取的一系列安全措施，全程监控机舱门以及应急出口处于关闭状态。客舱过道无障碍物，洗手间无人使用。包括乘客自身方面、机上硬件设施状况，

如便携式电子设备关闭情况检查、安全带情况，小桌板、电源等检查。

9）到达后的全面服务

做好乘客下机前的各项准备工作。到达后确认飞机已停稳，廊桥已对接，乘务组进行舱门预位解除。

10）下机后的安全服务

主要是清理客舱，检查有无滞留乘客与遗留物品。发现问题要登记并及时上报。

4. 餐饮服务

根据航程时间，为旅客准备饮品、餐食，特殊餐食应提前送给已预订的乘客。根据舱位级别，提供不同等级的餐食服务。

5. 救助服务

1）乘客安抚

对在乘机过程中出现恐慌、畏惧的乘客提供心理服务，像亲人一样关怀开导，并提供有益的帮助，使其平安到达目的地。

2）机上医务急救

对由于乘坐飞机而出现不适的乘客，说明缓解症状的办法或提供药物；对有传染病的乘客，进行隔离或者特殊处理；对旧病复发或突发疾病的乘客，进行紧急救助。

3）特殊救助

对乘客登机后出现的非常情况或困难给予特殊救助，如登机前事情的延续处理、物品丢失、下机后的延续问题等。

6. 娱乐服务

为乘客提供报纸、刊物、视听等娱乐性服务，让旅客轻松愉快地度过旅程。

7. 咨询服务

回答乘客关心的各种问题，如航线地理、旅行常识、航空知识（如所乘坐飞机的机型特点等）。

8. 乘客管理

通过实施有效的旅客管理，保证整个航程旅客的人身与财产安全，使乘客感觉放心、顺心、舒心、动心，路途无忧。包括非正常乘客的处理、需要特殊服务的乘客的处理、伤残乘客的处理等。

9. 应急处置

在紧急情况下，在机长指挥下，迅速采取处置措施，消除各种危机，如应急撤离、火灾、客舱释压、应急求救、危险品处理、客舱排烟等。

10. 机上商务服务

提供航线所经地区所特有的各种商品。目前，国际航线上，机上商务服务发展较快，向高档化、特殊化、民族化的方向发展。

信息卡

飞行的安全与管理——飞行前重要进行哪些检查

（1）航空器重量及状态；

（2）固定驾驶舱内可移动的器物，保证所有控制系统均处于放松状态；

（3）依照飞行手册，逐项认真检查；

（4）检查计划中飞行所需的燃油供应，计算出起飞及爬高所需的 15 分钟燃油储备，以及在目的地上空等待 45 分钟所需的燃油储备；

（5）从油箱底部或引擎下方的抽油阀提取油样，置于透明容器内化验燃油含量及杂质含量。

资料来源：飞行安全知识：飞行前主要进行哪些检查？[EB/OL]．（2013-12-6）．http://www.sirenji.com/article/201312/47734.html．

（二）延伸服务

空乘服务更多地表现出无形性的特点，乘客对航空公司服务满意与否也更多地来自于个体的感受与内心体验。通常情况下，最能感动人的事件也就最能引起人们的共鸣，能够留下深刻的记忆。在基本服务趋同的今天，各个航空公司的服务竞争也在从技术层面的服务向内在服务转变，更加重视延伸服务。

1．个性服务

个性服务即根据乘客的个性需要所提供的服务。个性服务是空乘个性化服务的重要体现，要求乘务人员根据乘客的不同需求，采取积极的态度与特殊化手段提供个性化服务。如对喜欢言谈的乘客，就可以适度地与其进行多方面的沟通；对喜欢安静的乘客，就不要过多地打扰；等等。

2．关怀服务

关怀服务即通过细致的服务，让乘客感受到如家一般的温暖与踏实。通过乘务人员的细心观察，发现乘客心理的细微变化，对乘客"嘘寒问暖"，像对待朋友、亲人那样对待乘客，使他们感觉到乘务人员可亲、可爱。

3．后续服务

后续服务即为乘客提供离机后的相关服务，包括旅游、住宿、商务等方面的服务。

 信息卡

空中交通最安全

中外大量的调查与研究证明，空中交通最安全。如中国国际航空公司已保持了 45 年的安全纪录。美国也曾对航空安全做过统计，在 26 个月中，美国主要航空公司完成客运量 5 亿多人次，乘客周转量 54 亿多人—英里，起降 1 000 万架次，而没有发生过重大客机事故。事实证明，航空运输的安全系数在各种交通工具中是最高的，比铁路高 4 倍，比公路高 15 倍，比出租车和小轿车高 132 倍。

资料来源：你知道吗空中交通是最安全的[EB/OL]．（2015-03-16）．https://www.51test.net/show/4973935.html．

（三）丰富空乘服务内容的基本思路

随着市场竞争与乘客需求的变化，空乘服务内容在不断地丰富，体现了航空公司为满足乘客需求所做出的不懈努力。从世界各国航空公司空乘服务内容的变革来看，空乘服务的发展趋势具有三个特点：一是重视乘客的价值，不断通过服务内容的合理设计，使服务更贴近乘客的心理需求；二是通过服务内容的丰富，让乘客感觉到细致入微、关怀备至的服务；三是空乘服务内容的无边性，即空乘服务涉及生活各个方面。总结起来，我们可以从以下几个方面观察未来空乘服务内容变化的基本趋势。

1. 重视乘客期望，突出乘客价值

乘客需求期望是乘机消费固有的特性，在乘客有了乘机的权利的同时，也就承认了乘客期望的价值，确认了空乘服务中乘客的核心地位。

在重视乘客期望、突出乘客价值方面，国际上知名的航空公司走在了前列。如大韩航空公司将乘客期望作为公司服务的根本，从实现乘客的价值入手，分析乘客所关心的问题，采取切实可行的措施来实现乘客的价值。他们根据乘客需要和市场竞争的要求，将服务延伸到行李特殊处理上，对头等舱乘客的托运行李进行特殊包装与领取时的便捷处理，大大地提升了服务的价值，使乘客真正体会到了什么是关怀与重视。

2. 延伸价值，为乘客提供全方位的解决方案

延伸价值指的是体现在主服务范围之外，而对主服务价值产生深刻影响的、具有互补性的服务产品所带来的价值。也就是说，当传统的服务处于静止的状态时，冲破局限的服务内容，重新建立乘客与公司的联系。尽管这些提升的服务微不足道，但却极大地提升了乘客的价值感，增加了乘客的收益。如英航为乘客提供了淋浴与熨烫衣服的服务，为乘客第二天出席会议或执行公务提供了便利。

将服务的概念贯彻于为乘客服务的每一个细节里。为乘客创造超额价值的机会存在于乘客与空乘人员的接触中，抓住这样的机会，为乘客提供服务，帮助顾客解决问题。对航空公司的空乘服务来说，它的价值体现在乘坐飞机前、飞行中和乘坐飞机后三个阶段。三者是一个整体，乘客延伸的价值体现在这个服务过程中。

3. 扩大价值，为乘客增加全新的体验

一个行业的竞争，通常不仅限于产品和服务本身，还涉及产品和服务的吸引力。围绕着可以计量的价格与功能的提高来吸引顾客的企业是理性的，被称为功能性企业，而通过体验来提高企业的吸引力是感性的。在长期发展的过程中，企业形成了自己的模式，或者关注功能的吸引力，来扩大顾客的价值；或者通过关注情感，来扩大顾客的价值。随着时间的推移，两种模式在不同的企业发展中表现得越来越鲜明。

空乘服务传统上具有功能性很强又兼有情感性的特点，目前其核心服务的成分正逐步变成正常的消费品，各个航空公司空乘服务的内容日趋同质化，机型、客舱设施等差别越来越小。目前空乘服务正向两个方向发展：一是简约化服务。一些成本低、节俭型航空公司剥离了情感性的东西，只提供最基本的服务，如美国西南航空以只提供花生米闻名，一直以低成本竞争战略在美国民航业独领风骚，持续盈利三十多年。在欧洲，这类公司也迅

速发展，Easy Jet 的发展最具代表性，也最为成功，它看准了欧洲低价的旅行市场，适时地推出了国内与洲内的短途、经济廉价的航班，所有机票价格约是大公司同类价格的 40%~60%，它不使用中介机构，90%的机票是直销。由于价格有优势，大有与传统大公司分庭抗争的势头，在该地区航空市场占有很大的市场份额。二是人性化服务。在一次完美的服务项目中，为顾客提供服务的一切人和物都应在服务本身之外首先实现服务的人性化，让顾客因此体验到服务之中的周到、热情、理解和尊重，从而拥有一份愉悦和亲切的心情。

4. 增加个性化服务项目

根据乘客多样化与个性特征，不断推出服务项目，丰富服务内容，满足不同乘客的要求。特别是针对 VIP、CIP 乘客提供有针对性的服务，将是未来民航服务的基本要求。这对稳定乘客群体、稳定市场具有积极的作用，也是体现顾客价值的重要方面。

5. 落实细节化服务

在细节化服务的落实上更细致、有效。细节是实施乘务服务不可缺少的基本点，服务细节上的优秀是服务优秀的保证，也是对航空公司服务态度的检验。

大凡乘坐过新航航班、大韩航空公司航班的乘客都有这样的切身体验：他们的服务细致得不能再细致了。生活中的细节体现着人与人之间的关怀，细节化服务是乘客永远在意的、永不失色的金字招牌。

例如，在服务过程中需要有详细的服务流程的准备，要十分明确头等舱、公务舱的乘务员应该注意的事项，询问乘客如果睡着了，要不要叫醒和提前多少时间叫醒，对于 CIP 乘客和普通舱不同的乘客在服务上应该注意什么；再如，如何处理在送餐饮时乘客容易忽视呼叫铃的问题，在客舱送水的过程中，有乘客要通过应该如何妥善处理，等等。细节是航空公司服务水平的保证，"细"无止境，"细"闪烁着情感的关怀与体贴。

6. 创新特色服务

特色是寻求差异、竞争优胜的基本途径，也是满足乘客个性需要、树立公司服务品牌的法宝，特色是航空公司创新能力、关注乘客需求的态度的检验。特色服务一般以某一主题和某一目标乘客群体为对象展开，其目的是吸引乘客，通过特色服务塑造公司的品牌，提高航班的市场竞争能力。

7. 贴近人性的服务

受到关怀、尊重与重视是现代人的基本心理特征。当一个人受到充分的尊重与重视时，就会表现出主动与配合，也就会很快融入这个集体中。一个受到人格关注与尊重的人，所表现出来的活力是无限的。所以，以重视人与人之间的情感交流、相互信任、相互帮助、相互谅解为纽带的人性化服务内容，必将统率未来空乘服务内容的基本走势。

案例 6-2

三杯温水暖人心

航班上，一位旅客正在看书，可他似乎感冒了，咳嗽得厉害。乘务员关注到了他，于是送上一杯温开水。过了一会儿，旅客从包里取出一包药粉倒在水里，乘务员见状就又送上了一杯温水,并配了一根搅棍。旅客用惊讶的目光看着乘务员。后来旅客睡觉了,乘务员用毛毯细心地为他盖好。当旅客醒来后,乘务员再次送来一杯温水。下机时,旅客由衷地向乘务员道谢。

案例分析:有时候,更高境界的服务根本无须言语,只需要无声的行动就可以展现对旅客的贴心照顾。细心的乘务员没有局限于规定的流程服务,而是发现了旅客的身体不适,并以无声的服务语言一路陪伴。神奇的三杯温水滋润了旅客的喉,也滋润了旅客的心田。乘务员把旅客当作亲人,真心为他着想,考虑他当时最需要的关怀,体贴周到,及时传递,让旅客感到像在家一样被照顾,赢得了旅客发自内心的感谢。

资料来源:孙岚. 民航客舱服务案例精选[M]. 北京:化学工业出版社. 2015.

信息卡

办理登机手续

经常外出的人都知道,坐火车可以在火车发车前几分钟通过检票口进站上车,但为什么要规定在航班起飞前 30 分钟停止办理乘机手续呢?

首先,要明确何谓起飞时间。根据民航有关规定,民航班机时刻表向旅客公布的起飞时间是指地面保障工作完毕,飞机关上客、货舱门的时间,而不是飞机离地升空的时间。

其次,要了解从停止办理乘机手续到关机门之间,机场工作人员有哪些工作要做。

一是运输值机、配载人员结算乘客人数、行李件数,结合货物装载情况计算飞机载重,画出平衡表及重心位置,做好舱单后送交机组签字。

二是要将乘客托运的行李核对清楚后装运飞机。

三是要对办完乘机手续的乘客进行安全检查。

四是广播通知乘客到指定登机口检票,并引导旅客登机。如登机旅客须使用摆渡车运送,则耗时较长。

五是清点机上乘客人数、与地面检票情况进行核对。

综上所述,从停止办理乘机手续到关机门这 30 分钟时间内,机场方面还须做大量的工作。稍有延迟,就可能造成航班延误。为了让乘客有足够的时间办理乘机手续,民航已在《公共航空运输服务规则》中明确规定,100 座以下飞机开始办理乘机手续的时间不迟于起飞前 60 分钟、100 座以上飞机不迟于 90 分钟。为保证航班正点起飞,机场方面必须严格执行提前 30 分钟停止办理乘机手续的规定。

资料来源:高宏,安玉新,王化峰,等. 空乘服务概论[M]. 北京:旅游教育出版社,2015.

第二节 空乘服务质量保证体系

一、服务质量检查的组织形式

空乘服务质量的控制是一个系统工程,涉及多个不同的部门,只有各个部门根据自己的职责控制好质量标准,才能保证整个空乘的服务质量,如表 6-1 所示。

表 6-1 空乘服务质量控制表

基本服务内容	质量影响因素	责任部门	控制方法	控制频次
飞行	飞行技术 塔台指挥 飞行设备	飞行班组 机场调度 维修部门	飞行前全面检查飞行设施和通信设施	飞行前检查 飞行后全面维护
服务	服务人员	空乘组 飞行组	培训服务要求和技巧	组长控制和检查
餐饮	餐饮配送和保管	餐饮生产企业 空乘组	对供应商进行控制服务人员按要求加热保存食品	加强产品验收
环境	清扫 设备维护 旅客管理	清扫组 维修部门 空乘组	定期对内部设备进行检查 检查清扫质量	由组长控制

各部门应对服务过程实行定期检查,要求所有员工执行服务规范,对服务过程做好记录,对服务过程生产条件进行监控。

二、服务质量检查的实施

航空公司通过多种形式的检查,确定各项管理指标,依据指标对员工进行绩效考核,以达到管理的目标。

(一)检查的主要方式

检查的主要方式有抽查质量记录、现场询问和观察、与员工沟通、突击检查等方式。

(二)检查标准、管理指标的计算方法及扣分原则

1. 检查标准

依据民用航空企业规范化基础管理规定,建立科学的管理体系,实现民航企业管理的规范化、法制化,结合民航行业实际,制定本公司的检查标准。

(1)对工作状况和质量记录进行不定时、不计频次的抽查。

(2)对飞行工作中发生的突发事件和重大责任事故的处理进行检查。

2. 管理指标的计算方法和扣分原则

(1)日常服务质量达标率:目标 85%。

计算方法：

$$日常服务质量达标率 = \frac{(月度检查现场得分 + 月度计划考核得分) \times 100\%}{标准分值}$$

$$月度检查现场得分 = (标准分值 - 月检扣分) \times 70\%$$

$$月度计划考核得分 = 月度计划复评得分 \times 30\%$$

说明：标准分值为 100 分，达标率大于或等于 85%为达标。

（2）有效投诉率：目标为零。

（3）突发事件发生率：目标为零。

每月服务质量考核月检成绩基本分占 100 分，每月突发事件和有效投诉基本分各占 0 分，以上各项指标达标得基本分，客舱服务部每月服务质量考核最后得分为三项指标考核得分之和。

3．扣分标准

（1）日常服务质量达标率每低于达标值 1%，基本分减 X 分（X 由公司基础部依据各项目当期整体运营情况在 0.2～2 分调整确定）。

（2）服务质量检查中发现的各项问题，均按每处（项）和人次单独扣分，累计计算（针对同一种记录重复出现的问题扣分上限为 2 分，有抽样数量的除外）。

（3）在月检中达不到标准要求的每处扣 0.5 分，根本没有执行的每处扣 2 分。

（4）考核期内每发生一起突发事件，基本分减 5 分，得-5 分。

（5）考核期内每发生一起有效投诉，基本分减 5 分，得-5 分。

（6）考核期内每发生一起重大责任事故，当期绩效成绩取消。

三、检查结果的处理与整改

在检查程序完成以后，应该根据检查的结果，分析产生问题的原因，制订解决问题的方案，并采取措施予以落实。同时，检查的结果应与考核挂钩。考核要从工作纪律抓起，细化每一项的要求，对于旅客的投诉和表扬要及时兑现，公平奖惩。

绩效考评是一项重要的基础性工作。激励是人力资源管理的核心，考评和激励是调动员工积极性的重要手段。只有客观公正地评价员工的工作绩效，才能有针对性地采取恰当的激励措施以调动员工的积极性。

四、检查中注意的问题

1．注意事项

（1）每天的日巡能基本覆盖要求检查的内容，检查的内容要有侧重点，在一周内要求覆盖所辖区域的全部管理范围。

（2）注意分工、所分区域、服务项目搭配是否合理。

（3）《客舱乘务日志》记录要求清晰、简洁。

(4)发现不合格应及时与相关部门主管沟通（或在次日晨会中确定消项），确定关闭日期，项目经理在每天例会上对日巡发现问题的消项情况进行跟踪验证。

(5)在检查前，检查人员要提前两天完成《检查表》的编制，并交由基础部经理审核通过，现场检查过程中，检查人员应严格按检查标准和检查数量、范围认真进行检查，如实填写全部检查情况记录，以备查验。

2．检查记录和记录的处理

(1)每次周检前拟定检查线路后制作检查表，根据表中的项目逐项检查。

(2)采用边检查边记录方法，应注意不漏项。

(3)填写检查记录时应参照前两周检查的内容，突出本周检查的重点。

(4)检查中发现不合格项，应及时查找原因，制定整改措施，并安排责任人负责整改消项。

(5)总经理负责对最终月检结果的确认。

(6)服务质量检查分组进行，检查组通过对各专业岗位工作效果的检查，验证分公司的管理效果及工作质量。

 信息卡

华夏航空个性化服务——方便老人、小孩出行

据华夏航空公司市场部负责人介绍，华夏航空正式通航以来，陆续开通了一批以支线为主的航线，而支线乘客呈现出老人多、小孩多的特点。尤其是春运期间独自出行的老人和小孩越来越多，为了方便他们出行，让家人放心，华夏航空针对这部分乘客专门制定出一系列的服务细则。对于无成人陪伴儿童，为了让家人放心，乘务人员除提供常规服务外，还会根据不同年龄段孩子的需要，为他们提供玩具及动漫书籍，帮助他们轻松地度过乘机时光；考虑到老年人身体弱，华夏航空专为老年乘客提供引领卫生间与专人陪护的服务，同时，为老年乘客提供老花镜。

资料来源：华夏航空个性化服务方便老人和小孩春运出行[EB/OL].（2007-02-04）. http://news.cannoc.com/list/81/81075.html.

第三节　空乘服务质量现场管理

服务现场指的是服务的具体场所和具体服务过程。服务现场管理是服务质量得到最终体现的场所，空乘服务必须加强服务现场的管理。

一、服务现场管理要点

1．加强安全管理

空乘管理人员现场管理的首要任务就是要确保安全。

2．加强对客交流

空乘管理人员现场要热情问候顾客，及时征询顾客的意见，适时提供必要的服务，帮助解决一些特殊的需要，使顾客有受尊重、受关照的感觉。

3．控制服务标准

空乘管理人员应经常巡查所辖部门，调动员工的情绪，指挥和督促空乘人员按标准规程提供服务，并通过观察判断，及时发现并纠正偏差。同时，要及时同相关部门保持联络，保证服务工作环环相扣，步步到位。

4．关注重点服务

空乘管理人员在工作过程中，同样必须关注重点服务。一般来说，管理人员需要特别关注的顾客有：重要顾客；爱挑剔、难以侍候的顾客；曾经对公司投诉过的顾客；有缺陷、身体不适的顾客；等等。

5．寻找并处理顾客的投诉

由于各种主客观原因，顾客对空乘环境、服务等产生不满意的现象是难以避免的，但顾客对待不满意的态度是不同的。所以，空乘管理人员必须随时注意顾客的表情和情绪，主动征求顾客的意见，及时把顾客的不满情绪消灭在萌芽状态。对于顾客的投诉，则应给予足够的重视并注意处理的技巧。

6．做好人力的调度

为了分工明确，职责清楚，责任到人，空乘服务一般采用分岗位区域负责制。但是在飞行的过程中，有可能会遇到一些突发情况，这就需要管理者现场调度人力处理突发事件。

二、服务运作过程质量控制

服务质量是服务提供过程的结果，服务质量管理重点在于对服务提供的全过程进行有效控制。空乘服务的过程质量控制是指采用一定的标准和措施来监督和衡量服务质量管理的实施和完成情况，并随时纠正服务质量管理目标。空乘服务的过程质量控制要从全方位、全过程、全体人员三方面来展开，即空乘的每一个岗位都要参与服务质量管理；空乘每一岗位的每一项工作从开始到结束都要进行服务质量管理；空乘组所有员工都要参与服务质量管理。

在实际工作中，空乘服务的过程由服务的预备过程、服务过程、服务结束的反馈过程组成。因此，空乘服务过程的质量控制包括了以下三个过程的质量控制。

1．服务预备过程的质量控制

服务预备过程的质量控制主要是指空乘人员在接待旅客前的各种服务准备工作的质量控制与管理。服务预备过程的质量控制与管理的主要内容包括资源整合与配置、人员培训。

（1）资源整合与配置。根据所要提供的服务产品的质量要求对现有资源进行合理的整合与配置，通过服务组织将人力、物力、财力、能源、信息等资源进行合理的整合，并充分发挥各资源要素的积极作用和质量功能，以保证服务过程所需资源要素的质量。

（2）人员培训。根据服务方式与服务操作程序、服务质量检查标准和服务质量管理文件等，对各岗位人员进行服务和管理培训，使各岗位人员认识和了解自己的岗位职责和质量职能，保证服务操作人员真正理解和掌握服务过程质量控制程序文件的内容，使他们的知识、技能和服务态度能满足空乘服务质量要求的需要。

2．服务过程的质量控制

服务过程的质量控制主要是指在直接接待旅客过程中的各项服务工作的质量控制和管理。

（1）岗位人员控制。岗位人员控制包括服务人员的技术素质和服务意识要求、岗位职责监督、操作程序控制、现场督导、事故处理和服务记录管理。服务记录管理要求服务操作人员按服务过程控制文件的要求做好各项工作，并做好原始记录。控制中要求密切注意员工的情绪和反应，发现问题立即按规定程序采取有效措施予以解决。

（2）设备物品质量控制。服务的设施、设备是完成服务的重要工具，是达到服务质量目标的重要保证。对空乘的设备控制应保证专业人员或有资格使用的人使用服务设备，严格按照操作规范去做，同时做好设备使用记录，发现问题和隐患及时处理。

（3）关键环节质量控制。空乘服务过程的关键环节是指对空乘服务质量有重要影响的服务点或服务过程。广义上说，空乘服务过程中与旅客的每一次接触都属于服务过程的关键环节。关键环节质量控制包括关键环节的操作规范与服务程序的控制与管理，严格按照操作规程、服务程序和质量标准操作，控制涉及的人员素质、设备物品质量、环境质量等。关键环节质量控制的要点是防止失误，依据首问责任制，做好旅客相关服务工作。

（4）服务方式变更控制。由于顾客的个性需求和柔性服务的需要，在服务提供过程中有时需要变更服务方式，使其实现由标准化向个性化变更。

（5）环境质量控制。空乘服务的环境质量控制主要是指客舱环境质量控制和员工的工作环境质量控制。

① 客舱环境质量控制包括可视环境和可感知环境。可视环境质量是指通过对服务空间功能区的合理分割以及各种设备设施的陈设与饰物的设计，营造出能被旅客直接看到和感受到的环境氛围，是硬环境的质量控制。可感知环境质量是指通过空乘服务员工仪容仪表、言行举止以及对客服务意识、服务态度、服务技能与技巧的综合塑造，营造出带有较强情感性与可感知性的服务环境氛围，是属于软环境方面的质量控制。

② 员工的工作环境质量控制。员工的工作环境好坏直接影响到员工的工作质量。控制的目的是为员工创造一个能激发员工工作积极性、创造性的优良工作环境。

3．服务结束的反馈过程质量控制

服务结束的反馈过程质量控制主要是指通过各种方式征集旅客服务乘机后的意见和反馈，分析提高空乘服务质量的方法与手段，以便在未来的服务质量计划中提高质量标准。

（1）质量反馈信息控制。质量反馈信息控制包括服务质量信息的收集、分析、管理和使用。通过旅客意见单、常客意见征询、旅客投诉、员工服务工作记录、质量管理部门检查记录等形式收集信息，并进行归类、整理、分析，总结质量控制的成功经验。

（2）纠正措施与预防措施控制。纠正措施是指为解决已发现的质量问题和消除由于质量问题而引起的负面影响所采取的措施。预防措施是指为解决潜在质量问题和消除潜在的影响因素而采取的措施。

（3）新标准的制定。要把服务过程质量控制的成功方案和有效措施纳入相应的质量程序文件和服务程序、服务流程说明书中，使其成为新的服务规范和服务标准。

 信息卡

1. 旅客体验全流程

旅客体验全流程是根据旅客出行的全部体验过程来划分的。也就是纳维亚航空公司（SAS）总裁卡尔森提出的"关键时刻"串联而成的旅客体验流程。卡尔森说，"旅客与组织的任何方面进行接触，并对其服务质量产生一定印象的任何时刻"都称之为关键时刻。因此空乘人员的服务意识、技能和技巧、服务效率与旅客的出行体验紧密相关。首先，培训乘务人员的服务能力，是提升旅客满意体验的重要手段。其次，建立合理的授权制度和奖惩文化，通过合理授权和奖惩让乘务员开心并及时解决现场旅客的问题。再次，规范乘务员服务语言和行为，让旅客在关键时刻感受到专业化民航服务的同时，更能够体验到人性化的温度。最后，我们要运用先进的技术，改善旅客体验过程中的服务设施设备，用智能、智慧的服务项目提升旅客的舒适度和满意度。

2. 服务支持全流程

服务质量管理是一个系统工程，在这个系统工程中，每一个服务支持系统的质量会直接或间接影响到民航服务质量。

资料来源：孙岚. 民航客舱服务案例精选[M]. 北京：化学工业出版社. 2015.

三、服务投诉处理机制与整改机制

投诉处理：投诉在每一家航空公司都会出现，而投诉是给你第二次表现的机会，投诉说明旅客内心是有期待的，最主要的是期待补偿，如果旅客在现场投诉，要及时处置，不要把事态扩大化，尤其是要防止群体性投诉。在投诉处置上可以和服务管理部门充分沟通，获得授权。例如，当大面积航班延误的情况发生时，就要及时处置，和旅客做好沟通。大面积航班延误处置是商务现场处置的重中之重，商务现场人员要做如下事宜。

（1）及时掌握第一手信息，尤其是延误的情况，预计时间，及时抵达现场向旅客解释，致歉（发放致歉卡），安抚、疏散旅客。

（2）要及时发放、回收致歉卡，收集旅客信息和意愿；及时向旅客公布经济补偿的标准和方式。

（3）航班延误时严格按照不正常航班标准安排旅客食宿，用餐是否到位要落实。

（4）延误信息要及时收集，并且迅速向旅客发布。

（5）航班处置后，马上写出处置报告，进行讲评，做好备案。

（6）在整个处置过程中，记录必须要完整。

（7）当旅客能疏散或在现场疏散完毕后，要及时向运行控制部门通报，以便能及时调整运力。

案例 6-3

某航班，一对夫妇携孩子（儿童）乘机，乘机过程中孩子想要一杯水，乘务员为其倒了一杯开水，孩子在喝水过程中飞机颠簸，不幸洒出，导致孩子烫伤。

案例分析：

1．为旅客提供热饮时，除非旅客特别指出，热饮五成即可，按照矿泉水、开水 2:1 的配比提供，口感微温，且要做好语言提醒，防止因飞机颠簸或者人为原因造成烫伤。

2．为小旅客提供热饮时，不要将热饮直接递给小旅客，尽量给其监护人并做好叮嘱。

3．不管是乘务员的责任还是旅客自身的责任，发生烫伤的第一时间首先做紧急处理，如确认伤势、冷敷、联系医生或地面等，并做好安抚旅客及其家人工作。请旅客所填的各类单据、书面内容视情况而定，不要一味机械化、程序化地在旅客还处于极度不安状态下让其填写，易引起反感。

资料来源：孙岚. 民航客舱服务案例精选[M]. 北京：化学工业出版社. 2015.

第四节　空乘服务质量评估

空乘服务质量管理的效果，最终主要表现在两个方面：一是看是否符合航空公司服务质量的标准；二是看是否满足客人的物质和精神需求。空乘的服务质量管理应以此为准则，采取多种方法，加强检查考核，及时发现各种问题，并采取有效措施，不断完善管理，提高服务质量。

一、空乘服务质量调查

空乘服务质量调查主要有四种方式：直接面谈、电话访谈、问卷调查和暗访调查。民航公司应综合考虑各种调查方式的优缺点，根据方便程度和尽可能得到完整资料的原则，选择调查途径。一般来说，应采用两种或两种以上调查途径相结合的方式以获取更充分的统计资料。有关直接面谈、电话访谈、问卷调查、暗访调查四种调查方式的优劣势，如表 6-2 所示。

表 6-2 服务质量调查主要方式的比较

调查方式	优势	劣势
直接面谈	• 可提出较为复杂与深入的问题 • 能借助相关资料让被调查者更好地理解调查者的观点 • 能较为完整地理解被调查者的观点	• 成本较高 • 需要素质较好的调查员 • 难以提出或回答较为敏感的问题
电话访谈	• 成本较低 • 快捷 • 可对是否进行深入调查进行选择	• 只能提问简单直接的问题 • 访谈时间短 • 需要高素质的人员仅通过语言沟通就能保持被调查者的兴趣与注意力
问卷调查	• 成本低 • 能较好地避免调查者的偏见 • 受调查者可以匿名 • 方便收集距离远的调查者的意见（通过 E-mail 还可以提高回复的速度）	• 普通信件回复慢 • 回复率低 • 问卷必须简短与简单 • 样本难以做到具有代表性，某些被选择的调查对象可能不会回复
暗访调查	隐蔽性高，能获得更真实的调查资料	对调查人员的素质有极高的要求

在设计调查问卷上，努力做到各选项没有倾向性，即在各选项中并没有隐含调查者的主张。在把问卷统一发出去给调查对象进行填写之前，需要综合考虑问题是否容易理解、选项是否具有倾向性、问卷是否具有一定的完备性。

有时为了获得更为真实可靠的调查资料，可以结合暗访调查的方式，如由调查人员扮成神秘旅客，通过审查空乘服务环境、设施设备、要求空乘服务人员提供服务或故意刁难服务人员等途径，从中观察空乘服务质量上存在的问题。暗访最终应形成暗访调查报告。

案例 6-4

某民航公司服务质量问卷调查表

尊敬的女士/先生：

您好！

我们正在进行一项关于航空服务质量的市场调查，请根据您的乘机经历认真填写问卷。本次调研活动仅用于学术探讨，资料绝不会外泄，十分感谢您的支持与帮助！

一、请阅读下列关于航空服务的五个因素及含义，并根据自己的判断对其进行重要性排序。

（1.最重要；2.很重要；3.重要；4.不重要；5.最不重要）

（　）公司准确履行服务承诺的能力（可靠性）

（　）公司员工帮助顾客的自发性（响应性）

（　）公司员工获取顾客信任的知识和能力（保证性）

（　）公司员工为顾客着想和给予顾客的能力（移情性）

（　　）服务的有形载体和环境等（有形性）

二、请您对下列可能会影响航空服务的质量因素进行重要性评分，1~7分，分值越大越重要，在您认为的分数下打"√"。

序号	内　　容	重　要　程　度						
1	妥善解决顾客投诉或抱怨	1	2	3	4	5	6	7
2	航班延误或者取消后能妥善安排好旅客	1	2	3	4	5	6	7
3	对服务失误能进行有效补救	1	2	3	4	5	6	7
4	顾客遇到困难时能表现出关心并提供帮助	1	2	3	4	5	6	7
5	航空公司是可信任的	1	2	3	4	5	6	7
6	完善的航空飞行安全保障	1	2	3	4	5	6	7
7	航班能按时起飞和抵达	1	2	3	4	5	6	7
8	能积极主动为顾客提供服务	1	2	3	4	5	6	7
9	办理登记手续迅速及时	1	2	3	4	5	6	7
10	行李托运及交付迅速及时	1	2	3	4	5	6	7
11	能迅速回应顾客的咨询	1	2	3	4	5	6	7
12	对顾客的服务需求能及时响应	1	2	3	4	5	6	7
13	能够告知顾客提供服务的准确时间	1	2	3	4	5	6	7
14	服务人员对每位顾客提供热情服务	1	2	3	4	5	6	7
15	服务人员能针对顾客个人情况给予特殊照顾	1	2	3	4	5	6	7
16	航空公司能为顾客提供个性化服务	1	2	3	4	5	6	7
17	工作人员能与顾客有效沟通并了解顾客需求	1	2	3	4	5	6	7
18	机内餐饮丰富可口	1	2	3	4	5	6	7
19	电视杂志等空中服务娱乐内容丰富	1	2	3	4	5	6	7
20	航班时刻安排合理	1	2	3	4	5	6	7
21	航空服务人员仪表得体	1	2	3	4	5	6	7
22	机内环境干净舒适	1	2	3	4	5	6	7
23	服务人员有足够的知识和技能胜任工作岗位	1	2	3	4	5	6	7
24	服务人员有礼貌	1	2	3	4	5	6	7
25	服务人员是值得信赖的	1	2	3	4	5	6	7

三、基本资料

1	性别	A．男			B．女		
2	年龄	A．20以下	B．21~30	C．31~40	D．41~50	E．51~60	F．60以上
3	最高学历	初高中及以下	大专	本科	研究生及以上		
4	收入	0~2 000元	2 000~5 000元	5 000~8 000元	8 000元以上		

资料来源：航空服务质量调查表[EB/OL]．（2013-09-03）．https://wenku.baidu.com/view/cae774bd10661ed9ac51f350.html．

二、空乘服务质量评估

1. 空乘服务质量评价类别

空乘服务质量评估可以分为有空乘服务的自我评价和顾客的评定,而顾客的评定是对服务质量最权威的最终评定。

(1)服务质量的自我评价。服务组织的管理者明确服务提供过程中的具体职责,包括自我评价和顾客评价,并将这些职责分配给服务提供人员。

① 测量和验证关键的过程活动,以避免出现不符合顾客需要的倾向和顾客的不满意。

② 把服务提供过程人员的自检作为过程测量的一个组成部分。

③ 服务完成后的最终评定及提出对服务质量的展望。

④ 可运用多种改善生产率的方法改善服务质量。

(2)服务质量的顾客评定。

① 服务质量的顾客评定是服务质量最基本的评定。

② 顾客的反应可能是及时的,也可能是滞后的或回顾性的。

③ 在顾客对所提供服务的评定中,通常主观评定是唯一的因素。

④ 不满的顾客总是不预先给出允许采用纠正措施的信息时,就停止使用或购买服务。

⑤ 服务组织应对顾客满意方面实施持续的测量和评定。

⑥ 应当对顾客所提供服务的评定与组织自身的感受和评定进行比较。

从顾客的角度来看,空乘服务质量不仅与服务的结果有关,而且与服务的过程有关。服务过程的质量则不仅与服务时机、服务方式、服务态度、服务技术有关,而且与顾客的个性特点有关。此外,顾客对服务过程质量的看法也会受到其他顾客的消费行为的影响。

航空公司应当将服务提供过程中各个阶段的状况记录下来,总结经验改进服务,以便为旅客提供更好的服务。

2. 空乘服务质量的评价与改进过程

服务评价与改进过程就是实施服务过程作业的连续评价,以识别和积极寻求服务质量的改进机会。服务评价与改进过程包括以下三个程序。

(1)数据的收集。用以下手段从服务运作的测量中得到的数据是有用的:① 供方评定(包括质量控制);② 顾客评定(包括顾客反映、顾客投诉及要求的反馈信息);③ 质量审核。对这些数据的分析将用于测量服务要求的完成和寻求改进服务质量的机会,以及所提供服务的效果和效率。

(2)数据分析。现代统计方法在许多方面有助于数据的收集和运用,无论是在获得对顾客需要的更好理解方面,还是在过程控制、能力研究、预测方面,或者在质量测量方面,均有助于决策。

（3）服务质量的改进。空乘应对持续改进服务质量和整个服务运作的效果和效率制订计划，对收集的数据进行分析，把分析结果反馈给运作管理者，并及时提出服务改进建议。服务质量改进活动应照顾短期和长期改进两方面的需要，在改进过程中定期向高层管理者报告，对长期质量改进建议进行管理评审。

3．建立服务质量预警制度

质量调查、分析的最终目的是为了发挥预警的作用。所谓预警，就是根据每月的分析及积累的档案资料，预测出有可能出现的质量问题，及时予以警告，提醒各部门防患于未然。

服务质量预警制度主要包括主观培训和事先预防两个方面。空乘服务质量的高低从人员的角度看，很大程度上取决于以下三方面原因：一是新晋升管理人员的服务质量标准意识及管理能力和水平；二是老员工的服务倦怠及综合素质的提升；三是新员工的技能水平不能很快达到所在岗位的要求。为此，民航公司应主要通过系统有效的培训，防范因为员工意识错位、意志消沉和能力不足而影响服务质量。同时，空乘服务具有一定的规律性，很多质量问题是由一些特定的因素引发的。为此，民航公司还应该建立服务的预警制度，做到防患于未然。

本章小结

本章从空乘服务质量管理环节入手，从质量设计、质量检查、质量评估等方面对空乘服务管理进行了介绍。服务质量是民航企业的生命力，安全是民航企业的红线，规范化服务是质量与安全的前提，所以从业者要掌握服务标准与服务规范。

思考与练习

一、选择题

1．空乘服务质量调查的形式有（　　　）。

A．直接面谈　　　B．电话访谈　　　C．问卷调查　　　D．暗访调查

2．空乘服务质量的评价方式有（　　　）。

A．自我评价　　　B．领导评价　　　C．顾客评价　　　D．行业评价

二、简述题

1．简述空乘服务过程的质量控制内容。

2．简述空乘服务质量评价与改进的程序。

第七章 空乘服务补救

教学目标

1. 明确空乘服务补救的概念及意义。
2. 理解空乘服务失误的原因。
3. 掌握空乘服务补救的原则、方法与基本策略。

引例

20 世纪 80 年代，英国航空公司进行私有化改革时，就对公司内部管理结构大刀阔斧地进行了改革，确立了顾客导向的服务理念。

公司调查发现，有 1/3 的乘客对公司的服务不太满意，其中，69%的乘客从未提出过批评；23%的乘客在不满时，只向身边的服务人员口头提出抱怨；只有 8%的乘客与公司顾客关系部联系过，希望公司系统地解决自己的抱怨，这时，公司才会将顾客的批评纳入信息系统。然而，顾客关系部在处理顾客的批评时，经常否认自己的错误，或者是找一个借口搪塞过去。

公司决定要通过服务弥补过程来赢得顾客的忠诚，必须在问题出现时就努力维系自己与顾客的关系。为此，公司对前台员工进行了培训，让他们学会如何在现场解决问题，开设热线电话，由顾客关系部负责接听并解决顾客提出的问题，开发了顾客分析与维持系统，收集整理有关顾客的数据资料，为顾客服务部门提供决策依据，另外，还扩大了员工处理顾客问题的权力。

此外，英航还注意到，在没有投诉的不满意乘客中有一半的乘客是不诚恳的，还有 13%的顾客彻底放弃了选择本公司。英航采取的措施是：对于 8%提出正式投诉的顾客，航空公司的回复速度由 12 个星期缩短到 5 天，对于 23%向英航服务人员口头上投诉的顾客，公司通过赋予员工可做出回复的附加权力从而提供更加及时的反馈。英航建立了情报通信部，整个系统不到一年就得到了可观的经济回报。投诉的顾客量增加了 150%（90%的顾客也不再沉默）。

在采取了上述步骤后，英航仍然面临着当今服务业的一个基本话题，就是如何激励顾客提出批评，如何"溶解掉抱怨的冰山"。

其实，面对复杂的服务对象，出现问题是正常现象，旅客提出问题或者提出抱怨，其实是对航空公司服务的期待，是否采取积极措施应对，体现了公司对旅客的态度。而从旅客那里得到更多"抱怨"信息，无疑是对公司服务质量最好的鞭策，忽视了旅客的意见，就意味着疏远了旅客，在丢掉市场。

资料来源：高宏，安玉新，王化峰，等. 空乘服务概论[M]. 4 版. 北京：旅游教育出版社，2017.

第一节　空乘服务失误原因

一、服务失败

造成空乘服务失误的原因是非常复杂的，既有主观原因（服务者），也有客观原因（非控制原因）；既有服务者的原因，也有乘客的原因。但无论哪种原因，最终都会归结为航空公司的原因。从空乘服务的角度来看，服务质量与乘客期望的差距是造成服务失误最重要的原因。在服务质量问题上，既有技术方面的原因，也有服务过程及服务者个人方面的原因。当影响服务质量的因素超过一定限度时，就形成了服务失误，造成了服务危机。

二、空乘服务失败的原因

空乘服务失败有多方面的原因，包括民航公司的内部因素、消费者的自身因素以及消费者与民航公司之间的关系类型的因素。不同的因素，对空乘服务是否失败具有不同的影响。导致空乘服务失败的内部因素包括现实因素和偶然因素。在民航公司的现实因素中，主要包括服务质量问题和空乘人员的服务态度问题。一方面，公司内部的管理滞后和服务质量不到位，包括所提供民航公司的有形产品，如空调、座椅等设置不合理，洗手间及食具等卫生较差和所提供的食物味道无法满足消费者的需求，使得空乘服务低于消费者的预期。另一方面，空乘人员的服务态度问题，如对于消费者的需求，空乘人员的态度冷淡或者置之不理，甚至语言举止粗鲁。同时，空乘人员对相关的业务不熟练，这使其采取不答复或者不作为的行为方式。除此之外，空乘服务失败也可能是民航公司所具有的偶然因素造成的，这主要包括天气因素、人员因素、飞机故障和特殊事件等。

（一）因服务承诺不能兑现引发的乘客投诉

航空公司的服务承诺与乘客对空中乘务应该提供何种服务的理解是有差距的。由于各种原因，服务承诺无法兑现，或者不能完全兑现，就会引发旅客的抱怨与不满，即使空中乘务人员竭尽全力提供了服务，但由于乘客个性的原因，也可能会对服务感到不满。如航班延误是航空服务失败的最常见的情况。目前，国内民航每年大约有20%的航班不正常，因航班延误引发的乘客投诉也成为焦点。据有关部门统计，造成航班不正常的原因有二十多种，有航空公司的原因，有天气原因，有空管和军事原因，有公共安全原因，也有乘客方面的原因。其中六大类原因比较常见：飞机晚到、天气变化、流量控制、航空公司调配计划、飞机机械故障、乘客晚到。有些本来是空中乘务之外的原因，但也会影响航空服务的质量。再如，在餐食问题上，航空公司会周全地考虑到乘客的需要，但仍不能让每一个乘客都满意，乘客会从消费者的权益角度看待航空公司的服务承诺，如不能满足，必然会引起不满，导致服务失误。

由于随机因素，特别是不可抗力造成的服务失误是不可控因素，所以服务补救的重点不在服务结果的改进上，而在于应该如何及时、准确地将服务失误的原因等信息传递给乘客，并从功能质量上进行有效"补偿"。

（二）服务过程中的失误引起的服务失败

空中乘务的环境极其特殊，容易出现服务过程的失误，如饮料配送时飞机突然颠簸造成的饮料溅出，对求助铃回应较慢，特殊旅客的需求处理不当，还有行李丢失，等等。这些都是由于服务细节上的马虎大意或者技术不够精湛、经验不足造成的。对乘客来说，这些技术性较强的服务，属于空中乘务人员必须具备的技能，是乘客基本权益得到保障的条件，这样的服务失误往往不会轻易被乘客原谅。

（三）空乘人员个人因素造成的服务失误

服务意识欠缺，服务态度不热情，责任心不强，语言不当，服务不周到，是常见的服务失误，最容易引发冲突。而服务态度问题更多通过服务语言与行为反映出来。如在缺乏耐心的情况下，语言就会激进，举止就会有违规范。还有乘务员在服务过程中，不重视乘客感受，只重视个人心情；没有灵活的服务技巧，只是机械地服务；很少关注结果，只在意服务过程；只强调服务表面的工作，而忽略服务的细节，因此引起服务失误。实际上，好多旅客的服务要求也不是真的就是那么无理取闹和不讲道理，反而是空乘人员的有些服务还不尽完善。例如，一次航班上客的过程中，后舱的乘务员报告说客舱的行李架都满了，希望乘务长在门口卡下行李。这时正好有几位乘客在登机，乘务长对一位提着大行李箱的女士说行李架已经满了，希望她将她的大行李托运，她同意了。当地面服务员上飞机来对她说，她的行李不能随机走，需等下个航班。听到这话，这位乘客不干了，说什么也要将她的行李拿上飞机，眼看关机门的时间到了，再不走航班就要延误，大家都在给这位旅客解释，希望她配合一下，但她依然坚持将行李拿上飞机。她的固执引来头等舱旅客的不满，大家开始指责她不讲道理，乘务长和其他空乘人员也在心里对她的固执有了些许的埋怨。此时，机上的所有乘务人员应该及时地协助乘客托运行李，特别是乘务长应出面找到地面服务员，要求将这位乘客的行李同机运走，以使事情得到圆满解决、妥善处理。

如果空乘人员当时多从乘客的角度去考虑问题：行李不能随主人同行，会不会给主人带去不方便？行李晚到会不会影响到旅客的后续航班？如果明天才能到会不会给旅客的生活带去不便？可当时大家都没有去为这位乘客想想，只一味地埋怨她不讲道理，让乘客还没有感受空乘服务之前就已经被其他乘客责骂和忍受工作人员的白眼。说明空乘服务没有做细，没有从乘客的角度去解决问题。

（四）乘客自身的原因引发的服务失败

航班延误是航空服务过程中的常见现象，乘客在抱怨因航班延误而耽误自己旅程的同时，却很难想到，也许延误是由于乘客自身的不当行为所造成的，其中包括个别乘客在航班经停站下机而未通知航班机组或地面服务人员，从而导致机组被迫清舱，造成航班延误。

在很多情况下，乘客对服务失误也具有不可推卸的责任。在空乘工作中常常会听到或碰到一些不讲道理或者无理取闹的旅客，让空乘人员本来很好的工作激情一下就化为怨气，这样的结果让应该微笑服务的乘务员脸上的笑容消失了，服务也显得不情愿，而本来就有意见的旅客对乘务员不情愿的服务更是反感，造成了服务和被服务双方的不愉快，投诉也就形成了。例如，造成航班延误的主要原因是乘客及其行李。因乘客不按规定时间登机造成延误所占的比例，与国外相比，国内明显偏高。有的乘客办完乘机手续后，不注意听广播，很容易误机。有的乘客携带超出民航规定的体积、重量和数量的行李乘机，交运又不及时，也容易造成航班延误。少数乘客上飞机后，口无遮拦，戏称包里有炸弹或要劫机，不但本人受罚耽误行程，也会使整个航班的乘客按照规定重新安检登机，导致航班延误。

 案例 7-1

某航班旅客登机后向乘务员索要毛毯，毛毯放在后服务舱，乘务员正在疏导旅客，不能及时满足旅客需求，请旅客稍等片刻。乘务员引导旅客完毕后到后服务舱拿毛毯，因毛毯只有十几条，乘务员回到旅客面前时毛毯发放仅剩下了一条，此时又有一位小旅客需要毛毯，乘务员权衡再三还是将最后一条毛毯发给了小旅客，旅客非常不满。

支招：

（1）在旅客提出需要服务用品时，无论此时多忙请用心记住哪一排哪一位旅客，在语言、语气上给旅客以被足够重视感，因为忙乱之间的一句不经意的回答，多数都会给人以敷衍、不耐烦感，而乘务员则会由于没有刻意注意而忘记旅客提要求这件事，或者记得有这件事而找不到是坐在哪排的旅客，例如这样说："非常抱歉先生/女士，现在正在……期间，您可否在座位上稍微休息一下，我会尽量快一点给您送来。"

（2）在服务用品较少而旅客需求量大的情况下，不如事先稍做说明，"已经没有了，发完了"会让旅客因感到他损失了基本利益而非常不满，例如这样说："不好意思女士/先生，您看这已经是我们飞的第×段了，干净的、没用过的毛毯已经为数不多了，机上又有这么多老人和孩子，我先帮您把通风口关掉吧，要不帮您倒杯热水？稍后我立即向乘务长汇报请机组将温度调高。"

资料来源：孙岚. 民航客舱服务案例精选[M]. 北京：化学工业出版社. 2015.

第二节　空乘服务失误补救及其必要性

空乘服务是在特殊条件下开展的，在服务过程中，免不了会出现服务失误、冲突，引发旅客抱怨与投诉等危机服务事件，这些事件如果不能得到及时处理，将发生不良的后果，如影响公司形象、失去旅客的信任，严重的服务冲突还会危及飞行安全。因此，在出现服务失误的情况下，及时采取补救措施是弥补服务失误、尽量减少可能给航空公司带来不利影响的有效途径，也是控制事态进一步发展的必要举措。

一、空乘服务补救

空乘服务过程包含诸多的服务步骤和详尽的细节，客观上使服务存在着失败的可能性，即可能出现冲突、失误、纠纷，甚至错误等损害乘客权益、利益或者心境的危机事件。在空乘服务过程中，乘务人员与乘客之间是互动的，乘客各不相同，兴趣、爱好、性格、修养等也各不相同。另外，空乘服务的状态也必然受到诸如天气、飞机故障和竞争过度等航空公司无法控制的因素影响。面对服务出现的各种各样的危机事件，航空公司必须主动承认这一事实，并制订非常计划对正在发生的服务失败予以管理控制。

所谓空乘服务补救，就是对空乘服务过程中出现的各种服务危机事件所采取的积极措施，以避免与挽回服务失误对公司形象或企业形象的影响。服务是一个过程，服务中的各种冲突是服务的衍生品，因此，服务补救是服务的延续，是服务的重要组成部分，如果服务中的危机事件未能得到妥善解决，就意味着服务没有完成。而且，企业的信誉与形象是历史的事件的沉积，良好的形象需要诸多积极因素的支撑，这是民航企业整体发展的需要。

任何产品的消费都具有可替代性，乘机旅行消费更具有可替代性，留住乘客，必须首先留住乘客的心。当乘客对空乘服务不满时，他们会通过有效的途径表达其不满，航空公司如果能正视问题，积极采取补救措施，就能够及时解决问题，保持竞争优势。如果问题不能解决，乘客的抱怨得不到释放，他们合法的权利得不到保护，乘客就会失去对公司的信任。因此，危机事件出现后，航空公司必须对自己、对乘客采取负责的态度，及时进行服务补救。

空乘服务补救具有即时性，也就是说，服务中的失误，不管多么微小，都会是后续服务的导火索，从而被无限放大。因此，空乘服务补救必须在第一时间实施，如果服务补救的时机掌握得不好，或者乘客感觉受到怠慢，会引发更大的冲突与纠纷，降低乘客的忠诚度，损害公司的形象。

二、服务补救的必要性

服务是个无形产品，给消费者留下的更多的是内心体验，而恰恰是这种内心体验，使人们对某一事物的看法挥之不去。服务过失一旦出现，首先影响的是乘客的内心体验——当时的心情以及以后的心态，并有延续的可能性，甚至有继续恶化的倾向。服务补救的最终目标就是将原来不满意的乘客转变为忠诚于公司的乘客。要正确对待乘客的批评与投诉，在服务现场要真诚耐心，及时化解各类问题；对各类投诉要及时处理，大力提倡服务补救。在提倡无缝隙服务的今天，部门与部门之间、机组与成员之间、乘务人员之间要提倡服务补救，用自身的努力去弥补上一道工序的服务差错，为实现服务目标而努力。

尽管空乘服务补救本身就是承认了空乘服务过程中的失误，会使当事人觉得尴尬或者受到谴责，但毕竟公司的利益是最重要的，承认失误本身就是服务态度的最好表证，对公司的形象是有益的提升。

空乘服务失误航班中天天都可能碰到。危机无大小，处理不当，小事可以演变成冲突，甚至是恶性事故，是必须及时处理的问题，即使事态不在当时蔓延，其滞后的影响也是不能低估的。一个乘客的不满，无法在下一次航班中得到补偿，而我们所能做的是尽量从精神上给予乘客补偿，这就是我们说的服务补救。服务补救具有即时性，必须在第一时间得以实施，如果服务补救的时机掌握得不好，或者旅客感觉受到了怠慢，会引发更大的冲突和纠纷，降低旅客的忠诚度，从而损害公司的形象。

（一）服务补救有助于提高乘客忠诚度

在很多情况下，乘客对服务质量总的感知可能是良好的，但对某些服务或"关键时刻"的服务质量的感知却不一定是良好的。但是，由于采取了服务补救措施，从而使得乘客总的服务质量感知达到了良好的状态。

英国航空公司管理人员通过补偿服务实践，对服务补救得出了几条重要结论：做出反应的时间越短，达到乘客满意所需的精力与金钱补偿越少；当乘客的满意度达到95%时，乘客所需的赔偿金会降低 8%；公司每投入一英镑用于维系乘客关系，就可以减少两英镑的潜在损失。然而，有一种现象值得注意，旨在增强乘客忠诚度的常客计划虽已几乎在全部航空公司普遍实施，但乘客投诉却仍在增加，原因何在？很简单，一个乘客同时在对几家航空公司"忠诚"。就需要航空公司在服务质量与吸引乘客方面有新的措施，减少服务失误，及时处理服务失误，服务补救要到位。

（二）服务补救能提升乘客感知的整体质量

只要乘客在服务体验过程中提供了反馈信息，或者机组成员在服务进行中发现乘客不满意，就完全有可能提升整体服务质量，因为不满的乘客很在意航空公司的服务，提出对服务的不满，是为了使航空公司消除那些服务失误的现象，不满的问题消除了，公司服务的满意度就提升了。许多研究表明，出现服务失败后如果服务员工能成功地予以解决，此时乘客对服务的评价反而要高于没有出现服务失败的情形。

在服务补救的过程中，采用逐级上报的制度虽然可以减少失误，但高层管理者会丧失许多重要的信息，难以采取有效的改正措施。英航为了鼓励乘客的批评，从而更好地把握良机，特地建立了好几种不同类型的意见收集台，除了热线电话，公司还引进了全球免费意见卡，公司行政人员还在全球各地组织了"非正式沙龙"讨论服务问题，公司邀请提出宝贵意见的乘客与顾客关系部经理一起飞行，共同体验公司的服务。

（三）服务补救有助于发现组织管理和工作流程中的弊端

不管是在服务过程中发现问题点，还是稍后发现了问题点，对有关这些问题的信息加以认真收集与储存，可以帮助组织建立一个有关服务质量的大型数据库。当系统分析这些数据时，会找出服务的薄弱环节，对这些环节加以详查，也许会发现为什么服务失败会在某些环节无节制地发生，进而得到修正问题的思路。最后，根据服务补救的需要，将背后的真正原因加以整合、分析和矫正，使航空公司能提供一个更强有力的服务系统。此处的关键是系统地收集信息，公司应考虑对反馈工具进行改进和提高，以便员工能整理出简单、有用和易于获得的服务补救工作报告。假如有关乘客不满的信息被很好地利用，服务补救就会有效地降低服务失误的再发生率。

在实践中，对服务补救管理的忽视有必要引起我们的重视。多数公司没有以适当的方式对乘客的投诉进行记录与分类，增加了公司学习的困难。一些乘务人员没有兴趣听取乘客对问题的详细描述，仅仅将乘客的问题作为一个独立事件，认为需要的只是解决方案，不需要向管理层汇报；很多乘务人员不想承担责任，而把问题归结于客观因素；很多投诉没有得到妥善处理，乘客留下了信息，但没人据此采取行动；多数公司没有系统收集信息的方法，也没有找出导致乘客对责任人、部门或程序进行投诉的原因。

（四）服务补救是创新的源泉之一

服务危机事件的处理往往是树立和提升公司形象的最好机会，因为此时，公司更容易被乘客和媒体重视，投诉的解决全面地反映了公司的态度与能力。乘客投诉是一个非常有价值且免费的信息来源，前来投诉的乘客多数是因为在接收服务中乘务人员的失误给他们造成了某种物质或精神上的损失，所以他们反映的信息具有很强的针对性。公司可以从中发现并修正自己的失误，消除使更多乘客遭受损失的风险，不断提升产品和服务质量。乘客投诉就像一位医生，在免费为航空公司提供诊断，让航空公司有可能充分了解自身的不足与问题所在，以便管理者对症下药，改进服务和设施，避免引起更大的纠纷；乘客投诉还可能反映公司服务不能满足乘客需要的地方，仔细研究这些需要，可以帮助公司完善服务内容，改进服务流程。乘客投诉往往蕴藏着非常有价值的信息，是沟通航空公司管理者与乘客之间的桥梁。

（五）服务补救有助于提升企业的公众形象

当乘客对空乘服务不满时，他会通过抱怨乘务员态度不好、餐食难吃、航班延误或者抱怨座位不舒适等来表现，问题出现了而任凭结果蔓延熟视无睹，甚至是伪装、推卸责任、回避，这样的结果只会让旅客更加反感，只有正视问题并积极采取补救措施，才能让旅客感受乘务人员的真诚。服务过失一旦出现，恰当、及时和准确的服务补救可以减弱旅客的不满情绪。服务是个无形产品，给旅客留下的更多是内心体验，而恰恰是这种内心体验使人们对某一事物的看法挥之不去，服务补救不仅维护了旅客的权益，也最大限度地挽回了公司的良好形象。

乘客投诉如果能够得到快速、真诚的解决，乘客的满意度就会大幅度提高。他们会自觉不自觉地充当公司的宣传员。乘客的这些正面口碑，不仅可以增强现有乘客对公司的信心和忠诚度，还可以对潜在乘客产生良好的影响，有助于公司在社会公众中建立起将顾客利益置于首位、真心实意为乘客着想的良好形象。

在空乘服务过程中，面对复杂的服务对象，出现问题是正常的现象，乘客提出问题或提出抱怨，其实是对航空公司服务的期待，是否采取积极措施应对，体现了公司对乘客的态度。而从乘客那里得到更多的"抱怨"信息，无疑是对公司服务质量最好的鞭策，忽视了乘客的意见，就意味着疏远了乘客，丢掉了市场。

案例 7-2

观察分析旅客心态以解决问题

某航班在颠簸过程中，旅客烦躁地按呼唤铃，无论乘务员如何温言解释，旅客就是对这种颠簸感觉不满甚至质疑到了飞行技术，要求乘务员给个投诉渠道，乘务员无奈只得提供给旅客 95530 投诉电话，但旅客在投诉时说明了对航班颠簸的不满的同时，也不满乘务员的服务态度。

分析：

（1）虽然旅客第一时间不是质疑我们的服务出了什么问题，但是毕竟我们是第一个听到旅客抱怨的人，而我们做出的任何反应可以直接影响到旅客接下来的态度和决定。我们也许该更深入地思考、分析一下，为什么？没有无缘无故的抱怨和指责。也许旅客此刻正处于一种不安紧张、恐惧的状况，旅客需要的不是解释而是安抚。例如，"很抱歉给您造成了不便，今天确实是因为……（说明原因），请不要担心。"

（2）在面对旅客时，服务人员代表航空公司，应有大局意识，在回答问题时，严禁推卸责任。例如，可以说："很抱歉造成了您的困扰，我一定给您反映……谢谢您的宝贵意见。"

（3）积极回应，注意为旅客提供多种选择。例如，可以说："我马上去看看是什么原因，好吗？或者您看……要不这样，好吗？"

资料来源：孙岚. 民航客舱服务案例精选[M]. 北京：化学工业出版社. 2015.

第三节　空乘服务补救的原则与策略

一、空乘服务补救的原则

服务补救是一个复杂的工作，因为服务失误的"受害者"往往处于一种非常的心态，不容易沟通，且容易产生不满的情绪。因此，为了有效地开展服务补救，在补救过程中，应遵循"公开、主动、迅速、关心"的原则。

（一）公开原则

通常情况下，企业没有为顾客提供适当的投诉渠道。例如，企业没有向顾客表明企业的义务和顾客的权益，造成顾客在问题发生后，不知道损失该由谁来承担；或没有清楚告知顾客如果发生问题，应该通过何种渠道向企业的哪个部门反映，使受到损失的顾客束手无策；或者提供的渠道使顾客觉得不方便，如经常无人接听电话，等等。

航空公司或乘务人员要在解决服务失误的过程中，让乘客时刻了解到事情的进展情况。中国民航协会一项专家调查表明，航班不正常时乘客的需求排序是：将航班延误的信息及时通知乘客，占 47.8%；航空公司及其代理人及时妥善安排好乘客，占 34.8%；对因不可抗力的航班延误，航空公司做出安排后，可以合理收费，占 9.4%；对少数违反《中华人民共和国民用航空法》的滋事者做出处理，占 8.0%。

乘客最难忍受的是，服务提供者在航班延误后所提供的信息不及时、不详细，难以让消费者信服与理解；给乘客提供饮食的服务程序不透明，消费者不知道多长时间才能获得餐饮服务，也不了解所提供的食品的数量有多少；在延误时间较长的情况下，航空公司和机场没有及时告知消费者，他们享有退票、转签、由经营者安排食宿等权利；对于航班延误给消费者造成的各种损失及种种不便，航空公司和机场未能充分向消费者表示歉意，也未能明确告知消费者在什么情况下他们有权获得相应赔偿。

（二）主动原则

发现并改正服务失误是服务提供者无法推卸的责任。要主动解决服务失误问题，不要等顾客提出来再被动地去解决。要鼓励顾客投诉。首先要在企业内部建立尊重每一位顾客的企业文化，并通过各种渠道告知顾客，企业是尊重他们权利的。在此基础上，更重要的是让全体员工，而不仅仅是顾客服务部门的员工认识到顾客的投诉可以帮助企业获得具有竞争优势的信息，而不是给工作带来麻烦。那些直接向企业投诉的顾客是企业的朋友，那些对企业"沉默"的顾客会给企业造成重大的损失，因为他们最容易转向企业的竞争对手，而且还会散布对企业不利的信息。许多企业不能解决顾客的抱怨，只能将其逐级上报，在许多组织内部，前台员工的权力有限，只能解决一小部分批评，这会给企业服务员工带来沉重负担。

通过对"顾客抱怨金字塔"的研究表明,假设不满的顾客中,有40%向前台员工提出批评意见,其中,有25%未能得到解决,被呈交给中层管理人员。在这些问题中,仍有20%未能给予解决,假设这20%中有一半被提交给主管的公司顾客。如何鼓励顾客提出批评,从两个角度出发:一是顾客的行为方式;二是导致抱怨的一些政策规定。顾客一般不愿意对服务提出批评,因为结果经常得不偿失,付出的努力太多,而回报太少。

有时顾客心理上存在障碍。例如,顾客认为企业不会理睬他的投诉,更不会公正地处理他的投诉,所以投诉也是徒劳;另外,还有一些顾客由于不愿意浪费时间、精力和金钱而选择沉默。所以,航空公司或乘务人员要积极主动地帮助乘客解决问题。乘客提出不同问题时,要细心倾听,并给出解释;从众多问题中概括出有代表性的问题做个别回答;选择众人中的代表进行重点解答,解答时要注意做到有礼有节。

(三)迅速原则

迅速原则在服务质量维度上指的是响应性。顾客认为,最有效的补救就是企业一线员工能主动地出现在现场,遵循"两必须"原则:必须诚实;必须尊重乘客的感受。承认问题的存在,向顾客道歉(在恰当的时候可加以解释),并将问题当面解决。出现失误,要立即对顾客做出赔偿。要重视顾客问题,迅速、及时,避免顾客在投诉的过程中对问题一遍遍地重复(因为每次重复都会加剧其不满)。无论如何,企业应该承认问题的存在,向顾客道歉,并积极采取补救措施。

当服务失败发生时,航空公司越快做出反应,服务补救的效果可能就会越好。而如果航空公司拖拖拉拉,虽然问题最终得以解决,但也只能留住一部分不满意的顾客。由此可见,速度和时间是个关键因素。并且,航空公司对问题做出快速响应,可显示公司真正关心乘客的利益,为乘客着想,急乘客之所急。

(四)关心原则

关心原则在服务质量维度上指的是移情性。关心服务失误对顾客精神上造成的伤害。道歉是必要的,但在很多情况下道歉是远远不够的。在芝加哥奥海尔机场曾发生这样一件事。因遭受暴风雨的袭击,机场的一个大型屏幕严重破裂,无法显示飞机航班起飞、降落的时间,由于得不到航班信息,机场出现了混乱,工作人员和乘客们一筹莫展。几个星期后,乘客们都收到了美国航空公司的道歉信。作为补偿,美国航空公司愿意为每一名乘客免费提供上百英里的航空服务。反观我们的服务,经常有报道说,某某航空公司延误了几小时,出现了一幕幕让乘客愤愤不平的情境,但从未听到公司的道歉。从某种意义上讲,道歉体现了一种团队精神,表明了公司上下对航班延误都十分在意。道歉是对乘客表示公司的歉意,可平息乘客对公司服务的不满情绪。道歉还能给乘客一种暗示——今后公司员工会认真对待自己的工作,尽量减少延误,减少给乘客造成的不便。其实,不管是几次道歉,想乘客所想,急乘客所急,提供更加周到的服务才是航空公司追求的目标。

关心还表现在要倾听乘客诉说,并为乘客设身处地着想上,举例来说,当一名乘客准备登机时，仍然抱怨票价方面的一些限制时，乘务人员不仅要主动让对方了解这方面的规定和限制，而且必须能够体谅乘客的感受。

二、空乘服务补救的策略

（一）要建立有效的补救制度

航空公司应该制定明确的服务标准与补偿措施，清楚地告诉乘客如何进行投诉及可能得到什么样的结果。增加接收和处理投诉的透明度，设立奖励制度鼓励顾客投诉，督促员工积极接收并处理投诉，从而加强乘客与企业、企业与员工、员工与员工之间的理解。在对员工的培训中强调"从乘客投诉中学习"，以便于信息的传达；设计良好的问题汇报程序，将乘客投诉的问题传达给相关的负责部门，以便于组织学习；建立内部投诉表，对乘客问题进行记录与分类，传播服务缺陷，以便改善服务；将乘客适当分类，以便于跟踪服务；将各种数据信息集中分析，以改进组织行为，提高公司的整体服务水准。

（二）跟踪并预期补救良机

航空公司需要建立一个跟踪并识别服务失误的系统，使其成为挽救和保持乘客与航空公司关系的重要工具。有效的服务补救策略需要航空公司通过听取乘客意见来确定公司服务失误之所在。即不仅被动地听取乘客的抱怨，还要主动地查找那些潜在的服务失误。市场调查时可采取一个有效的方法，如收集乘客批评，监听乘客抱怨。还可以开通投诉热线以听取乘客投诉。有效的服务担保和意见箱也可以使航空公司发觉系统中不易察觉的问题。通过跟踪调查还可以识别那些频频投诉或总是对服务补救措施不满意的乘客。这些乘客要求的利益可能超出了航空公司的能力，或这些乘客本身就是难以满足的乘客。这些乘客将来再购买航空公司的机票时，可以给予特别关注，或建议其选择其他交通工具。

跟踪并识别服务失误还是一种极有价值但常被忽略或未被充分利用的、具有诊断性的、能够帮助企业提高服务质量的信息资源。通过对服务补救整个过程的跟踪，管理者可以发现服务系统中一系列亟待解决的问题，并及时修正服务系统中的某些环节，进而使"服务补救"现象不再发生。

（三）尽快解决问题

一旦发现服务失误，服务人员必须在失误发生的同时迅速解决失误。快速处理服务失误是乘务人员必修的服务课程。一个得当的处理方法可以缓解乘客的情绪，成功地化解矛盾，处理迅速快捷还可以收获一份信任。否则，没有得到妥善解决的服务失误会很快扩大并升级甚至会激发矛盾。处理乘客投诉时的任何托词或"没了下文"的举措，都可能招致乘客更强烈的不满。乘客反映的问题解决得越快、越及时，越能表现出航空公司的诚意和对乘客投诉的重视，也能反映出航空公司的服务质量，并能迅速地取得乘客的谅解，换来乘客的满意和对航空公司的忠诚。在某些情形下，还需要员工在问题出现之前预见到问题即将发生并予以杜绝。

例如，某航班因天气恶劣而推迟降落时，服务人员应预见到乘客们会感到饥饿，特别是儿童。服务人员可向机上饥饿的乘客说："非常感谢您的合作与耐心，我们正努力安全降落。机上有充足的晚餐和饮料。如果你们同意，我们将先给机上的儿童准备晚餐。"乘客们点头赞同服务人员的建议，因为他们知道，饥饿、哭喊的儿童会使境况变得更糟糕。乘客在机上等待时，乘务人员应做好解释、致歉工作，调节客舱温度，确保空气流通，播放舒缓音乐。随时在客舱巡视，回答乘客问询，以满足乘客对信息的需求，服务人员预见到了问题的发生，在它发生之前，杜绝了它的发生。

（四）授予一线员工解决问题的权力

一线员工需要具有服务补救的技巧、权力和随机应变的能力。在英国航空公司，所有员工都被赋予灵活处理投诉的权力，可以自行处理价值 5 000 美元以内的投诉案，并且有一个包括了 12 种可供挑选的礼物清单。一些公司经常担心这样的政策会导致滥用职权、错误判断和过度消耗一线人员的精力。事实上，多数情况下，一线员工是相当理智的，顾客在他们心中也是如此。当然这种权利的使用是受限制的，在一定的允许范围内，用于解决各种意外情况。一线员工不应因采取补救行动而受到处罚。相反，企业应鼓励员工们大胆使用服务补救的权力。

从顾客的角度来看，最有效的补救就是当失误发生后，一线员工能够立即采取补救措施。有时，可能顾客需要的仅仅是一句真诚的道歉或者关于某一个问题的合理解释，这些并不需要一线员工一级一级向上级请示汇报。因为顾客最害怕的就是无休止的等待，更不愿意被人从某个部门或某个人推到另一个部门或另一个人。因此，最容易接触到顾客的一线员工应该成为及时处理顾客投诉的一支重要力量。然而，一线员工往往并不清楚应该怎样处理顾客投诉。因此，企业应该利用各种形式，定期对其进行培训，教他们如何倾听顾客投诉，如何选择恰当的方案，迅速采取行动。

（五）鼓励和培训乘客投诉

有多种办法可以用来鼓励和追踪抱怨，如满意度调查、重大事件研究等方式。员工要始终处于顾客抱怨的监听前线，如果一线员工发现顾客不满意和服务失误的根源，他们报告这些信息应该受到鼓励。可提供顾客反馈卡、免费拨打电话、电子邮箱的地址或网址等，以便顾客可以方便地宣泄不满或发表其他评论。上述渠道往往被企业用来收集建议和赞扬，但他们的突出才能体现在收集服务失败的有关信息和顾客的意见，服务企业能够据此识别哪些是需要服务补救的顾客，并发现服务提供系统的哪些环节需给予特别关注。

在鼓励顾客投诉的基础上，企业还要采用各种方式培训顾客如何进行投诉。如通过顾客能够接触到的媒介，告知顾客企业接受顾客投诉的部门的联系方式和工作程序，要使顾客能够轻松地进行抱怨，既鼓励抱怨也要教会顾客怎样抱怨。

应方便顾客投诉。企业应尽可能降低顾客投诉的成本，减少其花在投诉上的时间、精力、金钱等。目前许多企业的投诉制度复杂烦琐，难以使用，一些投诉步骤支离破碎，许多顾客不得不在几个不同的地方投诉，填写各种表格。而顾客最不愿意见到的就是当其不满意时，还要去面对一个复杂的、难以进行的投诉过程。

国航地面服务部推出的"心语"服务就是在每年新年来临之际，给每一位曾经投诉过的乘客寄去一张新年贺卡，向乘客表示节日的问候，对以前给乘客造成的不愉快再次表示歉意，同时向乘客宣传地面服务部在服务工作方面的变化，希望乘客继续乘坐国航航班，并对他们的工作给予监督。

第四节　关于服务补救的几个问题

一、如何平息乘客愤怒

（一）如何看待乘客愤怒

以尊敬和理解的态度正确看待乘客的愤怒。树立"乘客总是对的"的观点，这是处理好乘客投诉的第一步，尽量减少与乘客的对抗心理和情绪，理解和尊重乘客，给乘客发泄不满的机会，不要与乘客进行无谓的争辩。

（二）平息愤怒的技巧

充分倾听。乘客投诉时，员工应仔细倾听乘客的诉说，让乘客把话说完，获得更真实具体的信息，切勿胡乱解释或随便打断乘客的讲述；乘客讲话或大声吵嚷时，员工要表现出足够的耐心，绝不能随乘客的情绪波动而波动，为乘客提供情绪发泄的渠道。遇到乘客故意挑剔、无理取闹，要耐心听取其意见，不要与之大声争辩，使事态不致扩大或影响其他乘客。讲话要多用文明用语，尽量避免滥用"微笑服务"，以免让旅客产生"出了问题，你还幸灾乐祸"的错觉。同时，要注意语音、语调和讲话音量的大小，要再次确认信息，通过问题引导乘客情绪，从中找出解决的办法。乘务人员一定要保持镇定，要有良好的心理素质，从乘客的立场思考问题并解决问题。

（三）平息乘客愤怒的禁止法则

（1）立刻与顾客摆道理。
（2）急于做出结论。
（3）一味地道歉。
（4）对顾客说，这事经常发生，令顾客感到不诚心。
（5）挑顾客的毛病。
（6）过多使用专门术语。
（7）改变话题。

二、内部服务补救问题

　　以往的服务补救研究主要局限于对顾客的服务补救,而对内部服务补救问题研究得甚少。事实上,随着内部营销理论的兴起,内部服务补救已经成为理论界和企业界无法回避的问题。在内部营销过程中,员工感知服务质量对于提高员工满意度和忠诚度起着至关重要的作用。美国的詹姆斯·赫斯克特等人曾对此进行过长期的实证研究,证实了雇员满意忠诚与顾客满意忠诚之间所谓"满意镜像"现象的存在,并将其视为服务利润链上最为重要的一环。因此,企业必须注重内部的服务补救与员工满意和忠诚互动关系的研究,以内部服务补救提高员工满意率,并进而提高顾客的忠诚度和企业的竞争力。

　　在国内,越来越多的乘客开始使用投诉的权利,在这种压力的影响下,航空公司也把投诉率的高低作为衡量本公司服务水平的一个尺度,这些也导致了许多航空公司不惜采用一些过于极端的做法,如对投诉员工"先惩罚,后调查,再处理"等,航空公司无底线的退让,除了给某些"刁蛮"乘客一种软弱可欺的印象之外,更多地暴露了航空公司服务理念的保守性,并因此产生许多负面效应,助长了极少数问题乘客的气焰,使他们动辄以投诉相要挟来达到自己的目的。长期下去,势必使航空公司的许多规定根本无法实施。航空公司的极端做法也给空乘人员造成了极大的心理压力,这样必然影响到他们的工作情绪,即使设了委屈奖也无济于事。在国外,许多航空公司一直采取列出"不受欢迎旅客名单"的举措,对少数问题乘客,这是合理的处理方式。

三、服务补救中的乘客细分

　　美国学者雅克、霍洛维茨把进行投诉的顾客分为四种:质量监督型(20%～30%)、理智型(20%～25%)、谈判型(30%～40%)和受害型(5%～20%)。质量监督型的顾客想要告诉你什么正在变糟,因此为了他们能下次光临和购买,你必须改进;理智型的顾客想要他们的问题得到答复;谈判型的顾客想要得到赔偿;受害型的顾客需要同情。进行投诉的顾客也可以分成这四类,要对症下药,解决问题。其实有很多乘客只是一时气盛,并不一定非要解决什么问题,而是寻求心理上、情感上的沟通。工作人员要耐心地反复解释沟通,用热情、周到、细致的服务赢得乘客的理解与支持,并妥善安置乘客,尽最大努力减少乘客的损失。

　　这样的分类有助于投诉的管理,便于跟踪服务;将各种数据信息集中分析,有助于改进组织行为,提高公司的整体服务水平。

四、投诉处理与服务补救的异同

　　一般来说,出现服务失误后,及时地修复、快速地反应是必不可少的,但对于投诉处理和服务补救的不同看法直接导致不同的结果。

　　芬兰服务研究专家格罗斯对传统的抱怨处理和服务补救进行了区别。顾客抱怨处理是指当遇到服务失误的顾客向企业提出抱怨（投诉）时，企业分析这些抱怨，从管理角度进行处理，尽可能地以较低的成本来解决，除非无法避免，企业不会对顾客进行赔偿。而服务补救则不同，它所关注的是与顾客建立长期的关系。服务补救的方式有三种：被动性补救（传统的投诉处理）、防御性补救和进攻性补救。

案例 7-3

一齐托运的行李，却上了不同的飞机

王先生乘飞机从南京到北京，有三件行李托运。但到了首都机场，在行李领取处只拿到两件，苦等另外一件行李近一个小时，仍不见踪影。这件装有大量重要材料、票据及现金的行李箱如果丢失，将对王先生的北京之行造成不可估量的损失。王先生焦急地向机场工作人员求助，得到的只有冷冰冰的一句："怎么会这样？你登记一下，过三个小时再来电话问问吧。"

乘客托运的行李无故丢失，机场工作人员没有给予乘客感情上的安慰，更没有给出任何合理的解释，倒像是乘客自己犯了什么错，给机场添了麻烦。看着托运数量、金额、航班号等信息俱全的行李托运票据，王先生百思不得其解，又不知在这种情况下，该找谁说理。

费时费力跟机场交涉近两个小时无果，王先生只好离开机场入住酒店，期待三个小时以后的电话查询能有好的结果。到酒店后大约一小时，接到机场打来的电话，说行李找到了，原因是"行李没和人坐一趟飞机"，行李"自己"乘坐下一班飞机抵京了，并通知王先生可以来领取了。失而复得本应该高兴，可是王先生觉得很别扭。箱子怎么会自己走失？到底是哪个环节出了问题？耽误乘客近两个小时的时间谁负责？为什么自始至终没有人说过一句道歉的话，没听到任何合乎情理的解释？没有过失的乘客还得自己往返几十公里去机场取行李。在王先生的要求下，又等了两个小时，机场终于把行李送到了酒店。看着与自己走失四个多小时的行李箱，王先生感慨，机场的服务真差劲。

资料来源：高宏，安玉新，王化峰，等. 空乘服务概论[M]. 北京：旅游教育出版社，2017.

像行李丢失这种由工作人员失误造成的问题，机场完全可以根据查询结果，为乘客提供几种可能的解释，并帮助查找，让乘客放心。可是，案例中机场的工作人员不具备应有的服务意识。我们常常看到许多人宁愿自己受累，随身携带行李乘坐飞机，也不愿意托运，生怕丢失或行李破损。其背后的原因是对机场的服务没有把握。如果由于大家对机场缺乏信任，把很多行李带进客舱，将给飞行安全和效率带来负面影响，降低机场的运行效率。

针对这个案例中出现的问题，可以有以下三种补救方式。

（1）被动性补救。也称为消极补救，出了问题或出现服务失误，乘务人员没有做任何解释，让乘客等待查询结果。这种处理方式没有考虑乘客的情形，会直接影响乘客感知服务的质量。

（2）防御性补救。乘务人员接待投诉的乘客，告知乘客先自我解决当务之急，等处理结果出来后给予赔偿或补救，挽回乘客的损失。

（3）进攻性补救。出现服务失误后，乘客提出投诉，乘务人员立即在现场解决问题，并提供各种解决和补救方案，而不是等到服务过程结束后再补救。

 本章小结

空乘服务是在特殊环境下开展的，在服务过程中，免不了出现服务失误、冲突，引发旅客抱怨与投诉等危机服务事件，这些事件如果不能得到及时的处理，将产生不良的后果，如影响公司形象、失去旅客的信任，严重的服务冲突还会危及飞行安全。因此，在出现服务失误的情况下，及时采取补救措施，是弥补服务失误，尽量减少可能给航空公司带来的不利影响的有效途径，也是控制事态进一步发展的必要举措。本章全面地阐述空乘服务补救概念、服务失误产生的原因以及补救策略。通过本章学习，可使读者树立服务补救意识，理解服务补救的必要性，明确服务失误产生的原因，以及服务补救的基本策略。

 思考与练习

一、概念与知识

1．举例说明空乘服务失误的原因。
2．空乘服务补救的具体策略有哪些？

二、分析与应用

1．顾客自身原因造成的空乘服务失误还需要补救吗？
2．简述服务补救与顾客忠诚度的关系。

第八章　空乘服务质量改进

 教学目标：

1. 了解服务管理的基石——服务金三角原则。
2. 了解服务改进原则与支持改进模式的支持体系。
3. 熟悉服务质量的差距模型，并能学会运用。

 引例

廉价航空典范 IndiGo，用服务打动顾客

2015 年印度航空业的数据显示，IndiGo Airline 所占本土市场份额已经高达 37%，航班的平均机座占有率 88%，已经超过了印度所有其他航空公司名列第一，作为一家低价航空公司，能成为业内龙头老大着实令人大跌眼镜。而在 4 年前，这家默默无闻的公司的市场份额仅仅排名第四。在这短短几年内，IndiGo Airline 是怎么在做低价的同时又吸引大量顾客，翻身成为行业翘楚的呢？总的来说，IndiGo 近年来的成功可以归功于完善的客户服务和用户沟通，不断通过自身硬件上的改进和在社交媒体上与乘客的互动来拉近航空公司和乘客之间的距离感，让顾客倍感亲切。一旦顾客体会到了家一般的体验，自然而然就会选择这家航空公司。所以说国内的低价航空公司也可以向 IndiGo 讨教一二，对自身的服务质量做出改善。

资料来源：孙岚. 民航客舱服务案例精选[M]. 北京：化学工业出版社，2015.

第一节　服务管理的基石——服务金三角

在民航的对客服务中，出现差错在所难免，最怕的是差错出现后，旅客选择沉默，空乘服务人员选择回避，造成客人流失、服务下降。因此，我们在对客服务中，要用心去关注、感受客人的每一个动作、每一个眼神、每一句言语，及时了解、及时沟通、及时补救，最终达到在通常情况下达不到的效果。

一、"服务金三角"的含义

"服务金三角"由美国服务业管理权威卡尔·艾伯修在总结了许多服务企业管理实践

经验的基础上提出来的，是一个以顾客为中心的服务质量管理模式，由服务策略、服务组织、服务人员三个因素组成。这三个因素都以顾客为中心，彼此相互联系，构成一个三角形。

"服务金三角"的观点认为，任何一个服务企业要想获得成功——保证顾客的满意，就必须具备三大要素：一套完善的服务策略；一批能精心为顾客服务、具有良好素质的服务人员；一种既符合市场需要，又有严格管理的服务组织。服务策略、服务人员和服务组织构成了以顾客为核心的三角形框架，形成了"服务金三角"，如图8-1所示。

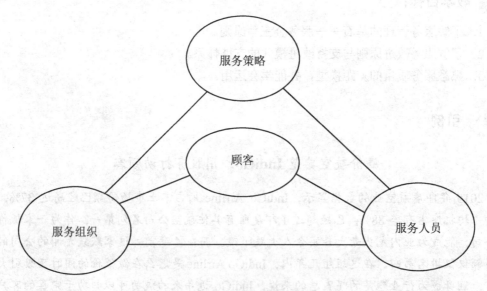

图8-1　服务金三角

由于"服务金三角"以清晰的构图反映了服务业管理中必须以顾客为中心的最本质的特点，同时又指出了加强服务业管理中最关键的三大要素，因此为世界各地服务业管理界所认可，并把其誉为服务企业管理的"基石"。尽管各种服务企业提供的服务是多种多样的，但是管理的基本模式基本上是一致的。因此，"服务金三角"理论在民航业也有适用性。

二、顾客是"服务金三角"的核心

1. 顾客的定义

"顾客是上帝"，这是一种来自国外的说法。"上帝"在外国人的心目中是法力无边、惩恶扬善的化身，谁得罪了"上帝"谁必将大祸临头。不管是谁，在"上帝"的面前只能俯首帖耳。因此，必须以"顾客是上帝"这样的服务理念来规范人们的行为。"顾客是衣食父母"这是一种带有"中国味道"的说法。也就是说，民航经营者如果使顾客在消费服务的过程中感到满意，就好像为自己的父母尽到了一份孝心。这种说法似乎更能为大多数经营管理者所认同。"顾客是亲人"，这出自一线员工之口，不仅包含了把民航的顾客当作"上帝"、把顾客当作"衣食父母"的内容，还包含着"情重物轻"的意思。这种说法既显得特别亲切，同时又具有可操作性。以上种种说法都具有强烈的感情色彩，但作为一种术语和定义，显然就不够严谨。顾客的定义，可以通俗地理解为支付一定的费用，按照服务契约，享受一定的服务内容，并能带给企业经济效益。

2. 顾客的特性

（1）顾客是有需求的群体。顾客作为一种消费群体，有着共同的基本需求。由于不同地区、不同自然条件和社会环境的影响，顾客存在共同基本需求的同时，必然也有着不同的特定需要。因此，在研究顾客共同的基本需求变化规律时，更应该依据顾客的不同，如性别、年龄、职业、民族以及所从事行业的不同，来探索顾客在不同条件下的特定的需求变化规律。

（2）顾客的活动是生理需求和心理需求的共同反映。民航、铁路、旅行社等旅游服务性企业主要为顾客提供满足其食、住、行、游、购、娱等方面的需求。心理是人脑的机能，人的心理过程包括人的感觉、知觉、记忆、思维、情感和意志等。心理特征包括人的兴趣、能力、气质、性格等。顾客的活动可以充分体现出顾客的心理过程和心理特征，尤其需要指出的是，随着人们生活水平的不断提高，顾客在购买服务过程中，心理需求的比重日益提高。因此，为满足顾客需求，必须探索顾客的心理特征。

（3）顾客的心理活动必然会受到社会群体的制约和影响。顾客作为直接接触空乘服务的人，不仅是自然人，而且也是社会人，是某种社会群体（如不同家庭、不同阶层、不同种族等）的成员。顾客需求必然要受到不同社会群体的影响和制约。具体来说，这些影响包括经济和文化的影响、社会和家庭的影响、企业和推销人员的影响等。因此，空乘服务员通过学习社会学、人际关系学等知识来探索顾客心理活动的规律是十分重要的。

（4）市场经济中顾客购买行为有自主权。目前民航企业面临的竞争对手越来越多，这也意味着消费者有了更多的选择。因此，民航公司要想在激烈的市场竞争中占有自己的一席之地，必须不断进行市场调查，充分了解、满足顾客的多层次需求。

3. 顾客在空乘服务管理中的地位

民航企业服务的生产提供过程，就是将服务从服务提供者手中传递到服务接受者——顾客手中的过程。空乘服务的提供过程具有两大特征：其一，民航企业作为服务的提供者，与顾客之间的关系十分密切。和制造业中顾客与产品生产过程分离的特征不同，民航企业的顾客直接参与了服务的生产过程，与服务的提供者之间同时存在相互接触，这就使得二者之间的关系带有浓厚的人际关系的色彩。其二，服务的提供过程和消费过程之间的关系也与制造业不同。在制造业中，生产和消费彼此分离并相对独立；而在服务行业中，生产过程和消费过程是同时进行的。几乎同时发生的生产过程和消费过程（在有些情况下，生产过程略早于消费过程）使服务生产与商品生产之间具有很大的区别，从而要求民航企业在管理中应具有自己的特色。

三、"服务金三角"的关键要素

服务策略、服务人员、服务组织是"服务金三角"的三大关键要素。

1. 服务策略

民航企业要想提供成功的服务,给顾客创造完美的消费经历,第一个关键要素是民航企业必须确定公司战略定位,制定一套明确的服务策略。制定服务策略必须根据顾客的期望并加以细分,使顾客的期望与民航企业提供服务的能力相匹配,这样就可以为给顾客提供满意的服务奠定一个良好的基础。

美国哈佛商学院教授海斯凯特指出:"一项服务不可能使所有人得到所有的满足。服务组织与制造厂商不同,无法在同一时间提供超过一种的'产品',也就是超过一种形式或水准的服务。作为服务企业的经营者,你必须选择或细分出某一群顾客,再给予特定的服务,只有按照顾客们的需要,制定出一套服务策略并提供服务,才能在顾客的心目中拥有竞争上的优势。所谓细分就是区分出具有相同特性消费群体的过程,通过细分可以设计并提供每个消费群体所需要的产品和服务。"

服务市场的细分是民航企业实施各项营销策略的基本前提,是根据服务市场需求的多样性和购买者行为的差异性,把整体服务市场(即全部顾客和潜在顾客)划分为若干个具有某种特征的顾客群,以便确定自己的目标客源市场。市场细分是民航目标市场确立的客观基础。例如,西南航空公司就把低端客源作为市场细分目标,制定低价成本策略。

1) 实施细分化服务策略的作用

(1) 使民航企业为顾客提供恰如其分的服务成为可能。实施细分化服务策略最重要的作用在于可以使民航企业针对不同顾客群的需求,根据自身的能力来提供恰如其分的服务。因为对于顾客来讲,如果民航企业提供的服务不能满足顾客的需求,则顾客必然会愤然离去,并转移到竞争对手那里。但是如果民航企业提供给顾客的服务远远超过了顾客的期望,必将大大增加服务成本,那么即使服务的目标是正确的,也会因为成本太高而使民航企业面临亏损,甚至走向破产。要让顾客明明白白地消费:提供哪些项目,不提供哪些项目,以免顾客增加与服务成本不相符的期望值。西南航空公司就明确告知旅客不提供头等舱位服务、不提供机上餐饮服务。

(2) 使民航企业的服务能力与顾客需求保持相对平衡。民航企业提供的服务产品是无形的,具有非储存性,不能像制造业那样可以用库存的手段来调节淡季和旺季的需求之差。对于民航业来讲,解决服务能力供需平衡的最有效的方法就是把顾客的服务需求细分,这样可以使许多顾客的服务需求变得比较容易预测,从而掌握其变化规律,减少因服务需求的大幅度起伏,造成服务供需之间的不平衡。

(3) 使民航企业的服务能力充分满足顾客需求。实施细分化的服务策略,才能充分满足不同顾客的不同需求。任何一家民航企业都可以通过市场细分找到属于自己的目标市场——某个顾客群体,然后对这一顾客群体再做某些程度的细分,划分出几个层次,研究每个层次的各自特征,并制定一套相应的服务策略,以满足不同顾客的不同需求,从而使民航企业在激烈的市场竞争中独领风骚。

2）制定细分化服务策略的难点

尽管服务细分化和营销的细分化有许多共同之处，但是营销的细分化往往集中在顾客的明确需求，而服务的细分化则集中在顾客的期望上，这是一种潜在的需求。

对顾客期望的这种潜在需求进行确认，要比对顾客明确需求的确认困难得多。例如，旅客选择航空出行时，在某个时段内有多个航空公司的航班可供选择，顾客就会根据自己的经济条件、生活习惯等进行选择。收入不高的顾客期望得到质优价廉、性价比高的服务，而收入高的顾客则往往对服务所蕴含的文化，以及服务提供方式能否代表其身份、地位、凸显其个性品位有更多的关注。

2. 服务人员

能为顾客提供满意的服务的第二个关键要素是服务人员。服务人员既是民航企业的代表，又是服务的化身，因此空乘服务人员的素质对于民航企业来说极为重要。

首先，民航企业的第一线员工是要直接接触顾客的。这一点和制造业员工有很大不同。举例来讲，在生产流水线上的工人，由于其操作过程必须标准化和程序化，所以其中很少有不确定性的成分，有时甚至基本不需要判断力。一切只要按程序、按标准进行操作就可以了。但是作为空乘服务的第一线员工，必须与顾客保持密切的接触。而在这种接触中充满了不确定性，因为顾客的需求和期望是五花八门的。空乘服务人员在提供服务的过程中，在很多情况下需要服务人员自行判断应如何解决顾客遇到的问题，有针对性地提供服务。因此，为了让顾客满意，民航企业训练一支具有良好素质的空乘服务队伍是必不可少的。

令人遗憾的是，许多民航企业并没有把足够的时间和资金放在对第一线员工的培训和激励上，尽管许多民航企业的管理者都在大声疾呼服务的重要性，但由于很多民航企业只关注眼前的利益，在实际运作过程中往往不愿意对员工的训练和教育进行投资。

由于空乘服务是无形的，顾客对服务的评价常会根据自己和空乘服务人员打交道的经验来判断。如一位性格暴躁的空乘服务人员，虽然有很高的工作技能，但顾客对其评价往往不如对一位和颜悦色的空乘服务人员高。可以设想一下，一个民航企业如果出于某种原因，提供服务的系统出现了故障，服务效率大大降低，但是只要民航企业的员工仍在关心顾客，了解他们的需求并且尽量设法补救，顾客必然会给予谅解。

其次，在第一线提供服务的员工，是在从事一种"情绪性劳动"，要使员工做好这种"情绪性劳动"，就必须具备从事"情绪性劳动"的本领。例如，作为一名出色的空乘服务人员，必须要善于捕捉顾客的眼神，因为"眼神"是顾客的所有表情中表达能力最强，也是最微妙的部分，可以从顾客转瞬即逝的眼神中，观察到顾客的内心需求和期望，就能主动询问、主动服务，甚至在有些情况下，顾客自己还没有完全意识到，只是心中下意识的一闪念，空乘服务员就能通过对顾客眼神的捕捉，主动提供服务，这种带有强烈"情绪色彩"的服务，不仅显示了服务人员的高超技巧，同时也肯定会赢得顾客的好感。卓越的服务人员不会害怕顾客提出问题，而是随时欢迎顾客提出各种不同的需求，因为这可以充分显示自己解决顾客问题的能力，并从中获取工作的成就感和满足感。

再次，服务行业中的人际关系要比制造业中员工的人际关系复杂得多。在制造业中，管理者和员工之间的关系比较单一。在民航、酒店等服务性行业中就不同了，民航业的员工不仅要与自己的管理者接触，同时还要与服务消费对象进行接触。这种复杂的关系就决定了空乘服务人员必须接受双重安排，即顾客和管理者的安排。这无论是对于管理者进行管理，还是服务人员接受管理，都极大地增加了难度。

最后，民航企业必须保持员工队伍的相对稳定。

因此，民航企业的管理人员必须采取多种措施，包括各种物质和精神的奖励，充分调动员工的积极性，同时还要加强对员工的培训，努力提高他们的服务技能，培养他们的服务素质。

3．服务组织

每一个民航企业都必须建立相应的服务组织，其目的是为了保证民航企业在确定细分化的服务策略以后，通过服务提供系统的建立对提供服务的过程进行有效的控制，使企业能及时准确地提供服务，以达到特定的目标市场中顾客的需求。

（1）服务组织建立的必要性。在民航企业内部建立相应的组织机构，除了可以把最高管理层所规定的目标有效地贯彻到基层外，对于民航企业来讲，还有以下独特的作用。

首先，空乘服务员本身的行为就构成了服务这一"产品"的组成部分，而制造业中工人的行为可以影响产品的质量，但不会构成产品本身的一部分。空乘人员，尤其是一线员工的服务行为对顾客所感受到的服务质量有着极其重要的作用，而且越是提供无形服务比重高的服务，顾客心理感受的分量就越重。

其次，由于服务产品具有无形性，不能储存，所以很难依靠"库存"来解决供求之间不平衡的矛盾。最好的解决办法是靠有效的服务组织的管理者合理配置各种资源，以及时消除各种"瓶颈"现象，打造高效工作团队，提高民航企业的工作效率。

最后，由于服务质量不能像有形产品那样通过事后把关剔除不合格产品，所以民航企业必须依靠高效的组织机构进行有效的事前和事中控制，如果实现不了这一点，仅靠"事后把关"是无法提供让顾客满意的服务的。

（2）服务组织包含的内容。服务组织中主要包括两大系统：一是"软件"系统；二是"硬件"系统。所谓"软件"系统主要包括民航企业组织内管理系统和规章制度系统。这些内容是组织中的"法规"，是民航企业组织中每个服务人员都必须遵守的。所谓"硬件"系统是指民航企业用来为顾客提供服务的设备和设施。这里着重论述空乘组织中的"软件"部分（主要是指管理等内容）。

空乘"软件"系统的作用在于其能从组织、制度等方面保证组织内各项工作的执行、考核与落实，使民航企业能正常运行，不断实现企业的目标。具体来说，民航企业组织的"软件"系统主要包括下述四个子系统。

① 总体控制系统。总体控制系统是指民航组织内部承担管理控制职能的各管理部门。总体控制系统的任务，包括三方面内容：一是组织管理目标的制定；二是空乘内部管

理制度的制定和完善；三是空乘内部管理制度的执行和考核。

② 过程控制系统。过程控制系统是针对民航企业所提供的服务需要多岗位、多部门共同完成的具体情况提出来的。过程控制必须对提供服务的全过程进行整理、优化，对服务过程所涉及的各部门进行科学、合理的划分，并确定相应的工作标准，使民航企业形成一条像制造业流水线一样的有形"流水线"，凡是与服务过程有关的各个部门和服务人员都能明确自己在整个服务组织中的作用和地位，使各部门各环节形成一个彼此独立又相互合作、相互制约，一环扣一环、一环保一环的有序、高效的服务过程控制系统。

③ 信息反馈系统。信息反馈系统是根据总体控制和过程控制的要求设置的。利用既定的程序、方法和手段，从企业内部和外部（主要是顾客）获取信息，再经过加工、整理、筛选、传递，建立信息网络，为空乘组织的最高管理者科学决策提供依据。

信息反馈系统是民航企业为顾客提供服务，满足顾客需求的条件和基础。因此，民航企业作为一个服务组织，应根据实际情况，有计划地配备计算机等现代化的信息装备，以提高信息反馈系统的科学化和现代化。例如，西南航空公司的员工每月都能清楚地知道本公司在行业中的排名，了解公司和其他航空公司的差距，从而更加努力地工作。

④ 考核监督体系。为了保证空乘的高效运行，并能给顾客提供高品质的服务，空乘必须对服务人员进行有效的控制，在民航组织的"软件"系统中必须建立有效的考核监督系统。

考核监督系统和总体控制系统是相辅相成的。总体控制的目的是保证空乘管理目标的实现，并对实施过程的偏差进行调控，考核监督的目的是保证民航各部门管理规章制度的执行。

考核监督强调在自我管理的基础上，实行自我控制，同时再辅以行政手段和经济手段，并且要运用积极的激励手段代替消极的惩罚手段，以保证空乘内部各项管理制度的顺利执行。

总之，"服务金三角"不仅是服务企业的管理基石，也是民航企业实施高效管理的一个重要依据。

 信息卡

英国航空公司通过对 1 500 名乘客进行的一项机上娱乐调查了解到：商务旅客把乘坐飞机的时间当作宝贵的个人时间，利用飞行中的时间消闲一下，以获得身心的放松，收听广播节目是远程航班乘客最为喜爱的休闲方式之一。英航就此推出了全新机上娱乐节目。

美利坚航空公司说："我们掌握的最重要的信息就是乘客在飞行中仍然保持着充沛的精力，所以我们才斥巨资改造头等舱和公务舱的设施。"而美联航空说："我们通过调查得知，公务旅客的忠诚已显得越来越重要，并且目前已经没有足够的头等舱座位满足公务旅客升舱的要求，所以我们才增设豪华经济舱，以提高服务等级。"

这些航空公司为乘客服务的举措说明，空乘服务的内容已经从基本服务向发现顾客期望、体现乘客价值方向转变。

> 忙忙碌碌的空乘人员在做什么？他们应该做什么？这不仅涉及空乘人员的责任，更关系到空乘服务的基本走向。从当代世界空乘服务内容的发展趋势来看，空乘服务的内容正从简单的项目型服务向更深层次的个性化服务、从形式化服务向体贴式的深层次服务方向转化。这些转变必将带动空乘服务内容的丰富与创新。了解空乘服务的内容，对提高服务质量、赢得乘客的信任与支持、树立企业的形象有着重要的意义。

资料来源：孙岚. 民航客舱服务案例精选[M]. 北京：化学工业出版社. 2015.

第二节 空乘服务质量改进体系

保证航空公司服务质量的基本前提是保障安全，核心是航班正点。顾客对航空公司服务质量的感知有显著差异性，航空运输各子系统间的相互协作是提供满意服务的保证。根据航空公司服务质量的构成和特性，其推进服务质量改进的基本点是：以顾客的需求为依据，以提高顾客满意程度为标准，以领导支持、全员参与、各种制度和持续改进为保证，以服务的专业技术和各种适用的科学方法为手段，以取得最大的社会和经济效益为目的。

为此，本节主要是结合空乘服务质量改进的原则，借鉴其他行业的质量改进模式，构建适用于航空公司的服务质量改进模式。

一、空乘服务质量改进的原则

ISO 9000 中对质量改进原则的描述是："组织的产品、服务或其他输出的质量是由使用它们的顾客的满意度确定的，并取决于形成及支持它们的过程的效果和效率；质量改进通过改进过程来实现；质量改进应不断寻求改进机会，而不是等待出现问题再去抓住机会。"空乘服务质量改进也有需要遵循的原则，主要包括以下几项原则。

（一）过程改进原则

空乘服务质量改进的根本是服务过程的质量改进。在空乘服务质量改进过程中，改进模式的确定、改进组织和团队的建设、改进方案的制订、改进目标的评价和改进过程的实施及监控等共同构成了空乘服务质量改进过程的质量改进环。质量改进环上的每一个过程都将直接影响空乘服务质量改进的效果和结果。因此，首先应对空乘服务质量改进全过程进行细化分解，直至质量改进环的最基本单位；其次应明确空乘服务质量改进的目标和效果，从最小单位开始进行改进过程。

（二）持续性原则

空乘服务质量改进应以追求更高的过程效果和效率为目标，当今比较通用的质量改进步骤为：制定目标—寻找不足—改进—巩固—寻找新的不足—新的改进—巩固……空乘服务质量改进是以已有的空乘服务产品和服务过程为基础的，对服务过程中涉及的达不到顾客要求而造成顾客不满的问题进行原因分析，探讨解决问题的措施，并在征询顾客意见后，有效实施这些措施并评价其有效性。在完成了这一阶段的质量改进后，空乘服务就应进入下一轮新的改进，如此循环往复，持续不断。如图 8-2 所示，航空公司质量管理体系的持续改进也是一个不断循环往复的过程。

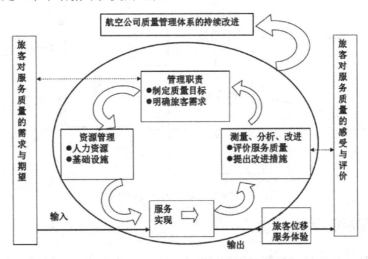

图8-2　航空公司质量管理体系改进图

（三）预防性原则

持续的质量改进包括"主动进攻型"改进，如通过头脑风暴法提出合理化建议等；也包括诸如纠正措施的"被动型"改进。但空乘服务质量改进的重点在于预防问题的发生，而不仅仅是事后的检查和补救。空乘服务质量改进的关键应该是消除、减少服务质量隐患，防止出现服务失误、顾客不满等问题。这就要求对影响空乘服务质量的诸多因素进行事前质量控制，如通过完善服务系统、修正服务标准和制度、提高服务人员素质、确立科学的人性化的服务程序等方面防止发生服务质量问题。只有这样，才能实现永久性的、根本性的质量改进。

除了上面提到的原则之外，质量改进还包括硬件质量与软件质量并重的原则、全员参与的原则、循序渐进的原则、持之以恒的原则、注重培训的原则、注重奖励的原则等。因而，空乘服务质量改进模式的构建应当结合以上所提出的改进原则，使建立的改进模式符合过程改进原则，符合持续性原则，符合预防性原则，符合硬件质量与软件质量并重、全员参与、循序渐进、持之以恒、注重培训、注重奖励等原则。

二、空乘服务质量改进模式的支持体系

为了保证空乘服务质量改进模式的有效运作，需要建立与之相适应的支持体系，以便在组织上和制度上为空乘服务质量改进提供必要的支持。空乘服务质量改进模式的支持体系包括三部分：基本组织结构、全员参与、制度体系，如图 8-3 所示。

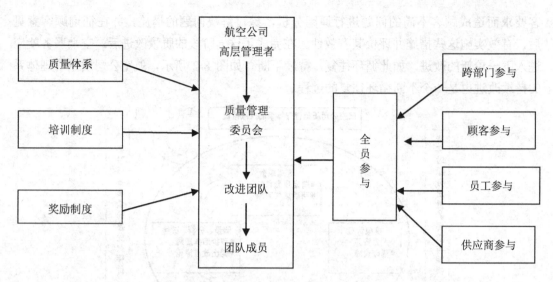

图8-3 空乘服务质量改进支持体系图

(一) 基本组织结构

空乘服务质量改进模式在基本组织结构方面主要分为四级：公司高层管理者、质量管理委员会、服务质量改进团队、团队成员。

1. 公司高层管理者

空乘服务质量改进必须由公司高层管理者发动，其过程的有效性与最高管理者的投入呈正相关关系。没有高层管理者的承诺和支持，空乘服务质量改进就失去了人力、资源、财务等方面的有效支持，因而航空公司高层管理者是空乘服务质量改进的最高组织者。

2. 质量管理委员会

质量管理委员会是由航空公司的高层管理者委任并组成的，其成员主要是航空公司的主要部门负责人。质量管理委员会的基本职责是指导、协调空乘服务质量改进过程，并使其文件化、制度化和标准化，是领导和运作空乘服务质量改进活动的有效工作平台。空乘质量管理委员会的成员并不直接参与解决具体的服务质量改进问题，他们的作用是确定服务质量改进的总体方针政策，支持和协助空乘服务质量改进活动。他们的责任是根据不同服务质量改进活动和过程的情况和特点，挑选并授权最合适的、符合改进活动要求的、能胜任的主管去承担该项任务，全权负责处理问题，将处理的结果定期向质量管理委员会报告，并传达质量管理委员会的指示。

3. 服务质量改进团队

服务质量改进团队是质量管理委员会的直接下属组织，负责空乘服务质量改进的具体活动。质量管理委员会将空乘服务质量改进活动的任务授权给服务质量改进团队，由改进团队完成改进项目。服务质量改进团队不在航空公司的组织机构图中，是一个临时性组织，其形式如质量管理小组、服务质量改进小组、提案活动小组等。服务质量改进团队是解决空乘服务质量改进问题的一个有效的组织形式。

4. 团队成员

服务质量改进团队的成员来自空乘的各个部门，来自影响服务质量的各个不同领域，他们所掌握的技能和经验决定了完成空乘服务质量改进具体项目的有效性和效率。团队的成员可以由团队组长任命，也可以由空乘服务员工自愿申请参加。

（二）全员参与

全员参与是指航空公司的所有成员以及空乘相关者都积极、明确地参与到服务质量改进的活动中。在空乘服务质量改进的系统中，全员参与是服务质量改进工作的重要内容。全员参与主要体现在以下几方面。

1. 顾客参与

空乘服务质量改进的最直接的动力就是对服务质量提出新问题和新要求，而其中问题和要求的最主要来源就是空乘服务的对象——顾客。一方面顾客可以提出空乘现有服务存在的问题和差距，另一方面可以对空乘服务项目和服务质量特性提出更高一级的期望和要求。航空公司应采用系统化、规范化的方法调查和分析顾客需求，通过组织问卷调查、鼓励顾客填写意见卡、认真对待顾客投诉、完善顾客档案等途径使顾客参与到空乘服务质量改进中来，从中识别改进的机会。顾客参与是空乘服务质量改进的起始点。

2. 员工参与

航空公司高层管理者不仅要重视改进活动的团队参与，还要重视员工的个人参与。员工是组成空乘服务质量改进团队的成员，同时也是改进项目的具体实施和操作者，他们构成了空乘服务质量改进的基础。只有调动各个员工的积极性和创造性，提高各个员工的质量意识和能力，空乘服务质量改进才能有效开展和完成。航空公司可以采取自上而下和自下而上的员工参与方式，由管理者指派需要参与的员工，或者由员工自主报名参与。

3. 跨部门参与

空乘服务质量改进是一个复杂的系统性活动，涉及航空公司的几个部门甚至所有部门。为了使服务质量改进达到预期的效果，航空公司应要求每个部门都参与服务质量改进，使每个部门都清楚空乘服务质量改进过程的目标，以及质量改进过程的方法和技术。在改进项目的实施过程中，应当根据改进项目涉及的不同问题选择需要参与的部门和人员。

4. 供应商参与

航空公司对外部的依赖是任何航空公司都不能忽视的共性问题。随着经济一体化的发展和供应链的成熟，企业之间的协作关系将更加密切和多元化。空乘的服务质量改进过程同样离不开供应商的参与和贡献。

(三) 制度体系

制度体系主要包括质量体系、培训制度和奖励制度。

1. 质量体系

空乘服务质量体系的有效运行是服务质量改进活动得以成功的体系支持和保证。从长远观点出发,航空公司为了持续、有效地开展服务质量改进活动,追求卓越的经营业绩,就必须建立和完善质量体系,并确保体系的有效运行。良好的质量体系包括质量标准、质量原则、质量活动程序等。

2. 培训制度

空乘服务质量改进的顺利开展,还需要空乘服务培训制度的强力支持。科学、合理的培训能够有效提高空乘各部门员工的知识和能力,进而推动空乘服务质量改进的有效进行。

3. 奖励制度

为了使空乘服务质量改进活动能有效开展,航空公司也应当具备良好的奖励制度。首先应对空乘服务质量改进活动的成果进行评价,这种评价应当做到客观、公正。然后依据奖励制度对那些在改进过程中做出贡献的部门和个人进行物质和精神奖励,并鼓励他们继续努力,以达到更新、更高的水平。

第三节 服务质量差距模型

在空乘服务质量改进项目和活动中,基于对情况和数据资料的分析所做的决策起着主导作用。为了提高质量改进项目的成功率,除了运用各种数理统计分析对数据资料进行分析外,还应当运用质量改进工具。

可应用于空乘服务质量分析和改进的工具有很多,包括树图、水平对比法、对策表、因果图等,这里主要介绍目前在服务业广泛使用的服务质量问题诊断和改进的工具——服务质量差距模型(GAPS Model)。

一、服务质量差距模型简介

(一) 服务质量差距模型的表述

服务质量差距模型是 20 世纪 80 年代中期到 90 年代初期,由美国营销学家帕拉休拉曼、赞瑟姆和贝利等人提出的,是基于服务的设计和流程来探讨服务质量问题是如何产生的,因此通过对差距模型的分析可以找到产生服务质量问题的根源,进而有针对性地改进服务质量。

服务质量差距模型共描述了五个差距。其中顾客差距（差距 5）即顾客期望与顾客感知的服务之间的差距——这是差距模型的核心。要弥合这一差距，就要对以下四个差距进行弥合：差距 1——不了解顾客的期望；差距 2——未选择正确的服务设计和标准；差距 3——未按标准提供服务；差距 4——服务传递与对外承诺不相匹配。也就是说，服务质量差距是由质量管理前后不一致所造成的。服务质量差距模型可具体表述如下：

$$服务差距=f\{(差距1)、(差距2)、(差距3)、(差距4)、(差距5)\}$$

（二）服务质量差距模型分析框架图

服务质量差距模型明确揭示了导致顾客感知服务质量和预期服务质量存在差距的原因，如图 8-4 所示。从图中可以看出，服务质量差距模型的上半部分涉及与顾客有关的现象，而下半部分与服务提供者有关。期望的服务通常主要受顾客的实际经历、个人需求以及口碑效应的影响，同时也会受到企业营销沟通活动的影响。

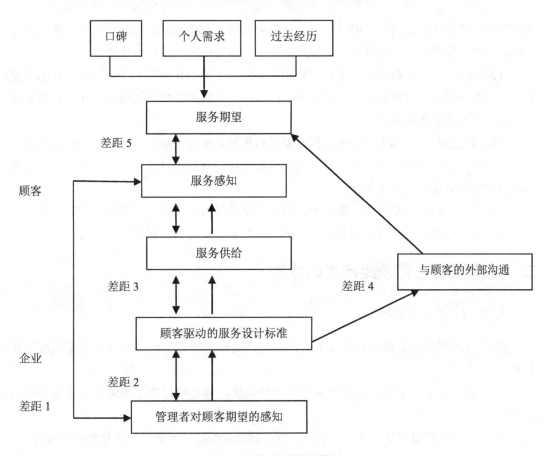

图8-4 服务质量差距模型

资料来源：PARASURAMAN A, VALARIE A, ZEITHAML , etc. A Conceptual Model of service Quality and Its Implications for Future Research [J]. Journal of Marketing ,1985(49):41-50.

根据箭头所指的方向可以看出，企业管理者对顾客期望的感知决定了组织要执行的服务标准；然后员工根据服务标准向顾客提供服务；同时，企业应采取各种方式与顾客进行市场沟通，向顾客传达服务信息；而顾客根据服务感知和服务期望的差异来评价服务质量的优劣。该模型还为服务型企业分析和设计服务质量提供了有效指导。模型的基本框架说明了企业在设计服务和探究服务问题时必须考虑哪些步骤，然后查出问题的根源。

由此可见，把 5 差距模型应用于民航服务业，不仅能帮助民航企业找到服务质量问题产生的原因，还可以根据民航的自身特点有针对性地改进服务质量。因此，该模型可以广泛应用于民航业服务质量改进与管理。

（三）服务质量差距模型中各质量差距的含义

（1）差距 1 为质量认知差距。该差距是指民航企业的管理者不能准确地感知顾客服务预期，即民航管理者没有正确地理解顾客的期望，没有找准顾客的关注点。

（2）差距 2 为质量标准差距。该差距是指民航企业所制定的服务标准与管理层认知的顾客服务预期不一致而产生的差距，即民航企业管理者能正确认识到顾客的期望，但是在制定具体的质量标准的时候也有可能产生误差，即所谓的质量标准误差。

（3）差距 3 为服务传递差距。该差距是指服务生产与传递过程没有按照企业所设定的服务标准来进行。也就是说，在空乘服务过程中，所提供的服务质量水平达不到民航企业所制定的服务质量标准。

（4）差距 4 为市场沟通差距。该差距是指民航企业在市场宣传中所做出的服务承诺与其自身实际提供的服务不一致，或者是说民航企业向市场提供的信息和质量承诺与其实际提供的服务质量之间存在差距。

（5）差距 5 为感知服务质量差距。该差距是指顾客对于质量的期望和实际感知之间的差距，也就是说，顾客所感知的或实际体验的服务质量与其所预期的不一致。

二、空乘服务质量差距产生的原因

（一）质量认知差距

差距 1 产生的主要原因是管理者对顾客期望质量的感觉不明确，具体表现在以下几方面。

（1）设计服务产品时没有进行充分的市场调研，或者管理者从市场调研中获得的信息不准确。

（2）市场信息虽然基本准确，但是分析理解出现偏差，对期望的信息解释不准确。

（3）一线员工报告的信息出现误差或者没有报告。

（4）民航企业的机构设置不合理，臃肿的组织层次阻碍或扭曲了在顾客联系中所产生的信息，导致信息传递失真。

（二）服务质量的标准差距

第一个差距的大小决定了服务计划的成功与否。但是，即使在顾客期望的信息充分和正确的情况下，质量标准的实施计划同样有可能会失败。出现这种情况的原因是空乘最高管理层没有保证服务质量的实现，服务质量没有被赋予最高优先权，服务计划工作出现问题。具体原因如下。

（1）民航制定服务质量标准的指导思想有误，导致服务计划失误或计划过程不够充分。

（2）管理层对于服务质量标准化重视不够，服务质量的计划得不到最高管理层的支持。

（3）组织无明确目标，服务质量标准模糊不清。

（4）没有顾客定义的标准。

（三）服务质量的传递差距

差距 3 产生的主要原因是民航企业对服务质量管理与监督不力，员工对顾客需要或感知有误，员工在服务过程中缺乏技术、运营方面的支持。造成这种差距的原因有以下几种。

（1）员工对公司制定的服务质量标准有不同意见，一线员工不认可或者不了解企业的服务标准。

（2）新的服务标准不切实际，可操作性差。

（3）空乘服务设施设备、技术支持系统达不到标准要求，没有按照所制定的标准为工作提供便利。

（4）标准与现有的企业文化相冲突。

（5）航空公司对服务过程管理不善，监督、激励不力。

（6）航空公司内部营销不充分或根本不开展内部营销。

（四）服务质量的沟通差距

导致空乘服务质量沟通差距产生的因素主要有两类：一是市场沟通的计划性不力，外部营销沟通的计划与执行没有和服务生产统一起来；二是民航在广告宣传和市场沟通中过度承诺。造成这种差距的具体原因有以下几种。

（1）航空公司缺乏对市场营销和服务生产的统一管理。

（2）航空公司为了增加对市场的吸引力而夸大其词，过度承诺。

（3）传统的市场营销和服务生产部门之间缺乏协作与沟通，营销沟通活动提出一些标准，但航空公司业务部门因不了解标准或标准偏离企业实际服务能力，而不能按照这些标准完成工作。

（4）管理者对于市场营销活动没有进行严格控制和监督管理。

航空公司能否做到承诺与实际提供的服务一致，能否与外部顾客进行有效的沟通，能否用顾客懂得的语言来表达服务，能否耐心倾听顾客的陈述，是解决服务质量沟通差距的要点。由此可以看出服务质量具有沟通性。

（五）服务质量的感知差距

服务质量的感知差距是由以上四种差距导致的结果，与上述四种差距的大小和方向有关。这种差距的后果有以下几种。

（1）顾客因为自己体验到的服务质量太低而不再接受民航企业的服务。

（2）顾客将自己的服务消费经历和不满向亲朋好友诉说，由此形成负面的口碑传播效应。

（3）顾客口碑传播的负面效应积累到一定程度就会破坏航空公司的总体企业形象。

（4）企业形象的破坏不仅会使现有顾客流失，还会使潜在的顾客对航空公司望而却步。

当然，第五个差距也有可能产生积极的结果，它可能导致相符的质量或过高的质量，促使企业改进服务质量，提供更好的服务。

三、服务质量差距解决对策

（一）服务质量认知差距解决对策

要克服空乘管理层的认识差距，最有效的办法是多做市场调研，加深和拓展对顾客需求与爱好的认识。另外，在组织机构设置中要注意信息渠道的通畅，特别要加强与一线员工之间的信息沟通，这是空乘根除管理层认识差距的基本前提和保证。消除质量认知差距的具体方法有以下几种。

（1）开展正规的市场调查，收集顾客有关信息数据，认真分析调查的结果。

（2）提高航空公司内部信息管理质量，管理者主动与一线员工面对面沟通，鼓励员工与顾客直接联系，保证顾客、员工、管理者之间信息传递准确畅通。

（3）调整航空公司内部组织结构，使之扁平化，以减少上下沟通的环节。

（4）空乘应对一线员工充分授权，鼓励他们积极解决服务问题。

（5）定期或不定期安排空乘高层管理者与顾客直接接触，了解顾客期望。

（二）服务质量的标准差距对策分析

解决差距 2 的措施自然是改变优先权的排列。今天，在服务竞争中，顾客感知的服务质量是成功的关键因素，因此，在民航管理清单上把质量排在前列是非常必要的。此外，要弥补这个差距，在服务设计和标准设定过程中必须做到真正以顾客需求为中心，站在顾客的角度系统地设计服务标准。纠正质量标准差距的具体方法有以下几种。

（1）航空公司最高管理层要将服务质量管理列为企业生存与发展的头等大事。

（2）准确把握顾客的需求与期望，重新设计正确的空乘服务目标。

（3）强化空乘服务质量管理的计划职能。

（4）制定切实可行的服务质量标准，不能制定得过于缺乏弹性，要求标准制定者、管理者和与顾客接触的一线员工相互协商，共同制定有关的服务质量标准。

总之，服务生产者和管理者对服务质量达成共识，缩小质量标准差距，要比任何严格的目标和计划过程重要得多。

（三）服务质量传递差距对策分析

通常，引起服务传递差距的原因是错综复杂的，很少只有一个原因在单独起作用，因此解决措施不是那么简单。要缩小这种差距，首先，航空公司要进一步完善质量管理体系，加强对员工和服务生产过程的管理和监督，其次是根据顾客需求和企业的实际情况来设计服务标准，另外要加强对员工尤其是一线员工的教育与培训，使空乘服务质量标准成为大家一致的行动准则，而不再是一纸空文。解决服务传递差距的具体办法是以下几种。

（1）招聘合适的员工或对现有员工进行培训，使之具备胜任工作的能力和团队合作精神。

（2）建立有效的监督、激励机制。

（3）进行合理的工作设计，使员工各司其职，避免员工在企业和顾客之间产生角色矛盾。

（4）提供高效的服务产品生产系统和技术支持，这同样是提高空乘员工服务质量、缩小传递差距不可忽略的措施。

（四）服务质量沟通差距对策分析

要消除服务质量的沟通差距，民航企业除了要在内部建立起一整套有效的管理体制外，还应该对空乘的各种承诺进行控制和管理，建立内外部运转协调统一的机制。空乘服务质量市场沟通差距纠正的具体对策有以下几种。

（1）加强航空公司内部信息的透明度，使员工了解空乘的总体战略方针、各部门的工作计划，以增强部门之间、员工之间相互协作的精神。

（2）承诺要实事求是，不与航空公司现实相脱节，避免让顾客产生过高的期望。

（3）对顾客的各种承诺，事先要与实际服务提供者（一线员工）协商。

（五）服务质量感知差距对策分析

如前所述，服务质量感知差距是由前面四个差距其中之一或共同导致的，通过上述努力，航空公司可以使服务质量感知差距逐渐消除或缩小。除此之外，航空公司还可以通过以下对策进一步改进感知服务质量差距。

（1）确定公司的战略定位，找准服务的细分市场。
（2）明确告知顾客公司所提供服务项目，让顾客明白消费。
（3）强化航空公司内部管理，重视控制服务细节。
（4）注重提供个性化服务。
（5）适当引导顾客降低预期。

通过上述分析可以看出，服务质量差距模型能够引导民航管理者分析并找出空乘服务质量问题的症结所在，同时发现合适的方法去缩小差距，进而消除差距。正像一些西方学者总结的那样：差距分析是一种直接有效的工具，它可以发现服务提供者与顾客对服务观点存在的差异，明确这些差距是制定战略、战术以及保证期望质量和体验或感知质量一致的理论基础。这样做可以使顾客给予空乘服务质量积极的评价，提高顾客满意度。

总之，明确服务质量差距是航空公司制定战略，以及不断改进服务质量、保证期望质量与体验质量一致的重要工具和理论基础。

 信息卡

新航不断适应乘客的需求

新航以其优异的客舱服务在航空界享有"潮流开创者"的美誉。从 1991 年起，新航不断根据乘客的需要调整服务内容。

1991 年首度装设机上环球卫星电话。

1996 年在三个客舱配备最先进的"银刃世界"客舱娱乐及通信系统。

1998 年引进具有随选视听功能的"WISEMEN"客舱娱乐系统。

1999 年采用杜比耳机科技，让乘客在飞机上享受如电影院般的立体环绕音响效果。

新航的创新设施，无不体现"服务至上，乘客第一"的原则。现在，新航每天两班从北京、三班从上海、一班从广州飞往新加坡，其中从北京、上海起飞的乘客们可以享受"银刃世界"客舱娱乐及通信系统，可以看电视、打游戏、听音乐，轻松地度过漫漫旅途。

凭借高水平的服务品质与运营表现，新航连续获得了 100 多项国际大奖。秉承公司一贯的杰出服务与创新精神，新航不断进步，一如既往地为中国乘客提供最优质的服务。

资料来源：高宏，安玉新，王化峰，等. 空乘服务概论[M]. 4 版. 北京：旅游教育出版社，2017.

 本章小结

本章介绍了服务管理的基石——"服务金三角"，以顾客为中心，确定民航的服务策略、服务组织，以及各部门的人力资源安排，充分发挥企业的效能；介绍了质量改进的原则，构建了质量改进支持体系。从质量认识差距、质量标准差距、服务传递差距、市场沟通差距、感知服务差距等方面构建了服务质量差距模型，以此分析问题、查找原因，推进民航企业持续改进，提高服务质量。

思考与练习

一、选择题

1．空乘服务质量的改进原则主要包括（　　）。

　A．过程性原则　　B．持续性原则　　C．预防性原则　　D．全员参与原则

2．在空乘服务质量改进的系统中，全员参与是服务质量改进工作的重要内容，全员参与主要体现在以下哪些方面？（　　）

　A．顾客参与　　B．员工参与　　C．跨部门参与　　D．供应商参与

二、简述题

1．简述"服务金三角"的含义。

2．简析质量差距产生的原因。

第九章 空乘服务管理与创新

教学目标

1. 掌握空乘服务管理的主要内容。
2. 明确空乘服务创新的意义。
3. 了解空乘服务创新的不同模式。
4. 理解作为空乘人员要成为自我创新的主体。

引例

关键时刻——新航的服务创新

乘客想要一份素食,但飞机上没有专门的素食配餐,这时候该怎么办?直接告诉乘客说不供应素餐吗?新航的要求是,员工要灵活应对,想出解决方案,如把各种水果和蔬菜放在一个盘子里,让乘客尝试一下,而不能只按照服务手册照本宣科。

新航的这种做法,实际上是服务界流行的管理理念——关键时刻(Moment of Truth, MOT)的体现。"关键时刻"指的是顾客接触第一线员工的15秒钟。这短短的15秒钟,决定了整个公司在顾客心中的形象。

MOT的概念起源于航空业,斯堪的那维亚航空公司(现北欧航空公司)首先开始运用此理念。正是借助它,斯堪的那维亚航空公司取得连续20年盈利的佳绩。

在有效实施MOT的理念之后,新航取得了卓越的成就,被民航业权威杂志《世界航空运输》授予"20年国际民航卓越服务大奖"。新航的品牌价值为3.32亿新加坡元,在所有新加坡公司中位居第7位。而且,新航也是航空界为数不多的几家具有很强正面品牌效应的航空公司之一。

新航之所以能够取得成功,正是因为深刻理解并贯彻了MOT的理念。新航多年来对创新服务孜孜以求,力争为乘客提供最好的服务。新航不仅有硬性的、制度化的集中创新模式,还有软性的、自发的、分布式的创新模式。像其他许多制造型公司一样,新航也有一个产品创新部,不过这个部门设计的产品是服务。硬性的创新主要由产品创新部领导。产品创新部利用各种信息获取新的创意。例如,调查人们生活方式的潮流,对竞争对手进行分析,等等。

软性的创新则由各个职能部门执行,不受框架的限制,是一个自发的过程。这种创新模式可以确保所有的职能部门都着眼于自身,不断改进服务。参与项目的大多是进行实际操作的员工,他们更了解什么样的服务方式更有效。

更进一步,新航不仅赋予员工权力,而且对员工进行培训。新航让各级员工参与服务创新,以培养他们的创造性与灵活性。因为员工在掌握了所有的基本程序后,他们就有能力随机进行个性化服务,揣测乘客的需要。新航的成功之道,也许可以激励企业家和经理人不断追求卓越,也启发他们如何去追求卓越。

资料来源:高宏,安玉新,王化峰,等.空乘服务概论[M].北京:旅游教育出版社,2015.

第一节　空乘服务管理

在市场经济条件下,航空企业竞争日益加剧,民航企业正面临着前所未有的变革和激烈竞争。全球化的趋势、信息技术的发展以及民航规模经营的兼并重组浪潮等,使得民航企业必须加强管理,运用科学的管理手段和先进的管理技术提高服务管理水平。

一、空乘服务管理概念

管理是指组织中的如下活动或过程:通过信息获取、决策、计划、组织、领导、控制和创新等职能的发挥来分配、协调包括人力资源在内的一切可以调动的资源,以实现单独的个人无法实现的目标。

(一)服务管理

服务管理是以服务为导向的管理行为,是指导企业在服务竞争中进行决策和行为管理的原则。简单地讲,服务管理是一种提高顾客感知服务质量和促进企业发展最重要的方法,服务管理的核心是服务质量。芬兰服务管理研究大师格鲁斯把服务管理的含义概括为:研究顾客通过消费或使用组织提供的服务所认识的效用,分析服务是如何单独或与有形产品一起构成这种效用的,这就是说,研究顾客关系中的全面感知质量及随时间变化的规律。

(二)空乘服务管理

服务质量对于航空公司来说是一个永久的话题,它不仅关系到公司的经营、效益、声誉,更关系到公司的兴旺与成长。空乘服务好坏直接关系到客户的满意度,关系到企业的信誉和声望,关系到企业的发展和未来。航空公司和其他企业有很大的不同,航空公司在万米以上的高空向乘客提供服务,乘客的评价是一次性的;空乘服务既要灵活,有一定的技巧,同时又要遵循一定的程序和规则,不允许任何的差错,因此只有对空乘服务的全过程进行科学的管理,才能提高服务效率,才能满足乘客实实在在的需要,从而打造服务品牌,提高航空公司的整体效益。

空乘服务管理就是对空乘服务的过程以及影响空乘服务过程的因素进行管理,以确保空乘服务目标的实现。空乘服务过程是全体机组成员与空乘服务人员合作的过程，需要全体空乘服务人员以实现服务目标为目的，调动各种资源，把影响服务质量的要素与人的行为有机结合起来，做到协调合作，最大限度地调动人的积极性，保证服务目标的实现。

空乘服务是按照民航服务的内容、规范要求，以满足乘客需求为目标，为航班乘客提供服务的过程。空乘服务需要运用先进的理念、方法和手段，确定服务目标，进行有效的组织，确定相应的服务职责，高效发挥服务人员的作用，使服务系统有效运转。

航空服务的运营特征和行业属性决定了空乘服务管理要重点解决以下几个方面的问题：发展战略定位、服务模式管理、服务期望管理、服务质量管理、顾客满意度调查、人力资源管理、顾客的管理、服务设施与服务过程的管理。由于篇幅等原因，有些内容在本章展开说明，有些内容在其他的章节介绍。

二、服务质量标准与服务规范化

在市场竞争日益激烈的今天，要留住客人，赢得客人，扩大市场份额，单纯靠热情是远远不够的，更重要的是要给乘客实实在在的帮助，也就是说，使空乘服务更加有内涵。作为航空公司，要加强对航空服务的过程管理，即通过一些规章、制度、程序、方法，保证空乘服务的可靠性，提高航空公司的服务优势。

（一）服务标准

服务标准是服务质量标准的简称，是指服务企业用以指导和管理服务行业行为的规范。现在大多数民航企业都有自己的服务标准，其中有的还达到了国际水平。

厦门航空公司连续多次获得"全国旅客话民航"单项奖第一名，他们在追求旅客满意的过程中，不断完善管理方法，提高自身管理水平，针对自身不足实施以旅客满意为主导的改进，获得了较高的旅客满意度。他们完善了窗口部门服务质量定量评定方法，规定了加、扣分标准，按服务形象、规范运行、服务接口与信息传递、兑现服务承诺、顾客评价、服务差错、质量目标管理等项目进行评定。对公司的质量目标管理也建立了考核制度，通过每月、每季度对安全目标、航班正常率、顾客不满意率的定量考核，着重发现差距及影响顾客满意度的因素、趋势等，及时采取措施，加以引导。

（二）顾客导向的服务标准

尽管很多企业制定了他们心目中的较高服务标准，然而，目前大多数企业的服务标准并非来自对顾客期望的理解，而是来自企业自己的理解，是企业根据运营需要制定的服务标准，这样的服务标准与顾客期望存在着差距。

顾客导向的服务标准也称为顾客界定的服务标准，是指服务提供者按照顾客期望或要求而制定的服务标准，服务标准的顾客导向，是服务竞争的要求。厦门航空公司在实施规范化管理中，不仅把国家法律、民航规章和公司内部制度要求直接转化为各岗位的业务流程和工作程序，而且把一些行之有效的、能提高顾客满意度的举措和顾客欢迎的服务方式也转化为岗位业务流程和工作程序的操作标准,实现优质服务经验和做法的共享,确保这些服务不会因为人的经验差异影响到相应的服务质量。如在常客服务中,对如何办理里程奖励,乘客怎样升航,如何办理旅游、酒店优惠一条龙服务等新项目,经过实际操作摸索出了一套行之有效的做法,形成了规章制度,从而避免了因随意服务而影响服务质量的现象。

(三)规范化服务

每一个航空公司为了确保稳定的服务质量,通常都会根据旅客的基本需求以及公司自身服务项目的具体内容,制定出相应的服务规范和服务标准,这就是规范服务,乘务员按照服务规范或标准为旅客提供的服务属于制度性的规范化服务。例如南方航空公司为了加强规范化服务,制定了规范化基础管理总则——《南航营运部工作手册》,大大提高了员工的服务质量,从而为赢得顾客的满意获得了技术上的保证,可以说规范化服务是空乘服务管理的基础,是确保服务质量稳定、可靠的基本条件。

规范化服务应服从旅客取向、旅客满意、旅客至上的服务原则,规范空乘人员的行为(如表情、服饰、举止要求、候机礼仪、迎送礼仪和机舱服务礼仪等)和服务内容。

制度性的规范化服务是整个服务的一个部分。它是服务中能够加以常规化和标准化的部分,是能用规章加以条文化的东西,这个部分有时也是航空公司体现服务特色的部分,它通常是针对特定旅客中需要重点予以满足的需求范围。

明文规定的"制度性规范化服务"应该是向旅客提供的最基本的服务内容,也就是说,这是在任何时候对任何人都起码要做到的内容,或者是航空公司要求达到的服务质量下限,也就是在任何时候对任何人都必须达到的服务标准。

 信息卡

东航江苏公司出台的节假日服务规范及操作细则

应民航业内服务竞争和公司快速发展的形势需要,进一步加强和规范航班节假日服务工作,提升整体服务水平,巩固服务品牌优势,更好地实现与旅客的沟通,东航江苏公司出台了节假日服务规范及操作细则,使服务真正地得到了落实,使服务内容得到了有效的管理。

仔细阅读《节假日服务规范及操作细则》(以下简称《细则》)各项内容,可以发现它具有一定的可操作性。就其方案策划而言,《细则》把元旦、圣诞节、春节、元宵节、劳动节和国庆节等主要节假日列为主要内容,并把所有节假日的宣传招贴画和广播词内容编制成文稿,还以表格的形式规定了相关节假日的礼品、航班餐食配发标准与式样,十分便于各服务主管部门对照落实。在环境布置方面,《细则》考虑的问题也很周到。如对节日主题宣传口号、服务人员问候语、服务窗口招贴画、客舱广播词、客舱背景音乐等一些细节问题,都做了统一的规定。服务人员只需按照服务程序做就行了,完全避免了无章可循的被动式服务的弊端。

以元旦、圣诞节、春节、元宵节几个重大节日的服务方案为例。《细则》对元旦和圣诞节服务的规定是:自12月20日至次年元月3日,公司售票处、货运营业厅、值机柜台、头等舱旅客休息室、行李查询室、常客办公室、企业管理部等服务场所，统一要放置易拉宝宣传架，服务人员分别着唐装或圣诞服，使用"新年快乐（或圣诞快乐）"问候语；客舱内放置"新年伊始，快乐旅行"（或"圣诞欢乐，吉祥幸福"）招贴画宣传板，广播词用"尊敬的各位旅客，今天是元旦（或圣诞节），本次航班机长、乘务长代表公司全体员工，祝您新年发达（或圣诞快乐）!"相关服务场所一律摆放鲜花，广告宣传语统一用中、英文"新年（圣诞）快乐"。机组向旅客发放专门设计的实用精致、色彩浓郁、便于携带的圣诞礼品。

资料来源：高宏，安玉新，王化峰，等. 空乘服务概论[M]. 北京：旅游教育出版社，2015.

第二节　空乘服务管理的基本内容

一、空乘服务的组织

（一）组织工作

通常所讲的组织是指"确定所要完成的任务、由谁来完成以及如何来管理和协调这些任务的过程"。管理者必须把组织中的成员调动起来，以便使信息、资源和任务在组织中能够顺畅流动，使组织中的每个行为与组织目标的实现结合起来。每个人的责任、权利、义务相结合，才能最大限度地调动其积极性，组织目标的实现才有可靠保证。组织文化和人力资源管理对组织工作至关重要，管理者须根据组织的战略目标和经营来设计组织机构、配备人员和整合组织力量，以提高组织的应变力。

（二）机组及空乘人员职责

航空公司以完成公司的服务目标为主线，空乘服务的整体目标是在每个相关人员的努力下完成的，有效分工、明确职责，使得空乘服务工作有序开展。只有每个人都知道自己应该做什么，应该怎么做，才能避免服务的"真空"与推卸责任，才能考核每个人的工作业绩。

1. 机长的主要职责

在执行飞行任务期间，机长负责领导机组的一切活动，对航空器和航空器所载人员及财产的安全、航班正常、服务质量和完成任务负责。机组全体成员必须服从机长命令，听从机长指挥。

领导机组认真执行"保证安全第一，改善服务工作，争取飞行正常"的方针，任何时候都必须把保证安全放在第一位。

飞行前，根据任务的性质、特点和要求，熟悉与该次飞行有关的资料，领导机组从最困难、最复杂的情况出发，充分做好飞行前的准备工作。

飞行中，切实按照航空器飞行手册和使用手册的有关规定，正确操控航空器和各种设备，合理节约油料、器材，并对机组全体成员的工作进行督促检查。

要求机组成员并带头做到严格按照飞行规章制度办事，遵守飞行纪律，服从空中交通管制。在飞行中，遇到复杂气象条件和发生特殊情况时，组织全体空勤人员密切协作配合，正确处置。要求机组成员并带头做到热情周到地为旅客服务，不断提高作业质量和服务质量。

在执行任务期间，必须认真负责、严格要求，对机组进行全面管理。妥善安排作息时间，搞好内外团结，圆满完成飞行任务。

飞行后，主持机组讲评，并向上级汇报。

机长有如下权力。

（1）在飞行前，确认航空器、气象条件、机场等情况不符合规定的最低标准，或者在缺乏信心，不能保证飞行安全时，拒绝飞行。

（2）遇到复杂气象条件和发生特殊情况时，为保证旅客和航空器的安全，对航空器处置做出最后决定。

（3）在执行飞行任务过程中，发现机组成员不适宜继续飞行，妨碍飞行安全时，提出将其更换。

（4）在飞行中，对于任何破坏航空器内正常秩序和纪律、触犯刑律、威胁飞行安全或妨碍执行任务的人，采取一切必要的适当措施。

2．客舱服务员的主要职责

（1）按照分工负责本区域的旅客服务工作，服务中严格按照公司的服务程序，有针对性地做好服务工作。

（2）负责本服务区的客舱清洁卫生及书报的分发。乘客登机时，负责清点旅客人数，及时将乘客的特殊情况报告乘务长。

（3）负责检查和操作乘务员控制面板，检查所负责区域内的应急设备、服务设施；主动向乘客介绍航线地标、机上设备、乘机常识，耐心回答乘客的问题。

（4）负责起飞、下降、滑行、巡航等各个阶段的通舱安全检查。

（5）紧急情况下按机长的指令指挥乘务组采取行动，组织乘客撤离。

二、服务工作流程设计与顾客价值

在以产品为导向的理念中，企业的产品质量和管理水平被认为是取得竞争优势的关键要素，在服务性企业内，服务流程的设计和顾客价值的体现直接关系到产品的质量，因为服务过程就是产品，顾客直接参与服务的传递，要提高产品或服务的附加价值，企业必须把"顾客价值"融入服务工作流程之中。

空乘服务流程有着严格的设计，这些内容一方面要适应飞行与安全的技术性要求，另一方面，要使乘客的需求满足得到可靠的保证。流程决定工作内容，工作内容决定了分工与责任。空乘服务的流程反映了空乘服务的基本规律，本质上体现了"乘客的价值"导向。因此，服务责任必须以流程为导向，从乘客的角度设计服务流程，体现出航空公司重视乘客的价值。

三、航空服务中的人力资源管理

国泰是一个拥有 75 架飞机的航空公司，规模并不大，但在中国香港、欧洲却能与最强大的国际竞争对手进行激烈竞争，并能保持强大的竞争优势，其优势不在于规模，而在于拥有乐于承担责任、主动学习的高素质的员工。

人是管理中最重要的因素。航空公司的服务任务能顺利完成并使系统正常运转，需要配置合适的空乘服务人员，并对之进行有效的管理，包括：系统地评价人力资源的需求量；选拔合适的人员；制订和实施培训计划。

目前我国正处于从民航大国向民航强国的伟大转变过程中。按照行业的中长期发展规划，在未来的 20 年中，我国民航的总体人力资源需求将在 40 万～60 万人，需求量增大导致了人才引入门槛的降低。选拔高素质的人才，并加以培训，使之成为航空公司的服务人才，对航空公司来说显得尤为重要。

四、服务文化及其管理

（一）公司服务文化的重要性

组织文化是指组织成员的共有价值观、信念、行为准则及具有相应特色的行为方式、物质表现的总称。组织文化使组织独具特色，区别于其他组织。

文化可以解释为什么那些在一个市场上使用同样业务模式进行竞争的公司，其业务结果却截然不同的现象。众多企业的发展史表明，文化在企业发展中发挥了不可替代的巨大作用，它使企业成员之间能够达成共识，形成心理默契，成为组织成员思想、行为的依据，成为企业核心专长与技能的源泉，成为企业可持续发展的基本驱动力。一个没有形成统一文化的企业将是一盘散沙。

（二）组织文化与企业发展战略

文化的变革源于战略的调整，文化战略是企业发展战略的一个重要组成部分。文化的全面推行是公司战略得以成功实施的基础。企业文化在一定意义上说，是企业以及企业领导者管理思维、标准的反映。反过来，企业文化又通过发挥其引导、约束、激励、规范等功能，对企业管理起着巨大的作用。因此，有人把企业文化称为"软管理"。

（三）服务文化

航空公司的企业文化，目的是要发现问题、解决问题：一方面，用公司的价值标准与规范，对照寻找企业观念上的问题、企业管理理念上的问题；另一方面，在公司的管理层面，特别是在招聘、考核等人力资源管理方面，充分体现企业精神的要求，从而达到解决问题、改进管理的目的。

企业文化不等同于服务文化。例如，一个强有力的制造导向或销售导向的文化对于提供优质服务反而可能是一个障碍，在需要企业对市场服务方面的变化做出反应，或留住现有顾客成为盈利的重要手段时，尤其如此。在服务性的企业中，培养建立在服务战略基础上的盈利能力需要服务文化，需要很鲜明的服务导向文化告诉员工如何对新的、无法预知的，甚至可怕的行为做出反应。

五、航空服务的控制

控制是管理过程中不可分割的一部分，对于空乘服务来说也不例外。由于空中服务的特殊性，要求对航班的时间、安全、服务质量进行较严格的控制。

靠现代科学的管理思想、手段和设施保证安全工作。在继承传统安全经验的基础上，要讲究科学的态度、科学的方法、科学的手段。

建立以顾客为中心的控制监督系统，如客户投诉处理中心应形成一套由受理、处理、回复、统计、分析、反馈等众多环节构成的完整而有效的运作流程，这样才能倾听顾客需求、满足顾客需要、改善客户关系、有效补救服务、提升服务水平。

首先，航空公司应围绕服务理念，落实服务标准和措施，结合客舱部的特点，建立起符合主流航空公司要求的一系列标准。

其次，明确和理解公司的服务战略和各自的岗位要求，熟悉程序，掌握标准，提升职业精神和专业能力。在各营业部设立质量信息员，通过主动与客舱社会监督员交流等方式，收集改进服务的意见和信息。注重投诉过程管理，积极修复客户关系。

如东航服务热线 95108 全天受理客户投诉，成为客户投诉的主要渠道，改变了之前各个运行部门散乱受理的局面。投诉受理、处理完之后，工作人员再将处理情况进行总结统计，典型案例还要进行分析，并将最终统计、分析结果反馈给公司，使相关服务部门针对反馈结果进行有的放矢的改善。

 信息卡

> **三家航空公司承诺：航班延误，每半小时通知一次**
>
> 中国民航总局消费者事务中心在首都机场举办民航"3·15"国际消费者权益主题活动，在活动中国航、东航、南航三大航空公司承诺，如航班延误，将每隔半小时，通过短信方式、95539 热线电话及机场广播系统等向旅客通报一次航班动态。

资料来源：高宏，安玉新，王化峰，等. 空乘服务概论[M]. 北京：旅游教育出版社，2015.

第三节　空乘服务创新

一、创新及服务创新

《财富》杂志曾列出了当今世界最令人羡慕的公司的九条标准，创新是首要条件。现在人们在分析我国航空公司与国外航空公司的差距时，主要从机队规模、年运输周转量、销售利润等指标上进行比较,而对创新机制探讨得不多。实际上,创新问题不仅对制造业至关重要,对服务业更是十分重要。

创新是企业家向经济活动中引入的能给社会或消费者带来价值追加的新事物,这种事物以前未曾从商业的意义上引入经济活动之中。创新是一种商业行为,绝不是单纯的技术行为,决定创新成败的标准是其市场表现。

(一)创新的基本含义

创新是一种思想及在这种思想指导下的实践,是一种原则及在这种原则指导下的具体活动,是管理的一种基本职能。创新的含义包括了几方面的内容:开发一种新事物的过程、采用新事物的过程、新事物本身。

创新不是个人行为,它是整个公司自上而下的过程;创新不仅仅与技术相关,它是一种公司行为、组织行为,它希望传递这样一个信息——创新是一个组织的整体能力,而非个人的"灵光乍现",或者仅仅来源于某个特定的职能部门。

(二)服务创新

创新一般有两种方式:一种是由技术和工程推动的产品开发模式,称为"推动式"创新,多见于传统制造业的产品创新。另一种是在服务经济时代,主要由顾客需求驱动的服务创新,称为"拉动式"创新。本书认为服务创新就是针对一个组织的内外环境的变化,对服务内容、服务方式、服务理念、服务手段适时地进行变革和创新。

二、服务创新的作用

创新随着人们的实践活动的展开而越来越受重视,越来越被强化,管理创新及服务创新更受到了组织的内在动因及外在动因的驱使。

航空公司作为一个企业,其主要的产品是提供服务,其服务能否让乘客满意,决定了它的生存和发展。航空公司和其他组织相比,外部环境的变化对其经营效果的影响更为明显,可以说企业每时每刻都要面对各种外界挑战。能够适应环境的变化不断进行调整,是航空公司得以发展的前提。

航空服务面对的对象是旅客。形形色色的乘客有着各种各样不断变化的需求。马斯洛把人的需要分为若干层次,包括生理需要、安全需要、社会交往需要、尊重的需要、自我价值实现的需要。乘客乘飞机不仅仅是为了安全到达目的地,更重要的是要满足自己独特的需要和欲望。因此航空服务应该根据乘客不断变化的需求,创新服务方式、服务内容、服务理念,使乘客在乘飞机的时候获得愉悦的体验,从而使乘客满意。

近年来,世界范围内航空市场刮起了创新风暴,各国航空公司都在进行创新,新加坡、美利坚、汉莎等服务卓越的航空公司,从竞相改造客舱设施,安装先进的娱乐视听系统、空中睡椅、通信设备,到地面使用智能卡等,进入了新一轮的服务竞争,创新已经成为一种常态的表现。

三、服务创新的特征

由于服务的特性，尤其是无形性和异质性，使服务开发蕴涵着许多复杂的因素。

服务创新不仅是简单地革新产品和服务内容，还包括创造顾客潜在的新需求或者体验现有服务的新方式。因此服务创新的源泉来自顾客的需求。顾客直接参与服务生产的特性使得很多新服务直接在市场上诞生，而不是诞生在企业内部。

风险大、难以测试是服务创新的另一个特点。服务创新面临着一个检验尺度的问题，新的服务项目在市场推广前很少能够进行测试，服务创新必须在现场而非在实验室里证实其意义。

四、空乘服务创新的途径

时代在变化，技术在更新，人们对服务质量的要求也越来越高。随着社会的不断进步和文化生活的不断丰富，消费需求向更高层次、多元化以及更细致的方向发展，客观上对民航服务的要求越来越高，而民航服务作为社会服务的标志，必将面临更严峻的挑战。目前，航空公司服务质量主要存在以下几个方面的问题。

1. 航空公司服务水平不能令人满意

关于服务问题，其中最为突出的是航班的延误及相关部门在航班延误后的态度和言语，这些民航服务的细节是造成航空公司服务水平不能令人满意的主要因素。目前，引起航班延误主要有以下几个原因：一是航空公司自身管理因素；二是天气以及气候等因素。在这些因素中，更多的是由于航空自身主观因素所造成的，因此，航班延误更多是由航空公司自身管理体制的不健全造成的，所以，在出现航班延误等状况时航空公司应第一时间承担责任。

2. 空乘整体素质有待提高

空乘服务人员是整个客舱服务的一面旗帜，对航空公司的经济发展和生存有着直接的影响。空乘服务人员的综合素质决定了民航客舱服务的整体水平，亦体现了民航服务业的发展水平和质量。什么是综合素质？这包括空乘服务人员在进行整个服务工作中，所必须具备的专业知识、礼仪举止、仪容形象以及空乘技能等。如今的民航服务业对空乘服务人员的要求是内部和外部相结合，不仅要有外在气质的升华，更要有过硬的专业知识技能。但就目前来看，我国民航空乘服务人员的综合素质有待提高。

3. 为乘客服务的主动意识减弱

在当今激烈的民航市场竞争中，航空公司的乘客更希望得到优质的民航服务质量，而航空公司也同时希望乘客对自己的服务质量得到认同和选择。而往往民航在提供服务时过于注重制度化，使得应基于对乘客人性的服务理念没有得到应有的体现。因此，空乘人员纵然有过硬的专业素养，但缺乏相应的人性化服务意识，不能主动为乘客提供规章制度外的服务，这使得民航服务业在现代经济发展中亦不能突破和创新。

航空服务仅仅靠提供简单的、一般的服务已经不能满足人们多样、复杂的要求,这就要求服务人员不断自我完善,不断创新服务方式、服务手段,以满足乘客的差异化需要。

创新精神是航空企业精神在新时期企业精神的集中与凝聚,服务创新精神包括了革新、进取、竞争、应变、永争第一的企业精神元素,这些元素将引领航空企业不断走向新的高峰。

因此,很多航空公司探索各种各样的创新形式、创新内容,通过创新来提高企业的竞争力。如国航把"创新导航未来"作为企业精神的核心,力图通过企业各个方面的不断创新,适应业界竞争的需要,保持活力和竞争力,实现永续经营的长远目标。如深航为实现公司宏伟的"369"发展战略规划,培养更实用、更高素质的空乘人员,满足公司快速发展对优秀空乘人员的需求,招聘高素质的服务人员,创新空乘招收培养模式,招收空乘定向班,由深航和中国民航管理干部学院联合举办的首个民航定向乘务培训班,开创了民航空中乘务员招收、培养的新模式。深航之所以采取这种新型的模式来招收和培养空乘人员,一方面是为了提高空乘人员的综合素质,满足深航不断提高服务水平的需要;另一方面是为了解决目前国内空乘人员招收过程中存在的问题和弊端,减少社会和家长对航空公司的误解。

(一)服务理念的创新

服务理念是企业服务工作应遵从的基本策略和指导思想。航空企业想通过创新赢得市场,首先应对服务理念进行创新,即顺应社会时尚和乘客的需求,不断完善自己的经营服务理念。

随着领空的逐渐开放,不同国家的航空公司之间的交流与合作日益增加,现代航空服务的理念、先进的管理模式与服务模式,将对我国传统的空乘服务模式带来很大的冲击,这种冲击是不以人的意志为转移的。航空公司要想靠服务取胜,首先就应该在航空公司传统的理论基础上,融入先进的服务理念,并顺应社会的发展和乘客的需求,制定出新的服务策略,突出空乘服务特色,开发新的服务项目,根据自身条件设置服务内容。例如,国航以"放心、顺心、舒心、动心"的"四心"服务理念为指针,在国航每个服务环节突出"以市场为导向""以满足顾客需求为中心",理念先行,对持续提高服务品质起到了重要作用,体察顾客的需求,努力为顾客提供优质服务,其服务产品在市场中的影响正在逐步扩大,被越来越广泛地接受与认可,客户的认知度和忠诚度得到进一步增强。深航始终重视服务人员的改善和服务质量的提高,它的服务一直以来受到社会公众的广泛赞誉,曾连续八次获得全国"旅客话民航"第一名。为提高乘务人员的服务理念和服务意识,深航将"乘务长"称谓改为"客户经理",一个简单称谓的改变,从理念上改变了乘务人员的服务内涵。

要想改进服务理念,主要需要有以下几种意识。

1. 要树立规范意识

所谓"没有规矩不成方圆",民航服务业也是如此。目前来看,我国民航关于服务的各种规章制度较多，所以我们基于这些规章制度，将现代民航服务理念灌输到每一个空乘服务人员的内心。但是规章制度并不一定完全奏效，全面执行了则会显得过于死板，当然得不到预期的效果，使民航服务业的发展效率大幅下降。所以要结合实际情况，进行多种形态的职业教育和训练，让职员对自己的岗位需求了如指掌，并逐步培养为执行的一种觉悟和行动，使民航客舱的服务更加趋向于规范化、科学化。

2. 树立细节意识

通常"细节部分见精神"，民航服务业也是如此，民航客舱服务作为服务业的领军，人们对服务质量的要求也是尤其高和苛刻的，因此，大到民航的客舱安全问题，小到乘客舒适度问题，民航都理应做到更好。客舱服务作为室内服务，更重要的是服务乘客，使乘客无论心理还是身体上都能达到最大化的舒适度，所以，民航客服注重细节服务，以从根本上提高服务质量和水平。

3. 树立协作意识

民航客舱服务体系需要各单位、各部门之间紧密协助，发挥整体的效果；反之，各行其职，没有了团结协作精神，就好比搬起石头砸自己的脚一样，使民航服务业停滞不前。实际工作中，不仅要加强民航的服务水平，提高服务质量，更要加强民航的内部团结和合作，努力提升民航服务水平，进而推动我国民航服务业的发展。

（二）服务流程和服务方式的创新

空乘服务的核心是使乘客安全、正点地到达目的地。因此，空乘服务创新，就是要在服务的各个环节及满足服务的各种手段、方式上进行创新，从性能上改善服务，加快服务进程，简化服务环节，扩大服务内容。这是最常见的革新方式，用新的性能使原有的服务更丰富，更迅速。

如国航为了配合中转服务，为乘务员绘制了北京中转业务信息图，收集和制作了纽约等9个国际航站的中转延伸服务信息；在销售和地面服务方面，推进联程航班的信息发布，初步实现了国航联程航班信息自动生成；开展中转乘客进港全程引导服务，完善了"分区域按等级"登机服务措施。这些服务手段为提高空乘服务质量，为乘客安全、满意地到达目的地提供了保障。

国内一些航空企业机制僵化，公司运转效率低、信息传递慢，对市场反应迟钝，服务技术落后，面对新的生存环境，航空企业需要转型，提升竞争能力，实现资源优化配置。特别是要对服务流程进行优化，使空乘服务的各种要素有机地结合在一起，使管理和服务更高效。

例如，东航在最近几年逐步完善转机模式，拥有了内部代号共享航班、联程值机、行李直挂、分段值机、本场中转、两场中转等转机模式。"内部代号共享航班"的站点在国内的哈尔滨、沈阳、大连等城市和国外的伦敦、巴黎、洛杉矶等几个城市已开设。"联程值机、行李直挂"的站点在国内的温州、成都、重庆、沈阳、深圳以及香港等城市和地区与国外的温哥华、曼谷、新德里、新加坡、洛杉矶、伦敦等城市已开设，中转旅客从上述站点出发，可以享受始发站一站式服务，经上海转机免提行李、免办登机牌、通过快速转机通道的优质服务。此外，浦东客运部还编写了"浦东机场东航中转旅客指南"，并积极与机场协调，改造浦东机场候机厅的引导标志，为东航中转旅客自助转机模式的形成奠定了基础。

（三）服务内容的创新

空乘服务一般来说既包括为乘客提供的最基本的服务，即运送乘客到达目的地，也包括为了使乘客能够享受到基本服务，常常有一些附加的服务，如订票服务、行李托运服务、检票登机服务等。如果没有这些附加服务，核心服务就不能实现。空乘服务除了要完成对乘客的基本服务外，还要对支持性的服务进行精心设计，不断推出新的形式、新的内容，促使服务差异化，以体现航空公司的服务特色。

服务内容的创新既包括航空公司的新业务，也包括新服务。如海南航空股份有限公司着力为乘客提供个性化、人性化的服务，通过不断创新，填补航空服务空白，提升服务品质。海航首开在机上进行机票拍卖之先河，第一个在空中推出保健操，第一个推出包括查询信息和购票服务等多个服务项目在内的"800"电话服务系统，等等，这些都在广大乘客中引起了热烈反响。航空公司服务概念创新案例如表9-1所示。

表9-1 航空公司服务概念创新案例

新的服务概念	创新的产品
● 有大量对价格敏感的旅客，其乘飞机的核心需求是以较低的成本快捷地实现物理位移	● 低成本航空服务
● 有很多旅客会选择以适当的成本提高航空旅行舒适度	● 高端经济舱产品、付费选座、行李配送等
● 旅客更倾向于通过各种自助渠道办理相关服务	● 官网及移动终端全方位的自助服务、机场的自助值机和自助登机等。
● 机场和市区间的交通也在航空公司服务范围	● 对尊贵客人的豪华车机场接送服务
● 已有自助渠道，但旅客选择航空公司人工服务时，可以收费	● 某些低成本航空对人工柜台值机收费
● 可以在一个平台向旅客提供旅行涉及的各种服务	● 租车、预订宾馆等一条龙出行服务
● 飞机也可以像公交车一样多频次	● 应对高铁的航空快线产品
● 中转辐射能有效扩大市场	● 网络型公司的枢纽中转产品
● 在购物消费时也能获得里程积分	● 向合作商户销售的非航积分产品
● 航空公司也可以做电商	● 航空公司网上商城以及机上购物等

 案例 9-1

"邮寄"儿童

春运期间,南航黑龙江分公司推出了针对 5~12 岁儿童的"邮寄"儿童业务。无法陪伴孩子乘坐飞机的家长可以在航空公司免费办理"邮寄"业务,由航空公司地面保障和空中乘务人员为这些儿童提供接送飞机服务和旅途中的关照。此项业务推出后,受到了很多家长的欢迎。据统计,春运以来,南航黑龙江分公司已经接待了 200 多名儿童,南航"邮寄"儿童业务深受欢迎。

资料来源:高宏,安玉新,王化峰,等. 空乘服务概论[M]. 4 版. 北京:旅游教育出版社,2017.

(四)个性化服务创新

真正完善的、优质的客舱服务应该是乘务员把预先准备好的"制度性的规范化的东西"同每位乘客的具体情况结合起来所达到的,是适合特定对象和场合的个性化的、富有人情味的服务。个性化服务本就是有针对性的一种服务方式,它会针对不同情况的旅客、不同旅客的要求,为其提供不同形式个性化的服务内容。个性化服务完全打破传统的航空程序化的服务模式,对旅客各种个性化的服务要求进行主动回应,充分利用飞行中的各类服务资源,尽可能地全面满足旅客提出的个性化需求。

个性化服务,是对有限制性的规范化服务的补充。个性化服务,就是以客人为本,并根据乘客层次及需求上的差异,对不同乘客采取不同的服务方式。个性化服务在内涵上应包括以下两层含义。

(1)乘务人员根据自身的独特条件为乘客提供具有独特风格的、无法加以标准化的部分。但乘务人员独特的工作方式必须以适应乘客的消费习惯为前提,而不能让乘客来适应你独特的服务风格。

(2)乘务人员把每一位乘客都当作具有独特个性和不同需求的"个人"来加以"分别接待"。

在个性化服务中,乘务员不再只用程序化的语言、程序化的动作与乘客交往,而是采用依服务对象不同而及时加以调整的、丰富生动的语言和动作,从而让乘客感受到乘务员为使乘客满意而对其特殊需求所做的特别关照的努力。

那么如何提高乘务员个性化服务水平,让个性化服务在经营活动中发挥出重要作用呢?

(1)航空公司服务定位在高起点。应根据本公司的规模安排乘务员,在服务工作中要严格执行本公司切实可行的服务规范。每个服务细节都要有严格标准,并把个性化服务贯穿在整个服务过程中。个性化服务的内容从教科书上是找不到的,是根据本公司的特点在工作实践中通过乘客反馈的大量事例逐渐总结出来的。在推行个性化服务工作中,要求经营者做到有组织、有计划、有落实、有检查、有总结,不能流于形式。

（2）潜心研究乘客消费心理。个性化服务的关键是要了解不同乘客在接受服务过程中的不同需求。只有了解了乘客所需，才能在服务中得心应手。如果抓不住乘客的需求，乘客就不会喜欢再次乘坐该公司航班。在个性化服务中，乘务员应时刻保持最佳的精神状态，才能更好地了解乘客的需求，才能使乘客对该公司的服务满意，增强航空公司的竞争力。

（3）强化乘务员的服务意识，在全面提高乘务员素质的同时，让乘务员认识到自己的工作岗位在公司经营中的重要作用，知道为什么经营者常说："你砸企业的饭碗，企业就砸你的饭碗。"强化服务意识绝不仅限于乘务员，全体员工都要认识到礼貌待客是民航企业服务的核心，是赢得客源的重要因素。乘务员要用心做好服务工作，学会观察和分析乘客心理，了解乘客的喜好和忌讳，以满足乘客的需求。

（4）提高灵活服务技巧，要求乘务员不仅要掌握各项服务技能，而且要善于根据不同乘客的需求灵活掌握好各种礼节，如问候礼节、称呼礼节。

总之，个性化服务要坚持以下几点。

（1）更活的服务。不管是否有相应的规范，只要乘客提出了要求，且是合理的，在服务范围内，就应尽最大的可能去满足他们。例如，在飞机爬升时，避免耳膜受压，适时发一份牛肉干，给年纪大的乘客或幼童发一份易于咀嚼的其他食物等。

（2）提供满足癖好的服务。有的旅客十分爱干净，眼不见就不放心，那么就可以按他们的意愿，当面为他们服务。

（3）意外服务。严格来讲，这不是旅客原有的需要，但由于旅途中发生意外，旅客急需解决有关问题，在这种情况下"雪中送炭"式的个性服务必不可少。例如，乘客晕机、心脏病突发或孕妇临产等。

（4）心理服务。凡是能满足乘客心理需求的任何个性化服务，都将为乘客带来极大的惊喜，这些都要求我们现代乘务员有强烈的服务意识，主动揣摩乘客心理，服务于乘客开口之前。

随着社会生活水平的提高和人们消费观念的改变，很多航空公司不仅提供个性化服务，还在此基础上更提出了人性化服务。人性化服务已受到国内各航空运输公司的高度关注和重视。人性化服务就是以人为本，用心去服务。人性化服务是在规范化服务、程序化服务、个性化服务的基础上的升华。人性化服务，是最高层次、最高境界的服务，人性化的客舱服务就是站在乘客的角度为乘客服务，使乘客感受到家人般的照顾。

 信息卡

乘务员执行航班任务的过程中，会遭遇各种特殊旅客，如在航班服务中时常会出现无监护人陪伴进行航空旅行的儿童旅客。按照航空公司的规定，年满 5 周岁、未满 12 周岁的儿童，在无成人带领、单独乘机的情况下，可将其定为无成人陪伴的儿童，可向航空公司的人员申请无成人陪伴的儿童专项服务。具体对特殊人群的服务项目如下。

1. 面对无成人陪伴的儿童

面对无成人陪伴的儿童，航空公司必须为其提供特别照顾，自起飞至抵达目的地机场，整个旅行的过程中，航空公司必须派专人协助儿童办理乘机的登记、海关和安检以及提取行李等相关手续，在候机期间必须有专人负责照管这些无成人陪伴的儿童及其随身的行李，在登机时还要负责将其交送给客舱的乘务长；另外，除了对无成人陪伴的儿童进行个性化的服务之外，还会出现婴儿乘客的特殊服务，如飞行中出现婴儿乘客时，也需要派专人为其进行个性化服务，飞行前乘务员需向其父母询问护理婴儿需要注意的问题，如有无奶瓶冲罐和婴儿用品等，提前为其解决。在飞行中还需要在婴儿父母就餐和如厕期间照顾婴儿，并在为其提供各种服务的过程中，不过多打扰到周围乘客，听见婴儿哭声须及时对其进行查看，及时为其父母提供所需的服务。飞机降落后，在征得其他旅客同意后，尽量安排婴儿及其父母最后下飞机，从而避免在下机的过程中，出现意外的伤害。

2. 特殊人群会安排专门空乘人员照顾

登机后，乘务长安排专门空乘人员照顾。乘务员需第一时间告知其客舱服务的设施使用和卫生间位置，并嘱咐近邻的旅客帮助照顾特殊人群。

3. 起飞后，空乘人员也需在第一时间向其询问冷暖

起飞后，空乘人员也需在第一时间向其询问冷暖，方便时需马上为其添加毛毯，预防其感冒。在送餐饮的过程中，尤其注意送给乘客的餐饮加热的时间、味道和餐饮器具有无问题，尽量不为其提供碳酸类的饮料，饮料不能倒满杯，控制餐饮的加热时间，从而避免造成烫伤。每过一段时间需询问无成人陪伴儿童需要何类帮助等。

4. 在航班降落前对整个机舱里客户的服务要求

在航班降落之前，航空人员还要观察乘客是否在睡觉，如果有，那么需及时叫醒，避免飞机下降时造成压耳现象，让其感觉不舒适，并提醒其航班降落之后不能随便走动，需等待空乘人员将其带领后再下飞机，不可以随着人群离开。

资料来源：孙岚. 民航客舱服务案例精选[M]. 北京：化学工业出版社. 2015.

五、服务创新的形式——常旅客计划

许多航空公司都有常旅客计划。这些计划可以根据乘客使用该航空公司飞行的里程数，使乘客得到免费旅行或升舱或其他奖励。常旅客计划是指航空公司向经常乘坐其航班的乘客推出的以里程累积奖励为主的促销手段，是吸引公务、商务乘客，提高航空公司竞争力的一种市场手段。

就亚洲地区而言，1993年的国泰、新航和马来西亚航空公司共同实施了一项常旅客计划。与1993年相比，现在亚洲地区乃至全世界的乘客对常旅客计划更了解，并且要求更高了。

1994年，中国国际航空公司在国内最早推出了常旅客计划和相应的知音卡。中国东方航空公司1998年7月正式推出了常旅客计划。随后，厦航、南航、北航等也相继推出了自己的常旅客计划。

目前，航空公司的常旅客计划都采用入伙航空公司联盟的方式实施。例如，国泰航空

的"亚洲里程计划"就入伙于寰宇一家联盟,新航的"假期旅客"计划入伙明星联盟。航空公司为实施常旅客计划均成立了俱乐部,如"国航俱乐部""东航金燕俱乐部"等。符合各航空公司常旅客计划要求的乘客均可以申请加入相应航空公司俱乐部,并得到一张会员卡。会员通过乘坐该航空公司的航班而得到里程,也可以通过在该航空公司的合作伙伴(如酒店)消费而得到里程。当里程达到一定标准时,会员可凭所得的里程换取免费机票、免费升舱或其他指定的奖励。

选择常旅客计划应注意相关条款:如特定的奖励需要多少千米?每个航班的奖励是否有最低限额?里程积累是否有最终期限?里程是怎样累计的?当乘客预订航班或办理乘机手续的时候,乘客应提供自己会员身份的证明。乘机后应保留登机牌和客票的旅客联,直到得到常旅客计划的声明,表明这次旅行的里程已被正确累计在乘客的账户中。如果出现问题,应记录与乘客通话的人的名字以及谈话内容。

 信息卡

南航开老人专用登机柜台

对象:独自出行的老人。

办法:在广州白云机场南航值机 2 号柜台办理老人服务手续,并填写"特殊旅客交接单"。

服务内容:专人引导过安检;带到专门休息室候机休息,按时送上飞机;到达后由专人送至到达厅;等等。

几乎每个人都希望自己的个性得到他人的承认和尊重,表现在服务交往中就是几乎每一位乘客都希望自己所得到的服务是特殊的,是与其他人不同的,乘务员给予自己的是特殊的服务。因此,个性化服务的关键就是通过细微的观察揣摩客人的心理,满足乘客的需求。要搞好个性化服务,无疑增加了空中乘务员的工作量、劳动强度、工作难度,难以统一规范,不能量化。但个性化服务又最能发挥空中乘务员各自的潜能,可创造性地开展服务工作,取得事半功倍的效果。

资料来源:高宏,安玉新,王化峰,等. 空乘服务概论[M]. 4 版. 北京:旅游教育出版社,2017.

六、服务创新的典型案例

深圳航空公司服务营销质量。

1. "两舱"改造

在国内外航空业竞争日趋激烈的今天,提供高效优质的服务成为各个航空公司赢得旅客的关键手段。在这样的一个大背景下,为创建深航服务品牌、提升深航服务质量,2008年深航做出了把 5 架波音 737-900 飞机 189 座全经济舱构型改为头等舱加经济舱构型的两舱构型的重要举措。

随着"两舱"改造的完成,深航的两舱票价也上升了 1 倍左右。但商务人士对深航的满意度并没有随着票价的升高而降低。仅仅两个月，深航的"两舱"改造效果已经开始显现。据深航统计，其北京—深圳、北京—上海来自新"两舱"的收入分别占整个飞机的48%和30%。目前，他们的两舱还没有坐满，一旦坐满，其占总收入的比例可能更大。

2. 建立VIP客户

2010年9月，深航组建全新的大客户VIP部门，专门为集团客户提供更尊贵的服务，节省差旅成本，设计特色产品。大客户发展至今，深航已得到中国知名企业的青睐，与深航签约的客户包括华为、中兴、华润、招行银行等知名企业。

深圳航空公司服务营销分析及评论

1）更加准确的市场细分及市场定位

以前，国内很多航空公司认为，只有将客座率提高到70%～80%，才不会亏损。但深航通过调查发现头等舱、公务舱对整个飞机的收入贡献其实最大，目前，在国内3大航空公司（国航、东航、南航）中，国航的商务旅客比例最高，超过70%，南航和东航大约在60%左右。于是，国航与深航"明智"地将企业的目标客户锁定为商务旅客群体。

在头等舱、公务舱的顾客中多数是商务人士，他们的价格敏感性低。此外，他们为了累计航程积分，不太会因为价格而轻易选择别的航空公司。不过，这部分人对航空公司的服务敏感度却很高。深航改造"两舱"的决策就是为了更好地满足高端人群的需求。对深航而言，提升VIP的满意度，比降低经济舱价格、一味强调客座率所获得的收入更多。

因此，经过这样的市场细分与定位后，进行商务旅客聚集的头等舱和公务舱的软硬件条件改造，对提高VIP客户的忠诚度和市场竞争优势大为有利。

2）更为人性化的客户服务

个性化的客户体验极大地增加了客户的满意度和对公司业务的忠诚度。据一位国航普通会员描述，成为会员并没有本质上的物质收入，但在精神上却得到了极大的满足。在订票时，她优先保留订座；在登机时，她不用排长长的队伍，优先登机；入座后，乘务员会递上报纸，并准确地叫出她的名字……极大地满足了她的优越感，她表示只要国航有她要的机票，她绝不会选择其他航空公司。这其中航空公司并没有多付出成本，只是加强了服务，却能锁定一个长久的忠实顾客。

 本章小结

1. 本章阐述了空乘服务管理的基本内容，重点分析了空乘服务的计划、组织、控制等内容。

2. 本章介绍了我国主要几家航空公司的服务管理情况及特点。

3. 本章说明了空乘服务创新的意义、特点及途径。

思考与练习

一、选择题

1. 服务创新是针对一个组织内外环境的变化而进行变革和创新，主要从哪些方面进行创新？（　　）

  A. 服务内容   B. 服务方式
  C. 服务理念   D. 服务手段

2. 马斯洛把人的需要分为若干层次，且逐层递进，他认为主要包括以下哪些方面的需要？（　　）

  A. 生理需要   B. 安全需要   C. 社会交往需要
  D. 尊重的需要   E. 自我价值实现的需要

二、分析与应用

假如你是一位空乘服务的主体，请谈谈你对空乘服务创新的想法。

参 考 文 献

[1] 高宏,安玉新,王化峰. 空乘服务概论[M]. 4 版. 北京:旅游教育出版社,2017.

[2] 高宏,安玉新,王化峰,等. 空乘服务概论[M]. 北京:旅游教育出版社,2015.

[3] 韩瑛,俞晴莲,刘琦,等. 民航客舱服务与管理[M]. 2 版. 北京:化学工业出版社,2018.

[4] 高宏. 民航服务概论[M]. 北京:清华大学出版社,2018.

[5] 杨长进,毕研博. 客舱服务[M]. 北京:航空工业出版社,2016.

[6] 胡敏,张雪丽. 饭店服务质量管理[M]. 3 版. 北京:清华大学出版社,2015.

[7] 孙岚. 民航客舱服务案例精选[M]. 北京:化学工业出版社,2015.